la
CASA
que el
QUESO
CONSTRUYO

la
CASA
que el
QUESO
CONSTRUYO

LA VIDA INUSUAL DEL EMIGRANTE MEXICANO QUE DEFINIO UNA INDUSTRIA GLOBAL MULTIBILLONARIA

MIGUEL LEAL

WILEY

Publicado por John Wiley & Sons, Hoboken, New Jersey.
Publicado simultáneamente en Canadá.

Para información en general sobre otros de nuestros productos y servicios, o por apoyo técnico, por favor contacte nuestro Customer Care Department dentro de los Estados Unidos al (317) 572-3993 o fax (317) 572-4002.

Wiley también publica sus libros en una variedad de formatos electrónicos. Algún contenido que aparece impreso podría no estar disponible en formatos electrónicos. Para más información sobre productos Wiley, visite nuestro sitio en la red a www.wiley.com.

Library of Congress Cataloging-in-Publication Data es disponible:

ISBN 9781394205448 (Cloth)
ISBN 9781394205455 (ePub)
ISBN 9781394205905 (ePDF)

Diseño de portada: Paul McCarthy
Imagen de portada: © Guajillo Studio/Geshas/Shutterstock

SKY10056756_100323

Dedico este libro a mi madre.

Contenido

AGRADECIMIENTOS

A mis hijos, les estoy agradecido, y los amo. A mis abuelos, mis padres, a todos mis hermanos y hermanas, a todos sus hijos y a todos los demás miembros de mi familia extendida, les estoy agradecido.

A quienes trabajaron conmigo y para mí, en múltiples fábricas a lo largo de múltiples décadas, les agradezco todo su arduo trabajo, dedicación y orgullo por hacer los mejores quesos del mundo.

A todos los amish de Middlefield, Ohio, gracias por la oportunidad.

Las siguientes personas y organizaciones fueron fundamentales para mi éxito:

El tío Joaquín, Eladio Alcalde, Jorge Reinozo, la familia Buholzer, Darling Dairy Supply, Ted Tooley, Dave Golf, Jim Faith, Mary Olson, Martha Arroyo, Ernesto de la Rosa, Jorge Moreno y Octavio Constantini.

Enormes gracias a la escritora maravillosamente dotada Holly Robinson, sin la cual este libro literalmente no existiría.

Y finalmente, estoy muy agradecido a Tim Dillow, mi socio comercial y amigo.

Prólogo: La casa que el queso construyó

Casi no hay un lugar en esta casa que no haya ayudado a crear con mis propias manos, pero algunos días se siente como un sueño. Después de todo, todavía podría estar en prisión, si las cosas hubieran ido de otra manera.

Te acercas a mi casa por un camino de tierra curvo que conduce a una cerca cubierta con flores de Bugambilias moradas y blancas, pasas una fuente cuando llegas al área de estacionamiento. Puertas de madera talladas a mano dignas de una iglesia están colocadas en las paredes gruesas de la casa, que están construidas al estilo tradicional de una hacienda y nos mantienen frescos hasta a mediados del verano mexicano.

En el interior, el piso de mármol también es fresco, y las pesadas vigas y los muebles están tallados a mano con maderas exóticas que encontré o compré en diferentes regiones de México. Hay una cocina moderna porque me encanta cocinar y entretener; desde la cocina se puede ver la palapa dónde solemos comer afuera con vista al lago y su isla. En la isla hay una estatua de Hánuman, el Dios mono hindú conocido por su habilidad para conquistar adversidades imposibles.

Puedo relacionarme con ese mono. Mi viaje a este lugar no ha sido fácil.

Pero mi parte favorita de esta casa es el enorme árbol hueco que hay dentro. He convertido ese tronco imponente en una torre junto a la escalera que conduce a mi dormitorio. El baño está contiguo al dormitorio, y allí coloqué una tina de cobre dentro de otro tronco hueco que encontré en el bosque, este es el resultado de un árbol al que le cayó un rayo.

Una vez más, puedo relacionarme. Ser acusado de un delito al final de mi carrera fue como que me prendieran fuego.

Fuera de mi habitación, puedes mirar hacia abajo a través del suelo de cristal y ver el rostro de Zeus tallado en el árbol, y desde el propio dormitorio puedes abrir las puertas del balcón y contemplar el lago, un huerto vasto y las ordenadas hileras de árboles nuevos, árboles de aguacate.

No había casa, lago o granja antes de que yo llegara. Los he creado a todos. Esta es la casa que el queso construyó.

El lago fue primero. Mi hermano y yo nos estábamos asociando en una empresa conjunta de bienes raíces, construyendo 150 casas nuevas y necesitábamos ladrillos para la construcción. Ya había comprado esta parcela de tierra; para ahorrar un poco de dinero, me las arreglé para cavar la tierra para fabricar los ladrillos de mi propiedad. Al aprovechar la oportunidad de ahorrar dinero, permití que mi imaginación conjurara el lago del agujero creciente en el suelo, imaginando cómo sería tener mi propia isla en medio de un lago lleno de peces y ranas, brindando un refugio para currucas y reyezuelos, colibríes y garcetas.

Como muchas cosas en mi vida, la torre del árbol también fue producto de la oportunidad y de mi imaginación. Un día, mientras caminaba por la jungla de Jalisco, me topé con un enorme árbol hueco que yacía en el bosque e inmediatamente supe que quería crear algo de él, incluso antes de tener una casa. Incluso si eso significaba encontrar una manera de transportar un trozo de madera muerta de 25 toneladas a través de millas.

Empresarios como yo estamos constantemente resolviendo problemas. Combinamos oportunidad, creatividad y resiliencia para lograr nuestros objetivos. Incluso cuando las cosas son difíciles,

Prólogo: La casa que el queso construyó

nuestra pasión nos empuja hacia adelante hasta convertir los sueños en realidades.

No tengo un título universitario elegante. De hecho, apenas me gradué de la escuela secundaria. Tampoco tenía dinero ni apoyo familiar. Todo lo que he tenido es a mí mismo. Sin embargo, logré construir una empresa global multimillonaria y todo comenzó con queso.

Casi todo terminó con el queso también, cuando la FDA me acusó de fabricar queso "sucio" y tuve que pasar tiempo en prisión. ¿Quién va a la cárcel por queso sucio?

Yo. Ese es quien.

En mi carta de libertad condicional al juez que juzgó mi caso, describí la pobreza de mi familia y cómo eso me llevó a emigrar a los Estados Unidos cuando era adolescente a pesar de no tener habilidades.

Mi primera noche en Estados Unidos "Robé dos pedazos de pan para cenar y luego me fui a dormir al cuarto de calderas de la fábrica sin cama ni frazadas ni nada más", escribí. "Pasé las primeras tres semanas de trabajo durmiendo allí, sin el idioma para pedir ayuda y sintiéndome solo . . . Cuando me pagaron por primera vez, caminé 13 millas hasta la tienda más cercana y compré latas de ravioles que podía almacenar y comer en el cuarto de calderas."

Al defender mi caso, traté de impresionar al juez con que el queso es tanto la pasión como la suma total de ganancias de mi historia. El queso me salvó la vida y me ayudó a construir un imperio de la nada. Es por eso que todavía me levanto todas las mañanas con una necesidad ardiente de crear un nuevo producto, como la nueva receta de Queso Fresco que estoy desarrollando actualmente.

Hay muchas historias de inmigrantes de la pobreza a la riqueza en los Estados Unidos. Lo que distingue a la mía es que mis luchas, que pensé que habían terminado después de que logré traer a mi novia de la infancia de México a los Estados Unidos y construir una empresa exitosa al convertirme en uno de los primeros en hacer y vender quesos al estilo hispano, fueron incluso más desafiante después de que vendí mi negocio, a pesar de ser más rico de lo que nunca imaginé posible.

Justo cuando comencé a fantasear con una vida de ocio y viajes con mi familia, recibí la noticia de la Administración de Drogas y Alimentos de que teníamos que recolectar uno de nuestros productos y que podría ir a prisión por vender queso contaminado. También descubrí que mi esposa me estaba engañando.

Como escribí en esa carta de libertad condicional al juez, "Me hundí en un mundo completamente desconocido para mí".

En cuestión de semanas perdí a mi esposa, mi pasaporte y mi libertad. El suicidio parecía la única salida, así que me corté las venas, preparado para acabar con todo. Fue entonces cuando aprendí que a veces solo puedes descubrir a donde perteneces realmente si primero tocas fondo.

Como concluí en mi carta, "Me muestro ante usted con la mayor honestidad posible . . . Le pido misericordia y que entienda lo que he hecho, y me den una condena que refleje el mal que hice. Espero sinceramente que considere toda mi vida, toda mi historia, cuando me dé mi sentencia".

Al leer este libro, también serás mi juez. Me revelaré a ti también, compartiendo mi viaje personal y profesional. Más importante aún, te mostraré mi receta para prestar atención a las oportunidades y te enseñaré cómo es posible aprender tanto de tus fracasos como de tus éxitos.

La conclusión es que el éxito y la felicidad están a tu alcance, sin importar donde te encuentres en el viaje de tu vida: en la parte superior, en el medio o aferrándote a lo que se siente como el último peldaño de una escalera inestable. Lograr la estabilidad financiera y la satisfacción personal significa estar dispuesto a probar algo nuevo y reconocer la importancia de tu propio valor. También debe permitirte romper las barreras que has creado para mantenerse "seguro" para que pueda comenzar un nuevo capítulo en tu vida, uno que realmente se construya en torno a tus decisiones. Al hacer esto, alcanzarás un estado de gracia, aceptando lo que se te presente y convirtiendo los nuevos obstáculos en oportunidades.

En inglés, hay muchos términos de la jerga para el dinero, muchos de ellos relacionados con la comida: pan, masa, almejas, tocino y "queso", que se usó por primera vez como término para el dinero a mediados de 1800 y todavía se usaba, siendo utilizado en la década de 1990, especialmente en letras prominentes de hip-hop, como el coro de la canción de Jay-Z de 1999, "Big Pimpin", dónde se deleita con "spendin' cheese".

Durante más de 40 años, he seguido a donde me llevó el queso. El queso ha significado no solo dinero sino también esperanza para el futuro. Ahora, mi objetivo es alimentar los instintos comerciales y las mentes creativas de los futuros sostenedores de la familia como tú, contándote todo sobre la casa que el queso construyó.

Prólogo: La casa que el queso construyó

Parte I

NÁUFRAGO

Capítulo 1

La muerte del Transformer

La pasión puede encontrarte cuando menos lo esperas

De pie en esa puerta neblinosa del depósito de cadáveres improvisado en la Ciudad de México, me recordé a mí mismo que el humo que vi salir de los cuerpos no tenía nada que ver con los espíritus; fue el resultado de almacenar los cadáveres en hielo seco en este cuarto húmedo. El hielo seco está hecho de gas de dióxido de carbono congelado, y cuando se calienta, el dióxido de carbono crea niebla a medida que aumenta su temperatura.

Mi hermano Carlos y yo dudamos en la entrada, vencidos por el horror y el miedo. ¿Y si nuestro padre realmente yacía entre los cuerpos? Finalmente acordamos lanzar al aire una moneda para ver quién entraba en ese infierno oscuro.

Carlos perdió la apuesta. Pero cuando estaba a punto de entrar al almacén, avancé, motivado por un poderoso deseo de darle un poco de paz a mi madre llevando a nuestro padre a casa para enterrarlo. En el último momento, le pedí al chico en la entrada un algodón mojado con alcohol y me lo puse en la nariz, luego fui en busca de mi papá con una linterna.

Mientras deambulaba por la niebla entre los cadáveres apilados desordenadamente a mi alrededor, estuve tentado de contener la respiración para evitar inhalar el olor de la muerte, tal como lo había hecho cuando era un niño de ocho años, cuando Carlos me convenció de colarme en una morgue cerca de nuestra casa.

"De lo contrario, eres un marica y no puedes andar más con nosotros, Miguel", me había dicho.

Carlos era el cabecilla de mi pandilla de hermanos. No era el mayor de mis cinco hermanos, pero era el más valiente. Nuestro padre lo había golpeado más que a nadie, también nos golpeó a todos, al igual que a nuestra madre. Mi hermana estaba tan aterrorizada por nuestro padre que con frecuencia se orinaba los calzones cuando él llegaba a casa borracho y furioso, su personalidad tan alterada por el alcohol que le decíamos "El Transformer".

Siempre quise ser como Carlos: valiente y fuerte. En consecuencia, por lo general hacía todo lo que decía Carlos, desesperado por obtener su aprobación. Como el más joven de los hermanos, tenía el rango más bajo en el tótem de nuestra familia. Los demás me aclararon que yo no tenía derecho a hablar y que siempre tenía que escuchar sus opiniones. Siempre tuve que seguir sus planes también; si me equivocaba, mis hermanos mayores se burlaban de mí sin piedad e incluso me golpeaban. Así aprendí a escuchar, observar, y nunca darme por vencido.

Aprendí entonces, cuando Carlos me dijo que tenía que ir a la morgue y ver un cadáver, escuché a mí mismo de ocho años estar de acuerdo con el plan. Habíamos seguido a la ambulancia un día y cuando se detuvo frente a la morgue, donde los hombres abrieron la parte trasera de la camioneta y sacaron el cuerpo en una camilla para llevarlo adentro. Entonces corrimos por el costado del edificio hasta una gran ventana.

Carlos me había dado un empujón. "¡Ve! No regreses a menos que toques un cadáver. Acuérdate de aguantar la respiración, Miguel, o respirarás el olor de los cadáveres, ¡y te matará!"

Trepé por la ventana y me dejé caer como un gato sobre el suelo de linóleo, donde el olor hizo que se me humedecieran los ojos. Los hombres ya estaban trabajando en el cuerpo, que estaba colocado sobre una mesa de metal. Los hombres estaban usando el cuerpo como cenicero para los cigarrillos que fumaban mientras abrían el cadáver. Las tripas parecieron literalmente saltar fuera del cuerpo, y jadeé, respirando el olor asqueroso.

Salí corriendo de allí, llorando, aterrorizado porque iba a morir por haber inhalado el olor a muerte, y fui directamente a casa con mi madre.

"¡Voy a morir! Olí la muerte, ¡y ahora me estoy muriendo!" había llorado.

Carlos no paraba de reírse de mí, pero yo estaba tan histérico que mi madre había llamado al médico para que viniera. Me aseguró que lo que inhalé era un químico llamado formaldehído, y no a la misma muerte. "No te puede matar, Miguel", me dijo, e incluso destapó una pequeña botella de formaldehído para que pudiera olerlo.

Ahora, mientras buscaba el cuerpo de mi padre entre los cadáveres apilados a mi alrededor después del terremoto de la Ciudad de México, me encontré deseando ser tan profundamente católico romano como el resto de mi familia. Podría haber sentido algo de consuelo entonces, pensando que estas almas ahora estaban en el cielo, pero no podía pretender ser religioso. Las personas religiosas suelen ser como lobos con piel de oveja: hipócritas que te hacen creer que son buenas personas, cuando en el fondo no son mejores que el resto de nosotros.

La mayoría de los cuerpos habían quedado terriblemente desfigurados al quedar atrapados bajo los escombros después del terremoto. Carlos y yo habíamos llegado a la Ciudad de México después de escuchar la noticia, sabiendo que nuestro padre se hospedaba en un hotel allí; un autobús nos había dejado en las afueras y habíamos caminado una hora más a través de la ciudad negra como boca de lobo hasta la casa de un amigo. Era como caminar a través de un apocalipsis, con el sonido constante de las sirenas gritando, el olor acre del humo y la gente excavando entre los edificios caídos en busca de cuerpos. Seguía imaginando que el suelo se abría bajo nuestros pies y nos tragaba por completo.

Ahora, no solo vi cuerpos, sino también dedos cortados que sobresalían de los baldes; algunos de los dedos todavía tenían anillos de boda. Otras partes del cuerpo —un trozo de oreja, un alimento, una nariz— estaban esparcidas por el suelo, esperando ser reconocidas. Algunos de los cadáveres también habían comenzado a descomponerse. Afortunadamente, el algodón empapado en alcohol funcionó y pude pasar la experiencia sin desmayarme.

Durante la semana siguiente, Carlos y yo, junto con otros miembros de nuestra familia, registramos frenéticamente las morgues temporales de la Ciudad de México, con la esperanza de que mi padre nos sorprendiera milagrosamente apareciendo vivo. ¿Cómo era posible que un hombre que nos había parecido ser tan aterradoramente invencible pudiera estar muerto?

Pero quedó claro al ver lo poco que quedaba del hotel que la mayoría del personal y los clientes no habían logrado salir con vida. En un momento, un empleado de la morgue nos mostró un cuerpo tan golpeado por los escombros que no podíamos saber si la persona era hombre o mujer. Cuando el asistente trató de abrir la boca del cadáver para comprobar los dientes, la mejilla se abrió y el hedor abrumador de la podredumbre hizo que mis entrañas se agitaran.

Finalmente abandonamos nuestra búsqueda. Regresé a Guanajuato, afligido y agotado, y retomé el dominio del arte de hacer queso. Sentía como la única cosa en mi vida que podía controlar.

Estaba haciendo queso el día que mi padre murió. No eran exactamente las 7:30 a.m. de esa mañana de septiembre de 1985 cuando apagué el agitador después de cuajar una tina de queso Oaxaca, un queso blanco semiblando hecho con leche de vaca que es similar a la mozzarella.

Para mi sorpresa, el agitador siguió temblando durante varios minutos después de que lo apagué.

Los muchachos que trabajaban conmigo habían bromeado sobre el temblor. "Debe ser un terremoto", dijo uno.

Todos nos reímos. Tenemos muchos terremotos en México. La mayoría no son motivo de preocupación, así que continué realizando mis tareas.

Me había graduado recientemente de la escuela secundaria y estaba de aprendiz en Productos Lácteos Blanquita, una fábrica de quesos en Irapuato, mi ciudad natal en el estado mexicano de Guanajuato. La escuela nunca fue lo mío. Sufría de dislexia y problemas de atención, aunque entonces no lo sabía, ya que nunca nadie me lo diagnosticó. Cada vez que mis maestros me pedían que leyera en voz alta, pretendía saber las palabras, lo que hacía que los otros niños se rieran y se burlaran de mí.

En la secundaria, descubrí que mi supervivencia dependía de ser el payaso de la clase y más fuerte que los demás. Esto fue fácil, ya que tenía un padre y cuatro hermanos mayores dedicados a pelear entre ellos. Había aprendido a lanzar puñetazos temprano, y me habían suspendido o expulsado de la escuela varias veces por payaso o participar en una conducta mala más grave, como prender fuego a un escritorio.

Me retrasé dos veces en sexto grado y, en la escuela secundaria, pasé más tiempo con mi novia, divirtiéndome con amigos y bebiendo que en lo académico. Logré graduarme solo sobornando a varios maestros y acepté el trabajo en la fábrica de queso simplemente por el cheque de pago.

La noche que había llegado a casa después del trabajo y encendí las noticias, fue entonces cuando supe que realmente había habido un terremoto. Tampoco fue un temblor mexicano ordinario; con una magnitud de 8.1, el sismo de esa mañana fue el más violento en el hemisferio occidental en este siglo. Sin embargo, dado que la mayor parte del daño se produjo en la Ciudad de México, parecía un evento trágico pero distante que no tenía nada que ver con mi vida diaria.

La muerte del Transformer

No fue hasta que Carlos vino a buscarme que me di cuenta de que el desastre había ocurrido en la Ciudad de México y había matado a mi padre. Nunca encontramos su cuerpo, pero el evento cambió mi vida, no obstante.

Mi novia Martina hizo todo lo posible por consolarme después de la muerte de mi padre, pero fue difícil porque ya se había ido a la universidad en Guadalajara. La conocí, cuando yo tenía 17 años y ella 15, una noche en que competía en un concurso de tiro. Había estado aprendiendo a disparar desde mi niñez, cuando mi amado abuelo, José Pepe, el padre de mi madre e ingeniero educado en los Estados Unidos, me enseñó con entusiasmo cómo hacer una resortera encontrando un trozo de madera en forma de Y, luego cortando la parte trasera de un zapato para usar como bolsa, que unimos a la Y con un tubo de goma. (Estaba menos entusiasmado cuando más tarde me descubrió cortando diligentemente todos los zapatos de su armario para hacer varias resorteras.)

Yo admiraba a mi abuelo don José Pepe más que a nadie. Se había criado en Estados Unidos y regresó a México para casarse con mi abuela, donde tenían una gran hacienda. Se ganaba bien la vida como propietario de una fábrica de cartón laminado antes de jubilarse.

Las historias de don José Pepe se convirtieron en mitos en mi imaginación. Mi favorito fue sobre el momento en que un bandido le disparó a mi abuelo en el codo mientras montaba a caballo en su propiedad. Se había caído de su caballo en el lodo cerca de un río. Cuando escuchó el golpe de los cascos de los caballos del bandido que corrían hacia él, mi abuelo se escondió bajo el agua, usando una caña como popote para poder respirar, metió el codo en el barro para detener la hemorragia. Más tarde, le operaron el brazo y le extirparon el codo destrozado, lo que significaba que podía doblar el brazo en cualquiera dirección.

"¡Abuelo! ¡Tú puedes hacer magia!" Exclamaba cada vez que veía su brazo caer de formas extrañas.

Don José Pepe me regaló mi primera pistola de balines. Rápidamente aprendí a amar la precisión de disparar a los objetivos desde el principio y el enfoque mental absoluto que se necesita para atinarle al centro. No tenía dinero para comprar mi propio rifle ni municiones, pero cuando era adolescente, el padre de mi amigo Octavio a veces me patrocinaba para competencias.

La noche que conocí a Martina, estaba compitiendo en nuestro club de tiro local en Irapuato y obtuve el segundo lugar. Mientras Octavio y yo celebrábamos mi victoria, señaló a su prima Martina, quien nos sonrió desde el otro lado del campo.

¿Qué vi, esa primera noche, que me pondría de lleno en el camino hacia mi futuro? ¿Qué hace que alguien se enamore de una persona y no de otra?

Todavía no tengo respuestas a esas preguntas. Solo sé que Martina era una rubia menuda de lindas facciones y una sonrisa que parecía iluminar el cielo nocturno. Fui a hablar con ella, y antes de que terminara la noche, me besó y cambió toda mi vida. Había besado a chicas antes, pero nada era tan electrizante como los labios de Martina sobre los míos.

"Esa es la chica con la que me voy a casar", le dije a Octavio esa noche. Esa decisión cambió el curso de mi vida para siempre, ya que ella se convirtió en mi espejo, del modo en que me vería durante muchos años.

Martina y yo comenzamos a salir, aunque era más como un juego de escondite, nos reuníamos en secreto en cualquier lugar que pudiéramos para hablar, reír y tener sexo, incluso en el almacén de mi hermano Carlos, donde guardaba los jeans azules que hacía en su fábrica. Resulta que los jeans azules son un colchón perfectamente cómodo.

La razón por la que teníamos que mantener nuestra relación en secreto no era solo porque estábamos teniendo relaciones sexuales, aunque esa era razón suficiente, ya que las familias católicas mexicanas como la nuestra consideraban pecaminoso el sexo prematrimonial, sino porque los padres de Martina no querían que ella tuviera nada que ver conmigo. Irapuato era un pueblo pequeño, donde todo el mundo lo sabe todo. Sí, yo era un chico guapo, de seis pies de altura y piel clara con ojos azules, y mi familia tenía una buena educación. Todos sabían que don José Pepe había prosperado como ingeniero y dueño de una fábrica, y que mi otro abuelo, el padre de mi padre, era un médico militar. Mi madre también era muy respetada como mujer hermosa y católica devota. Se había casado con mi padre al terminar la escuela secundaria.

Y ese era el problema: todos en el pueblo sabían que mi padre, a pesar de tener tantas ventajas en la vida, era un alcohólico abusivo que había comenzado a engañar a mi madre desde el primer año de su matrimonio. Nunca tuvo el deseo de construir una carrera o cuidar de una familia debido a su alcoholismo, éramos tan pobres que nos hubiéramos quedado sin hogar si mi abuelo no nos hubiera albergado en su casa y en otros apartamentos que tenía en la ciudad.

No podía confiar en que mi padre fuera sobrio y racional, mucho menos en que me proporcionara algo. Nunca tuve un par de zapatos o ropa que no fuera heredada de mis hermanos mayores, a veces muchas veces. Si mi madre no nos llevara a mí y a mi hermanita a la cocina, lejos de mis hermanos, tampoco habría suficiente comida para mí.

La familia de Martina no era rica, pero eran dueños de una granja lechera, tenían un automóvil y eran buenos trabajadores estables. Mi familia no tenía casi nada, y yo me había ganado la reputación de ser un chico inquieto que había sido reprimido en la escuela y le encantaba ir de fiesta.

Cuando me presenté por primera vez en su casa para llevar a Martina en una cita, su madre me miró de arriba abajo, notando mis jeans gastados y mis zapatos desgastados, y dijo: "Tenemos mucho trabajo que puedes hacer por aquí, Miguel. Podrías empezar limpiando los establos de las vacas y ayudándonos a ordeñar. Pagamos un salario decente."

Me enfurecí ante su obvio intento de menospreciarme y comunicar exactamente lo que pensaba de mí: que yo era demasiado poco para su hija. La gente a menudo juzga a los demás por cuánto dinero tienes o en qué círculos sociales te encuentras, y la madre de Martina estaba decidida a ubicarme en mi lugar. Lo que ella no podía ver era que, debido a las dificultades que había sufrido cuando era niño, me había vuelto terco y decidido, rasgos que me serían muy útiles en los años venideros. Pero puse una sonrisa encantadora y asentí.

"Estaría encantado de ayudarle con cualquier cosa que necesite", dije, "pero, por supuesto, no podía aceptar dinero. Con mucho gusto te ayudaré de forma gratuita."

Me hizo feliz ver su cara ponerse roja de ira por mi respuesta.

A Martina no le importaba que yo fuera pobre. Incluso cuando decidió estudiar computación en la Universidad de Guadalajara, donde sus padres probablemente esperaban que encontrara un esposo mejor, ella y yo hicimos planes para estar juntos para siempre. Cuanto más trataban sus padres de separarnos, más queríamos estar juntos.

Martina me hizo sentir aceptado de una manera que nunca me había sentido en la escuela o incluso en mi propia familia. Ella vio mi creatividad y energía ilimitada, cualidades que me habían convertido en un inquieto alborotador en el salón de clases, como atributos positivos y me creyó cuando le prometí hacer grandes cosas en el mundo y cuidar de ella. Por mi parte, me enamoré de la mente rápida de Martina. Nunca tuvo problemas con la lectura y la escritura como yo, y era increíblemente organizada. Como muchas personas que se enamoran, nos atraíamos el uno al otro como opuestos, porque llenábamos los vacíos del otro.

Supongo, también, que aunque nunca fui un católico practicante, había absorbido algunas de las creencias de mi madre. Ella me había enseñado que era algo sagrado que una mujer le diera su cuerpo a un hombre. Como le había quitado la virginidad a Martina, creía que estábamos unidos, en cuerpo y alma, por el resto de nuestras vidas.

Al principio de nuestra relación, Martina me llamó preocupada, diciéndome que no había tenido su período y que pensaba que podría estar embarazada. Me asusté lo suficiente como para decírselo a mi madre.

"Oh, Miguel, ¿qué diablos has hecho?" mi madre expresó. "Sabes que tienes que ser responsable de ese bebé ahora."

"Lo sé, pero estoy realmente asustado." Solo tenía 18 años y no tenía idea de cómo mantendría a una familia.

"Bueno, deberías haber pensado en eso antes", dijo mi madre con preocupación. Vas a tener que casarte con esa chica ahora.

Pasaron unos días. Finalmente fui a ver a Martina. "Escucha, ¿quieres casarte?" Yo pregunté. "Te amo y quiero hacer lo correcto."

Martina sonrió. "Está bien, Miguel. Mi período no se retrasó. Solo te estaba probando para ver tu reacción. Quería saber si realmente me amabas."

"¿No estás embarazada?" pregunté en estado de shock.

"No", dijo ella. "Todo está bien."

La sostuve cerca y la besé con fuerza, tan aliviado que sentí que estaba flotando. Amaba a Martina, pero no estaba listo para ser padre. Sin embargo, cuando fui a casa y le conté a mi madre, su reacción me dejó anonadado.

"No puedes volver a ver a esa chica, Miguel", dijo. "¡Ella te engañó! Necesitas arreglar tu vida y descubrir lo que realmente quieres."

Su consejo fue sensato. Sin embargo, la forma en que mi madre me dio una lección fue enviándome a un retiro de cinco días con los monjes en un seminario cercano. Se suponía que debía concentrarme en Jesús y reconocer mis errores, pero después de dos días de tener que orar a primera hora de la mañana, antes de cada comida y nuevamente antes de acostarme por la noche, estaba listo para correr de regreso a Martina y huir del seminario.

La felicidad se define de manera diferente por cada uno de nosotros. Para mí, siempre ha sido tener sueños y seguirlos. En lugar de aceptar lo que la vida me da, o apoyarme en Dios para que me provea, prefiero tomar las riendas y dirigir mi vida hacia el logro de las metas que harán que mis sueños se hagan realidad. Mi sueño de adolescente no era nada más específico que encontrar una manera de dejar atrás el pasado.

Por Martina, por mi amor y respeto por ella, juré ser un hombre mejor de lo que jamás había sido mi padre. Casarme con Martina fue un paso para lograr mi primer sueño. Todo lo que hice, lo hice por amor a ella. En mi inocencia, creí que ese sería mi camino más seguro hacia la felicidad.

Pero ¿qué podía hacer para hacer realidad mi sueño de casarme con Martina con solo una educación secundaria incompleta y sin dinero para la universidad?

Cuando mi hermano Pedro mencionó que su futuro suegro, don Poncho, necesitaba ayuda en su fábrica de queso, aproveché la oportunidad. Me había hecho amigo del hijo de don Poncho. Poncho tenía la edad de Pedro y estaba en la mitad de sus estudios de ingeniería, Poncho estaba saliendo con la hermana de Martina, Susana. (Irapuato en realidad era un pueblo pequeño.) Si yo trabajara en la fábrica de queso, Poncho sería mi jefe. Mejor aún, tenía auto y podía llevarme los fines de semana a Guadalajara, donde Martina vivía con Susana mientras iban a la universidad.

Así es que fui a la fábrica, Productos Lácteos Blanquita, y encontré a don Poncho en su oficina. "¿Puede enseñarme a hacer queso?" Le pregunté.

Para ser claros, no tenía ambición de convertirme en quesero. Aún no. En ese momento, no tenía ética de trabajo ni metas profesionales claras. Solo sabía que no quería ser un soñador perdido como mi padre, quien a menudo esbozaba grandes planes para hacerse rico en servilletas cuando estaba lo suficientemente sobrio como para sostener un lápiz, pero nunca los llevaba a cabo porque la botella se apoderaba de él.

Las semanas de trabajo se arrastraban. La sede de la Blanquita era un almacén con una puerta que daba al área de recepción donde se cargaban todos los camiones. En el lado derecho de la bodega, donde yo trabajaba, estaba el lado de producción, con una pasteurizadora, una tina de queso de 5,000 libras, el homogeneizador y un molino especial para hacer los quesos. En el lado derecho de la bodega se encontraban los barriles y sacos almacenados de aceite vegetal, harina, suero y estabilizadores, así como la sala de calderas y el compresor para los enfriadores. Todo el lugar apestaba a cloaca; acepté el olor en ese momento como la forma en que deben oler todas las fábricas de queso.

Don Poncho se especializaba en queso Oaxaca. Es un queso fibroso: como descubrí en la fábrica, literalmente puedes estirarlo cuando está caliente, como chicle, luego cortarlo y enrollarlo en una bola. Es uno de los quesos más populares en México. El otro queso que vendía era queso fresco que hacemos de una pasta.

Mi trabajo consistía en seguir las recetas y verificar que los productos fueran consistentes. Don Poncho era dueño de la fábrica, pero sabía poco sobre la producción de queso actual; dejó que sus empleados me enseñaran. La leche llegó en latas de 40 galones, y mi primer trabajo fue fijar la leche con cuajo, una enzima añadida para hacer que la leche se cuaje antes de ponerle calcio líquido. Don Poncho agregó muchos otros productos a la leche para aumentar su rendimiento, como harina de papa y otros estabilizantes, y pasó todo por un homogeneizador para que el queso cuajara. Simplemente acepté este proceso como la forma en que se hacía el queso. ¿Qué sabía? Menos que nada.

Estaba de pie todo el día bajo el calor mientras Poncho y don Poncho trabajaban en las oficinas con aire acondicionado en la parte de atrás. Uno de los peores trabajos era estirar el queso Oaxaca a mano, luego enrollar las tiras gomosas de queso en bolas para el mercado. El queso estaba muy caliente, y habitualmente sufría quemaduras y ampollas en las palmas de las manos.

Mi salario era bajo, solo 120 pesos por semana (alrededor de $7.50 USD), pero al menos los empleados se tomaban muchos descansos. Yo descansaba con los demás, comía tortas de queso y aguacate y contaba chistes. Nadie parecía supervisar el trabajo y nadie parecía ser despedido. Algunas mañanas podíamos trabajar solo una hora antes de tomar un descanso. Me convencí de que este trabajo estaba bien por ahora y que algún día lo haría mejor, aunque no tenía ningún plan.

De todos modos, vivía para los fines de semana. Todos los viernes me esperaba Poncho con el auto, listo para llevarme a Guadalajara, donde el pagaba el hotel para que pudiéramos dormir con Susana y Martina. También pagaba casi todo lo demás que hacíamos (películas, clubes, cenas), aunque siempre se aseguraba de decirme cuánto le debía.

Una vez, por ejemplo, nuestro amigo Chavín pasó por la fábrica, y cuando le ofrecí un trozo de queso de 1 kg para que lo llevara a casa y lo probara porque estaba emocionado de ver qué pensaba, Poncho me detuvo.

"Miguel, pendejo!, me tienes que pagar ese queso. ¡No puedes simplemente regalarlo!"

Disimulé mi furia y busqué en mi bolsillo el dinero. "Aquí", le dije, y se lo entregué a Poncho. "Toma el queso, Chavín. De verdad me gustaría saber qué piensas."

Siempre le agradecía a Poncho cada vez que pagaba por mí, y se lo agradecía, pero al mismo tiempo le prometía que algún día sería yo quien pagaría por mis amigos.

Al ver lo angustiado que estaba después de la muerte de mi padre, don Poncho, el dueño de la Blanquita, me preguntó si quería viajar al sur a Tierra Caliente en el estado de Michoacán para ser aprendiz con su amigo don Vicente. A pesar de lo triste que estaba de mudarme aún más lejos de Martina en Guadalajara, acepté la idea. Don Vicente era un quesero de tercera generación que se especializaba en producir queso Cotija, algo que yo aún tenía que aprender.

La historia del queso en México comenzó con la conquista española, cuando los españoles trajeron a mi país animales lecheros —vacas, ovejas y cabras— así como técnicas para hacer queso. Durante la época colonial, la elaboración del queso cambió para adaptarse a los diferentes gustos europeos e indígenas. En cada región de México se elaboraban distintas variedades de queso, casi todos de leche de vaca.

Hoy, México ocupa el décimo lugar en el mundo en producción de queso, con probablemente 50 variedades únicas de queso. Algunos, como el queso Oaxaca, se elaboran en todas partes de México, mientras que otros son quesos regionales conocidos solo en regiones específicas del país. Ciertos quesos, como el panela y el chihuahua, se elaboran con leche pasteurizada y se producen en masa, pero la mayoría se elabora localmente con leche cruda.

Cotija, el queso que iba a hacer con don Vicente, es de leche cruda de vaca y lleva el nombre del pueblo del mismo nombre en el estado de Michoacán. Es un queso blanco, de textura firme y olor agrio. El sabor es a la vez salado y lechoso. Por lo general, el queso se añeja alrededor de un año, lo que elimina cualquier bacteria y, a veces, las ruedas se cubren con pasta de chile. El queso Cotija joven es húmedo y desmenuzable, similar al queso feta griego. Si se añeja más tiempo, la Cotija adquiere un sabor más intenso y se vuelve más duro, de modo que se parece más al parmesano. Es amado por los mexicanos como toque final en casi cualquier cosa, desde enchiladas hasta pozole.

Don Poncho me dio la dirección de don Vicente en Uruapan, Michoacán, y me envió allá en autobús. Uruapan es una ciudad verde y exuberante conocida por su río y la impresionante cascada Tzararacua. Desafortunadamente, no estaba recorriendo la cascada, sino que estaba atrapado en un autobús local que se detenía en cada indicio de un pueblo, sentado junto a una mujer nativa con una falda ancha que decidió hacer sus necesidades en el pasillo del autobús.

Mi estómago estaba revuelto por el olor y el traqueteo del viaje en autobús cuando llegué a la parada más cercana a la fábrica de queso, donde finalmente conocí a don Vicente. Su automóvil era pequeño, pero el hombre mismo era enorme, probablemente cerca de las 400 libras. Fue un milagro que no se quedara atorado detrás del volante.

Pero don Vicente fue muy amable. Me invitó a cenar a su casa y me dio una habitación para quedarme. La habitación estaba en una casa aún en construcción; me encerró dentro.

"Por tu propia seguridad", dijo, y prometió pasar a buscarme temprano a la mañana siguiente para llevarme a la fábrica.

La habitación estaba habitable. Desafortunadamente, en medio de la noche me desperté cuando la tierra comenzó a temblar debajo de mí. ¡Un terremoto!

A través de la ventana, me sorprendió ver que el cielo se llenaba de humo y ceniza. Entonces me di cuenta de que no era un terremoto, sino una erupción volcánica. Más tarde supe que era del Nevado de Colima, en el cercano parque nacional Nevado, que contiene algunos de los volcanes más activos de México y que se sintió en Michoacán. Empecé a gritar frenéticamente, atormentado por los recuerdos de los cadáveres desfigurados que había visto en la Ciudad de México y convencido de que estaba a punto de ser enterrado en los escombros igual que mi padre.

"¡Déjenme salir!" Grité, una y otra vez. "Ayuda, estoy atrapado. ¡Déjenme salir!"

No había nadie que escuchara mis gritos. Por fin vi un espacio en el techo lo suficientemente grande como para pasar entre el techo y la parte superior de la puerta. Me las arreglé para sacar mi cuerpo flaco a través de la brecha y caí dos pisos al suelo, donde me quedé allí, temblando. Una vecina trató de despertarme, pero me quedé allí hasta que don Vicente apareció unas horas después.

Regresé a casa de inmediato, demasiado traumatizado para siquiera hablar con mi familia sobre lo que había sucedido, pero regresé a casa de don Vicente una semana después, decidido a aprender todo lo que él pudiera enseñarme.

La siguiente vez que llegué a Uruapan logré tomar un autobús directo a la estación más cercana a la casa de don Vicente. Llevé todo lo que necesitaba en mi mochila: ropa, un cuaderno para anotar lo que observaba y aprendía, y un medidor de pH para medir la acidez del queso. Lo que realmente quería estudiar era la química. Quería saber qué estaba pasando realmente con el queso Cotija para producir gradualmente su acidez y sabor característico.

Esa primera mañana, don Vicente me llevó a la fábrica. Después de despedirse de su esposa, una mujer sorprendentemente pequeña y delgada para un marido tan enorme, su primera pregunta fue: "¿Quieres desayunar? ¿Quizás un jugo de naranja?"

"Claro", le dije, por lo que se detuvo en un puesto de jugos.

"¿Qué tan grande y cuántos huevos crudos hay?" preguntó don Vicente.

"Solo un jugo mediano sin huevo", dije.

Se rio y, después de pasarme mi jugo, pidió el suyo: cinco litros de jugo con huevos crudos. Don Vicente rasgó con los dientes una esquina de la bolsa de jugo y dijo: "Mira, Miguelito, me voy a resoplar cinco litros de jugo de naranja con huevos crudos para dar fuerzas", dijo y así lo hizo.

Minutos después, paramos cerca de unas vías de tren. "Hay unos tacos muy buenos allí", dijo don Vicente, señalando un camión de tacos cerca de las vías. "¿Quieres unos tacos, Miguelito?"

"Pues claro, don Vicente."

"Bien. Ven entonces. ¿Cuántos?"

"Dame cinco", le dije.

"¿Y algo de beber?"

"Una Coca-Cola sería genial, gracias."

El vendedor de tacos parecía conocer bien a don Vicente, sonreía y lo saludaba por su nombre. Cuando escuché a don Vicente ordenar sus propios tacos, 20 de ellos, con tortillas dobles, junto con una Coca-Cola tamaño familiar, casi me muero de risa, pero logré detenerme a tiempo. Observé con asombro cómo se los comía todos en minutos.

"Miguelito", dijo, "¿quieres más tacos?"

"No, don Vicente."

"Bueno, jodidamente yo sí", dijo, y pidió 15 más con otra Coca-Cola tamaño familiar.

Dos refrescos gigantes y 35 tacos después, don Vicente se metió un palillo en la boca y seguimos adelante. Cuando nos acercábamos a Tierra Caliente unos 45 minutos después, gritó: "Miguelito, ¿qué tal una cerveza y unas papas fritas?"

Jesús, pensé, notando la cara roja y sudorosa de mi nuevo jefe y su respiración laboriosa. Este tipo podría morir de un ataque al corazón antes de que lleguemos a la fábrica. Pero ¿qué podía hacer sino estar de acuerdo? Así que paramos en una tienda, donde pedí un paquete de seis cervezas. Luego recogimos un par de bolsas de papas fritas.

Después de eso, cruzamos un río y llegamos a la hacienda de don Vicente, donde esperaba que finalmente revelara los secretos para hacer el queso Cotija perfecto.

Qué extraño, cuando reflexiono sobre ese capítulo inicial de mi vida ahora, pensar que todo lo que quería en ese momento era un trabajo que me ayudaría a sobrevivir el desastre de la muerte de mi padre y el desastre que había hecho con mi propia educación y la vida hasta ahora. Pero esta fue una de las lecciones más importantes de mi vida: a veces no encontramos nuestras pasiones. Nuestras pasiones nos encuentran, a menudo cuando menos lo esperamos. Todo lo que tenemos que hacer es ser receptivos y prestar atención a las nuevas oportunidades.

Capítulo 2

Desea más

Para tener éxito en los negocios, debes querer mejorar tu vida

La quesería de don Vicente era completamente diferente a la de don Poncho. Era un rancho chico: donde don Poncho dependía principalmente del aceite vegetal para sus recetas, el queso Cotija de don Vicente se hacía con 100% leche.

"¿Ningún aceite vegetal?" pregunté en estado de choque.

"Ninguno", dijo. "Si le pones aceite vegetal a este queso, nunca se añejaría."

Las vacas se ordeñaban por la mañana y la leche se entregaba por la tarde, lo que significaba que el queso debía procesarse de inmediato o la leche se echaría a perder.

Para mi alivio, la quesería de don Vicente no olía tan mal como la de don Poncho y todo estaba mejor organizado. Al contrario de don Poncho, don Vicente en realidad trabajaba en su propia fábrica. Sabía mucho sobre cómo hacer queso Cotija y me explicó cuidadosamente cada paso. Sus lecciones prácticas eventualmente me llevarían al éxito más allá de mis más locas imaginaciones, aunque, por supuesto, todavía no lo sabía. Me enseñó sobre pasteurización y homogeneización y sobre la acidez de diferentes quesos.

Nunca fui un gran estudiante debido a mis problemas de aprendizaje, pero siempre he sido curioso por naturaleza, un gran observador y un aprendiz —manos en la práctica—. Para aprender a observar, primero debes tener paciencia. Muchas veces, la gente responde cuando alguien está hablando, tratando de terminar con las ideas de la otra persona. Es mejor escuchar y observar y ganarse el derecho a hablar.

La química de la elaboración del queso me fascinaba. Probablemente aprendí más de don Vicente en un día, que en los nueve meses que estuve con don Poncho y Poncho en la Blanquita.

Para hacer el Cotija, don Vicente me mostró cómo agregar sal y un poco de calcio a la leche cruda, luego cuajo para ayudar a coagular la leche y convertirla en queso.

"Nunca uses aceite vegetal en el Cotija", repitió.

Una vez que el queso se secó, lo colocamos sobre largas mesas de procesamiento de madera para cortar rebanadas en el queso. Esto permitió que la acidez aumentara con el calor, matando las bacterias y desarrollando el sabor a medida que el Cotija continuaba añejándose y secándose. El queso se añeja por lo menos 60 días antes de venderlo, lo que no solo le agrega sabor, sino que lo hace seguro para comer, particularmente porque hace mucho calor en esta parte de México que la llamamos "Tierra Caliente."

■■■

Unos meses después de que dejé a don Vicente y volví a trabajar en la Blanquita, se hizo evidente que estaba estancado. No estaba aprendiendo ninguna habilidad nueva y pasaba las noches y los fines de semana de fiesta. Cuando te estás criando a ti mismo, sin padres que te guíen, tus amigos se convierten en tu familia. Y si tienes amigos que beben y se divierten sin propósito, como yo entonces, es fácil quedar atrapado en el caos, perderte entre la multitud y olvidarte de establecer metas. Cuando tus padres no te enseñan, tus amigos pulen tu personalidad. No puedes escapar de este patrón de vida a menos que lo reconozcas, y eso es casi imposible porque significa dejar la única familia que tienes.

Poncho y yo habíamos logrado chocar la camioneta de su papá después de una noche interminable de bebida. No podía seguir ningún otro tipo de carrera profesional sin una educación, pero no había dinero para la escuela y, de todos modos, no tenía cabeza para lo académico. A este ritmo, nunca ganaría mucho más de 120 pesos a la semana. No tenía ninguna esperanza de ahorrar dinero para un anillo de compromiso, y mucho menos para casarme con Martina. Estaba desesperado. ¿Cómo podría demostrar que soy digno como esposo de Martina y su familia?

Cuando la respuesta llegara, volvería a cambiar el curso de mi vida. Don Poncho, en una de sus diatribas llenas de alcohol con Poncho y conmigo, dijo: "¡Necesito hacer queso americano! Todo el mundo en México importa queso Cheddar americano, pero podríamos hacerlo más barato. Solo necesitamos saber cómo."

"Entonces mándanos a Estados Unidos, Papi", bromeó Poncho.

Me uní. "Claro, podemos enseñarles a los estadounidenses sobre el queso mexicano a cambio."

Los tres nos miramos y estallamos en carcajadas, levantando nuestras botellas de cerveza para brindar por nuestra propia genialidad. La risa me hizo audaz.

"Don Poncho, mi mamá tiene un amigo que vive en Chicago", le dije. "Vamos a pedirle que nos ayude."

El amigo de mi madre, Jorge Reynoso, estaba comprando queso Cheddar para su tienda y restaurante de la fábrica de quesos Klondike en Wisconsin. Para mi sorpresa, a las pocas semanas de contactar a Jorge, teníamos un acuerdo entre Klondike y la Blanquita para intercambiar recetas y técnicas de queso. Poncho y yo viajaríamos allí como parte de este intercambio de conocimientos.

"Les enseñaremos a hacer queso a la mexicana y ustedes aprenderán a la americana", dijo don Poncho, dándonos una palmada en los hombros. "Hagan sus maletas, muchachos. Van a ir al norte."

No importaba lo asustado que estaba para viajar a los Estados Unidos, sabía que era mi única forma de avanzar. No había nada para mí en México, sin dinero, sin educación, sin oportunidades para hacer algo de mí mismo. Martina y mis otros amigos me estaban dejando muy atrás. Esta era mi gran oportunidad. Pero mi entusiasmo se vio empañado por mis sentimientos de aprehensión y dolor por dejar atrás a Martina. No podía soportar pasar ni un fin de semana sin ella. ¿Cómo iba a durar meses? ¿Y si se enamoraba de otro mientras yo no estaba?

"Estaré ganando muchos dólares", le aseguré a Martina en mi próxima visita a Guadalajara, aunque no tenía idea de cuál sería mi salario. "Tan pronto como tenga lo suficiente ahorrado, te llevaré a los Estados Unidos. Podemos casarnos y pasar un año allí antes de volver."

"¿De verdad?" Los ojos de Martina brillaban de emoción mientras me besaba. "¡Qué aventura! ¡Estoy tan orgullosa de ti, Miguel!"

Su creencia en mí era como flamas bajo mis pies. Estaba decidido a triunfar en los Estados Unidos y a encontrar mi próxima gran oportunidad. Tenía que hacerlo por Martina. Por nosotros. Ella fue toda mi vida.

"Te amo" me dije, y la cogí entre mis brazos para llevarla a la recamara.

Presionó su cara contra mi cuello. "Te amo más", dijo ella.

■ ■ ■

Cuando mi tío Joaquín se enteró de mi próximo viaje, me convenció de que necesitaba estudiar inglés antes de partir. "De lo contrario, estarás completamente perdido", dijo. "¿Cómo puedes aprender algo en los Estados Unidos si no hablas el idioma?"

El tío Joaquín era hermano de mi padre, pero era todo lo que mi padre no era: un hombre de negocios, audaz, alto, bien parecido y exitoso con un apretón de manos firme y una espesa cabellera oscura. Él era a quien siempre acudía cada vez que necesitaba ayuda o consejo, ya que no podía confiar en mi padre para nada. Mi última conversación con mi padre había tenido lugar unas semanas antes de que muriera en el terremoto, cuando intenté hablar con él sobre lo que podría hacer para gustarle a la madre de Martina, o al menos aceptarme.

"Quiero casarme con Martina, pero no creo que su madre esté de acuerdo", le había confiado. "Ella no cree que sea lo suficientemente bueno para Martina."

Mi padre se rio y dijo: "¿Sabes lo que tienes que hacer, Miguelito?"

"¿No, qué?" había preguntado con esperanza. Si nada más, mi padre era un experto con las mujeres.

"¡Tienes que acostarte con ella!" Me dijo riendo a carcajadas. "¡Duérmete con tu futura suegra y todos tus problemas con ella desaparecerán!"

En ese momento, supe con certeza que nunca más podría apoyarme en mi padre.

El tío Joaquín, por otro lado, no solo era de confianza y sabio sobre cosas como la política y los negocios, sino también mi salvavidas, literalmente. Sucedió cuando yo tenía unos siete años. El tío Joaquín era dueño de un bote, y un caluroso domingo había invitado a mi familia a reunirse con la suya a orillas de un pequeño lago en San Miguel de Allende.

"Vamos, haremos un picnic, nadaremos y nos divertiremos", había dicho. "Tal vez te suba en los esquís acuáticos."

Esa tarde había empezado bastante prometedora, con todos chapoteando en el agua y turnándonos para tratar de esquiar, riendo a carcajadas cuando nos caíamos. Fue uno de los mejores días de mi vida hasta que se convirtió en uno de los peores.

A cierto punto de la tarde, mi padre había cruzado la línea, como siempre lo hacía, de la bebida a la borrachera, y se convirtió en El Transformer. Siempre sabía cuándo esto iba a pasar porque su rostro se ponía rojo y su voz se hacía más fuerte y más enojada. Habíamos estado observando otro barco con un par de tipos en él; siguieron hasta el centro del lago con su perro, un labrador negro, y aventaban al perro del bote para que pudiera nadar de regreso a la orilla. Supongo que eso fue lo que le dio a mi padre la idea de mandarnos a Carlos y a mí a subir al bote.

"¡Vamos, malditos!" él gritó. "¡Vamos a divertirnos!"

Sabíamos mejor que era mejor no discutir. Carlos y yo lo seguimos hasta el muelle, con la esperanza de que uno de los adultos se diera cuenta y lo detuviera, o al menos viniera con nosotros. Nadie lo hizo. Estaban todos reunidos alrededor de los refrigeradores de alimentos y mesas de picnic, ajenos a nuestra partida.

Mi padre sacó el bote a toda velocidad. Carlos y yo temblamos con el viento y nos aferramos a la barandilla. Luego, sin previo aviso, mi padre apagó abruptamente el motor y gritó: "¡Vamos! ¡Salten! ¡Quiero verlos nadar hasta la orilla!

Carlos y yo nos miramos con pánico. Estábamos en medio del lago. "Papá, no", dijo Carlos.

El rostro de mi padre se había vuelto aún más rojo, algo que no creía que fuera posible. "¿Qué dijiste?"

Carlos se puso de pie. Era casi tan alto como nuestro padre, pero flaco como una garza. Quería desesperadamente que golpeara a mi padre en ese momento, que lo tirara del bote. Mientras cruzábamos el lago, recordaba una noche en la Ciudad de México cuando probablemente tenía seis años. Vivíamos en un edificio de apartamentos alto y blanco en una de las zonas más bonitas de la ciudad, pero el apartamento era pequeño. Apenas había suficiente espacio en la cocina para que nos sentáramos alrededor de la mesa. Mis padres dormían en una habitación con mi hermana pequeña, mientras que los niños estábamos amontonados en literas en la otra habitación.

La Casa Que El Queso Construyo

Esa noche, me había acurrucado con mis hermanos en la sala mientras nuestros padres peleaban en la cocina. Yo era demasiado joven para entender lo que se gritaban entre ellos, probablemente se trataba de otra mujer, conociendo los hábitos de mi padre, pero mi padre estaba borracho y le tiraba sillas de cocina a mi madre mientras ella lloraba y gritaba. Carlos había corrido a la cocina y se interpuso entre mis padres, recibiendo la paliza para salvar a nuestra madre.

Carlos no se parecía a mi valiente hermano mayor en ese momento en el bote. Estaba pálido y temblaba mucho, le castañeteaban los dientes cuando saltó al agua.

"¡Tú eres el siguiente, Miguel!" mi padre había gritado. "Viste a ese perro nadar hasta la orilla. Puedes hacerlo también. Vamos. ¡Nada como un perro!"

Estaba aterrado. Sabía nadar, pero la tarde se había vuelto nublada y fría. La orilla del lago parecía estar a un millón de millas de distancia, mi familia como hormigas alrededor de las mesas de picnic.

Sin embargo, a pesar de lo aterrador y frío que parecía ese lago, la ira en los ojos de mi padre era aún más aterradora. Me golpearía hasta sangrar si no saltaba. No había nadie aquí para protegerme, así que seguí a Carlos al agua. Ambos empezamos a nadar hacia la orilla, castañeteando los dientes, nuestro padre riendo como un maníaco mientras arrancaba el bote de nuevo y pasaba rugiendo a nuestro lado.

Lo que pasa con los lagos es que el sonido se transmite fácilmente a través de ellos. No pasó mucho tiempo y antes de que mi padre llegara a la orilla escuché a mi tío Joaquín gritarle. "¿Qué diablos crees que estás haciendo, dejando a los niños tan lejos en el agua de esa manera?" le grito.

Una infinidad de minutos más tarde, mientras imaginaba a los monstruos del lago agarrándome de las piernas y tirando de mí hacia abajo, el bote regresó. Esta vez el tío Joaquín iba al volante. Se inclinó para subirnos al bote, nos envolvió en toallas secas y luego regresó a toda velocidad a la orilla, donde nuestra madre estaba llorando y nuestro padre no estaba a la vista. Esa fue la última vez que nuestra familia recibió una invitación para navegar en el lago.

Ahora, cuando el tío Joaquín se enteró de que me iba a los Estados Unidos, vino a mi rescate una vez más ofreciéndome inscribirme en un curso de inglés. "La cosa es que tendrás que ir a la Ciudad de México para tomar este curso intensivo de idiomas", dijo.

"Pero no tengo dinero", dije.

"No te preocupes", dijo. "Yo lo voy a pagar."

Una semana después, me encontraba en un autobús hacia la capital con 3,000 pesos en el bolsillo. Nunca me había sentido tan rico. Elegí un asiento en el autobús al lado de un sacerdote. Al menos, asumí que era un sacerdote porque llevaba un alzacuellos, razón por la cual elegí ese asiento en particular.

Sin embargo, cuando el autobús se detuvo en San Juan del Río para que los pasajeros desayunaran, ese "cura" vio la billetera en mi bolsillo y trató de agarrarla. Le di un puñetazo en la cara y salí corriendo; sabía que no habría otro dinero si perdía la inversión de Joaquín en mí.

En la Ciudad de México, alquilé una habitación en el departamento de una señora que trabajaba todo el día. Mis maestros me aseguraron que los Estados Unidos era tan hermoso y rico como los Estados Unidos que veía en la televisión y en las películas. "La gente en Estados Unidos es tan rica en comparación con México, que puedes vivir de la basura, Miguel", me dijeron. "Hay oportunidades para ganar dinero en dondequiera."

Esto excitó mi imaginación. Si pudiera ganar dinero, seguramente podría traer a Martina a vivir conmigo en los Estados Unidos pronto. Nos casaríamos y formaríamos una familia y ahorraríamos suficiente dinero para comprar una linda casa en México.

Aferrarme a esa fantasía me ayudó a pasar los siguientes seis meses de clases de inglés. Estaba en la escuela solo tres horas al día, y no me fue mejor estudiando o memorizando que antes. Realmente fue un desastre, aunque no me daría cuenta de lo poco que había aprendido inglés hasta que llegué al norte de la frontera. Mientras tanto, tenía tanto tiempo libre que sufría por Martina durante cada minuto que no estaba en clase. Los días de la semana se prolongaban. La mayoría de los viernes hacía el largo viaje en autobús para ver a Martina en Guadalajara.

Una vez, estaba tan desesperado por verla que gasté algunos de los preciosos pesos de mi tío para volar a Guadalajara desde la Ciudad de México. Poncho me recogió en el aeropuerto y me llevó al departamento de Martina. Susana estaba en el departamento, pero Martina estaba fuera.

"¿Adónde?" Pregunté, desconcertado. De alguna manera, en mi imaginación febril, Martina siempre estaba esperando verme, tal como yo anhelaba verla, y no tenía nada mejor que hacer que extrañarme.

Susana parecía incómoda. "Fue al lago de Chapala con un grupo de amigos", dijo.

"¿Chicas?" Yo pregunté.

"Y chicos", admitió Susana. "Un chico la recogió."

"Oh. Bueno." Luché contra la niebla roja de los celos que amenazaba con obstruir mis fosas nasales y nublar mi visión.

No podía hacer nada más que esperarla, ya que tenía que depender en Poncho para que me llevara a casa. Cuando finalmente apareció Martina, se disculpó por no estar en el departamento para saludarme y dijo que había ido al lago "con unos amigos."

No mencionó a otros chicos, y no le pregunté por ellos. No quería saber la verdad si me estaba engañando.

De vuelta en la Ciudad de México, estaba más solo que nunca en mi vida. No hubo más fiestas. No más amigos con los que pasar el rato en los bares por la noche. Estaba acostumbrado a reír y a bromear, y a la compañía de mis ruidosos amigos y hermanos. Nunca había tenido que dormir solo y no me gustaba mucho. Poco sabía que esta vez, este tiempo de mi vida sería un buen entrenamiento para las dificultades que soportaría más adelante.

■ ■ ■

Eventualmente, llegó el momento de despedirme de Martina de verdad. Poncho y yo hicimos un último viaje a Guadalajara para ver a ella y a Susana, y las chicas nos llevaron al aeropuerto en la camioneta de Poncho. Poncho se quedaría en los Estados Unidos por poco tiempo, pero yo me quedaría indefinidamente para aprender a hacer quesos americanos en la fábrica de Klondike en Monroe, Wisconsin, y enseñar a los trabajadores de don Poncho cuando regresara a México.

"No me abandones, por favor", le rogué a Martina. Enviaré por ti en cuanto tenga dinero. Te amo."

"Me estoy reservando para ti. Yo también te amo", dijo y me besó.

Nos abrazamos fuertemente en el aeropuerto hasta que Poncho dijo que teníamos que correr para alcanzar el avión.

No era la primera vez que me subía a un avión, pero era el vuelo más largo que había tomado y mi primer viaje internacional. Mi estómago estaba en mi garganta cuando despegamos. Miré fijamente a través de la ventana, imaginando a Martina despidiéndose, luego me hundí exhausto y me quedé dormido. Comparado con la diminuta terminal de Guadalajara, el aeropuerto O'Hare de Chicago parecía como una ciudad en sí misma. A pesar de su tamaño, los funcionarios de aduanas estaban bien organizados y eran corteses, y Poncho y yo navegamos sin ningún problema. Todos en los Estados Unidos realmente parecían guapos, como en las películas. Me destacaba en México por mi estatura, que era de poco más de un metro ochenta, y mi piel clara y ojos azules, pero aquí en Chicago me parecía a todos, excepto a los negros. Eran los primeros afroamericanos que había visto. Al principio desconfiaba —en las películas parecía que los negros siempre tenían armas—, pero eran tan amables y estaban bien vestidos como todos los demás en el aeropuerto.

Pareciendo estadounidense, o al menos europeo, era bueno y malo para mí: nadie me trataba como a un extranjero, así que no sentí discriminación. Por otro lado, todos asumieron que hablaba inglés, y las frases fuertes y entrecortadas eran disparadas demasiado rápido para que las entendiera.

Poncho hablaba un inglés aceptable: había tenido todas las ventajas educativas que yo carecía y había estudiado inglés en la universidad como parte de su formación como ingeniero, por lo que logró que atravesáramos las filas del aeropuerto y saliéramos al vestíbulo. Allí nos recibió Jorge Reynoso, amigo de mi madre y el hombre que había organizado nuestro intercambio con Klondike Cheese Company. Jorge era bajo y de tez pálida; había emigrado a Chicago porque tenía un hermano que había puesto allí una fábrica de tortillas.

La casa de Jorge estaba en un suburbio de Chicago donde las calles y las casas parecían sacadas de una película de Disney. Las calles estaban bien pavimentadas y libres de basura, a diferencia de Guanajuato, y todos los autos parecían nuevos. Era junio y llovía ligeramente cuando llegamos a su entrada. Nunca había visto tanto verdor. Cada césped parecía un campo de golf. ¿Cómo, me preguntaba, todos aquí ganaron tanto dinero? Deseaba que Martina pudiera verlo todo conmigo. Habíamos estado separados menos de un día, pero ya me dolía el corazón por ella.

A la mañana siguiente, Jorge nos dejó en el camión del dueño de Klondike que usaba para recoger y entregar queso. Poncho, todavía con resaca por haber bebido la noche anterior, se durmió casi tan pronto como entramos a la autopista para Wisconsin. Ron me guiñó un ojo y metió la mano en una hielera debajo del asiento. Sacó dos latas de cerveza, las destapó con la mano libre y me entregó una.

Desea más

Tomé un trago sediento de la lata y casi me atraganté. ¡Cerveza! ¡Nunca había visto cerveza en una lata como esta! Esperaba un refresco. "¿No es ilegal beber y conducir aquí en los Estados Unidos?" Le pregunté.

Ron se llevó un dedo a los labios. "Solo si te pilla la policía, Miguel."

En poco tiempo, cruzamos los límites entre Illinois y Wisconsin. El campo se veía casi igual: interminables campos ondulantes de maíz verde y trigo amarillo, intercalados aquí y allá por granjas de aspecto ordenado. Admiré los tractores y los irrigadores enormes y de aspecto eficiente que se movían por los campos. Esto estaba muy lejos de las pequeñas granjas familiares, a menudo deterioradas, alrededor de Irapuato.

Mientras conducíamos, Ron me habló de Wisconsin y de Klondike Cheese Company. "Wisconsin es el estado del queso", comenzó, y explicó que los primeros inmigrantes del estado fueron de Suiza a mediados del siglo XIX. En un siglo, el estado tenía más de 1,500 fábricas de queso cuando otros inmigrantes europeos comenzaron a establecer granjas lecheras y producir queso, transmitiendo habilidades de generación en generación.

"No te sorprendas si vas a la ciudad y ves banderas suizas todavía colgadas en algunos lugares", agregó. "Y debe saber que Wisconsin ha sido el estado productor de queso más grande de los Estados Unidos desde 1910."

La exuberante campiña y las prósperas granjas por las que pasamos estuvieron a la altura de las altas expectativas que había formado después de crecer en programas de televisión y películas estadounidenses, pero mi verdadera sorpresa llegó cuando llegamos a Klondike Cheese Company. Literalmente me quedé boquiabierto mientras recorríamos la fábrica. Cada pieza del equipo parecía estar hecha de acero inoxidable reluciente. Bien podría haber estado dentro de una estación espacial. Los suelos también brillaban. Todos los trabajadores usaban botas de goma hasta la rodilla y guantes y realizaban sus trabajos con movimientos energéticos y serios. La Blanquita, que yo consideraba grandiosa en comparación con la pequeña operación de elaboración de queso Cojita de don Vicente, era pequeña y destartalada en comparación con Klondike, que para mí bien podría haber sido un castillo.

Mi corazón martilleaba en mi pecho cuando la inseguridad se apoderó de mí. ¿Cómo diablos iba yo a enseñarles a estos estadounidenses algo sobre cómo hacer queso mexicano, cuando era obvio que ya sabían mucho más que yo sobre cómo hacer queso?

El recorrido continuó y, finalmente, Ron me presentó a sus hermanos de la fábrica. Me contaron un poco sobre la historia de la empresa, y Poncho me tradujo mientras continuábamos caminando. La historia de Klondike fue también la historia de la familia Buholzer. Como tantas otras familias de Wisconsin, los Buholzer habían emigrado de Suiza en la década de 1920. Ernest y Marie Buholzer elaboraban queso suizo y su hijo Alvin se hizo cargo del negocio 20 años después.

Al y su esposa, Rosa, habían pasado su operación de elaboración de queso a los hombres que dirigían Klondike cuando llegué: sus hijos Ron, Dave y Steve. Los hermanos habían formado una corporación familiar cuando compraron Klondike Cheese Factory en 1972 y cambiaron el nombre a Klondike Cheese Company. Todos habían alcanzado el estatus de Master Cheesemaker® de Wisconsin al completar un programa de capacitación avanzada, el único de su tipo en los Estados Unidos en ese momento.

Ron, Dave y Steve eran pálidos y de cabello oscuro. Parecían parientes, pero Steve era más alto que los otros dos y tenía el pelo más rizado. Ron era bajo y corpulento, y Dave tenía un bigote que ocasionalmente acariciaba con un dedo, como si fuera una pequeña mascota. Dave manejaba la mayor parte del negocio y la logística de la oficina, mientras que Steve y Ron eran más prácticos en la fábrica.

Lo respetaba porque estaba claro que eran hijos de inmigrantes como yo, decididos a trabajar duro y ser productivos.

Los hermanos Buholzer me recibieron con sonrisas y apretones de manos y trataron de hacerme sentir como en casa. Sin embargo, cuanto más veía de la fábrica, más se asentaba mi miedo, encorvando mis hombros mientras caminaba tras mis guías. Eventualmente me apagué mentalmente porque el inglés era demasiado difícil de seguir para mí. ¿A qué propósito podría servir en Klondike? Se esperaba que les enseñara la manera de hacer queso fresco, crema y queso Oaxaca de la Blanquita, pero operar el equipo de alta tecnología de Klondike con todos estos diales, tubos y palancas estaba más allá de mis habilidades. Yo no sabía nada, en comparación con estos hombres.

Vas a fallar en esto, como siempre fallaste en la escuela, pensé miserablemente.

No. No podía dejar que eso sucediera. Fracasar en este trabajo significaba que no solo me fallaría a mí mismo, sino también a Martina. De alguna manera tenía que aprovechar esta oportunidad para aprender algo nuevo y tener éxito. Levanté la cabeza y asentí a algo que Ron estaba diciendo, a pesar de no entender ni una palabra.

Poncho estuvo en Monroe conmigo durante una semana antes de tener que regresar a México. Cuando no estaba traduciendo para mí, el inglés parecía volar hacia mí como grava bajo las llantas de un camión. Confié en mis poderes de observación para aprender, permaneciendo en silencio y observando de cerca a los trabajadores de la fábrica, tratando de memorizar sus movimientos.

En nuestras horas libres, bebíamos. No había mucho más que hacer en la ciudad, a pesar de la confluencia de fábricas de queso en Monroe y sus alrededores. Estos incluyeron Klondike, Chalet Cheese Co-op, Meyer Farmstead Cheese, Swiss Colony, Roth Kase U.S.A., Grande Cheese, Henning's Cheese, Monticello Northside Swiss Cheese y más.

Tampoco había nada que me recordara mi hogar. Nada de lo que comí, olí o vi me pareció familiar. El entorno extraño se sumó a mi desorientación y miseria. Sí, me parecía a muchos de estos inmigrantes europeos altos y de ojos azules, pero era un adolescente mexicano con poca educación que nunca había estado fuera de casa. Hoy, los mexicanos son el grupo de habla hispana más grande de Wisconsin, pero en ese entonces, Poncho y yo éramos los únicos mexicanos en Monroe. De hecho, el único otro hispanohablante que conocería en los próximos meses sería un médico de Venezuela que tuvo la amabilidad de darme una chaqueta cuando me vio temblando de frío. Yo era un náufrago solitario en un mar de inmigrantes europeos.

Ron le había prestado una camioneta a Poncho para que pudiéramos viajar entre el motel y la fábrica. Klondike tenía su propio bar, el Junction House, y los hombres se reunían allí después del trabajo. No podía seguir el ritmo de la cerveza que golpeaba todas las noches, pero tenía que ir a donde fuera Poncho si quería entender algo.

Una noche, salimos del bar con Poncho al volante y pasamos una señal de alto antes de que Poncho pisara los frenos. Estábamos en la camioneta de Ron cuando nos detuvimos en la intersección. En ese mismo momento, un motociclista rugió hacia nosotros. El conductor pisó los frenos a tiempo para evitar chocar con nuestro camión, pero la motocicleta patinó y el conductor cayó al suelo.

Aterrorizado por cualquier interacción con la policía local, Poncho acelero el camión y se fue en el momento en que vimos al motociclista ponerse de pie y supimos que estaba bien. La policía nos alcanzó y trató de hablar con nosotros sobre el accidente para que pudieran presentar un informe. Afortunadamente, esta fue una de las pocas noches que Poncho no había bebido en exceso. Los policías nos dejaron ir una vez que vieron que conducíamos un camión que pertenecía a uno de los propietarios de Klondike. Supongo que esto se debió a que Klondike era uno de los empleos más importantes de la ciudad. Después de ese accidente, nunca más me dejé emborrachar.

■■■

Antes de que Poncho partiera para volar de regreso a México, le compró regalos a Susana de los Estados Unidos. Odiaba la idea de que llegara a Guadalajara sin nada bueno para Martina también, así que fui a una de las únicas tiendas en Monroe y le compré una chaqueta blanca de imitación de cuero con ribete rojo. La chaqueta me costó casi todo el dinero que me quedaba, unos $75 dólares, pero le rogué a Poncho que se la llevara y se la diera.

"Necesito que Martina sepa que la amo y voy a cumplir mi promesa de traerla aquí", le dije.

"Claro, hombre", dijo Poncho, y me dio una palmada en el hombro. "*Buena suerte.*"

Me llevó a Klondike a la mañana siguiente, donde nos despedimos entre las tinas de queso de la fábrica. No fue hasta que Poncho se fue que me di cuenta: no tenía nada más que la poca ropa en mi maleta desgastada. Literalmente no tenía dinero en mi bolsillo, no sabía inglés y no tenía un lugar donde quedarme. Sentí tanto miedo que casi me eché a llorar cuando Poncho se alejó, deseando por enésima vez haber crecido con un padre que me apoyara, o al menos uno que me amara y creyera en mí, como Don Poncho siempre lo había hecho, estando allí para Poncho. Los jóvenes giran sin dirección cuando no hay nadie que los guíe o los apoye. Ahora realmente era un extraño en una tierra extraña, varado en un lugar donde no hablaba el idioma ni conocía las costumbres. El hogar nunca se había sentido tan lejos.

¿Qué podía hacer sino ir a trabajar? Eran las cinco de la mañana cuando salió Poncho. Jorge Reynoso me había proporcionado un número de seguro social falso, el cual, siguiendo las instrucciones, le di a Thea, la linda esposa rubia de Steve, quien manejaba la nómina.

Ella anotó mi pago por hora: $3.75 por hora, mucho menos de lo que ganaban los demás trabajadores, aunque yo no lo sabía en ese momento. No es que me hubiera quejado incluso si lo hubiera sabido. ¿Qué podría haber hecho? No tenía dinero ni ningún otro lugar adónde ir. Estaba varado, naufragado. Un prisionero de mis propias elecciones.

Thea usó lenguaje de señas para demostrar cómo ponchar mi tarjeta de tiempo en la máquina. Un tipo de aspecto rudo en la línea de la fábrica me mostró cómo hacer mi sudoroso, agotador y tedioso primer trabajo en Klondike: tomar bloques de queso de 40 libras y usar un cortador afilado para cortarlo en bloques de 1 libra. Durante las siguientes 16 horas, corté bloque tras bloque de queso cheddar y monterrey jack en el aire caliente y húmedo.

La fábrica nunca se detuvo. Trabajé como un robot, el sudor corría por mi frente y oscurecía mi camisa. Me habían dado un par de botas de goma hasta la rodilla como las que usaban el resto de los empleados, por lo que mis pies también sudaban. Se sentía como si estuviera caminando a través de charcos de mi propio sudor.

Por fin, alguien se dio cuenta de que no me había tomado un descanso y me hizo a un lado, haciendo un gesto hacia la sala donde los trabajadores se reunían para comer y tomar café. La mayoría trajo su comida de casa o la compró en las máquinas expendedoras. Mis extremidades temblaban de fatiga y mi estómago se revolvía de hambre. Había gastado todo mi dinero en la chaqueta de Martina; me volteé los bolsillos y encontré un puñado de monedas sueltas, nada más.

Luego vi una barra de pan en el mostrador y un bloque de queso. Rápidamente preparé un sándwich de queso, mirando por encima del hombro con pánico mientras lo calentaba en el microondas para que el queso se derritiera, preguntándome si estaba robando la comida de otra persona. Pero estaba desesperado. Nunca había estado tan nostálgico por la comida mexicana quitar y la compañía de mi madre como ese día, mientras masticaba el pegajoso queso Cheddar emparedado entre pan blanco insípido, bañándolo con agua que bebí del fregadero.

Al final de mi primer turno, los músculos de mi cuello y hombros se sentían como si estuvieran en llamas por repetir los mismos movimientos de levantamiento y corte durante todo el día. Pensé que había trabajado duro en don Poncho's, pero eso no era nada comparado con la forma en que la gente trabajaba en los Estados Unidos. En Klondike, se detuvieron solo para breves descansos. Estábamos procesando hasta 32 tinas de queso por día, nada que ver con la cantidad que procesamos en la Blanquita, pero no había descanso ni descansos largos para tortas y bebidas frías. Durante uno de mis descansos, estaba tan exhausto que me quedé dormido de pie contra la pared del baño.

Pero tenía otro problema más apremiante que los músculos adoloridos. Mientras Poncho estaba aquí, había estado durmiendo en su habitación de motel, pero ¿ahora qué? No tenía lugar para quedarme. No conocía a nadie, y no hablaba inglés lo suficientemente bien como para preguntar si podía quedarme en la casa de alguien. Nunca me había sentido tan solo.

Esperé a que el turno saliera de la fábrica, los hombres gritándose unos a otros mientras subían a sus vehículos, en su mayoría camionetas, y salían rugiendo del estacionamiento. Cuando estaba solo, busqué en la fábrica, con la maleta gastada en la mano, un lugar donde pudiera dormir sin ser detectado, y descubrí la sala de calderas. Estaba limpio, al menos, y separado del resto de la fábrica. La puerta de metal rodante nunca estaba cerrada con llave, y cuando la cerré, estaba protegido del clima.

Dentro de la sala de calderas, había un taller bien equipado a la izquierda, una sala con herramientas colgadas de las paredes, sierras gigantes, moldeadoras, tuberías y varias mesas de trabajo. En el lado derecho de la habitación no había nada más que una pared plana con tuberías corriendo por ella. Encontré algunos pedazos de cartón aplastados y los arrastré hasta esta parte de la sala de calderas. Luego me acurruqué en mi ropa y perdí el conocimiento, demasiado cansado para llorar, la depresión se asentó como un perro negro gigante en mi pecho, dificultándome la respiración.

■■■

Al día siguiente, me levanté temprano y me lavé en el baño de hombres, luego viví ese infierno de nuevo. Apenas podía leer y escribir en español, dada mi dislexia y problemas de atención en la escuela; para salir adelante, tenía que observar todo y a todos cuidadosamente y crear mi propia narrativa de lo que estaba sucediendo. Hice esto incluso cuando era pequeño y los maestros nos pedían que respondiéramos preguntas sobre una lección, fingiendo leer e inventando las respuestas porque no quería que los otros niños se rieran de mí por no saber leer.

Ahora, mi entrenamiento inicial en la observación de otros me permitió prestar mucha atención a todo con mis manos, oídos y ojos mientras trabajaba en Klondike. "Escucha y mantén *la boca cerrada*", me recordaba varias veces al día, mientras la gente me daba instrucciones y me mostraba qué hacer. Afortunadamente era la misma rutina que al principio, día tras día, cortando esos enormes bloques de queso.

Por las noches me retiraba a mi cama de cartón en la sala de calderas, adolorido y exhausto, y me despertaba con los músculos adoloridos y el estómago gruñendo de hambre. Esta podría haber sido mi vida durante mucho tiempo, si el hijo de Ron no me hubiera visto escabulléndome en la sala de calderas después de unos días y no me hubiera revelado a los jefes.

Ron me hizo a un lado después del trabajo ese día y me llevó a Junction House. Allí me presentó a Dave Jacobs, el cantinero. Ron le habló de mi situación y Dave me invitó a quedarme en su apartamento encima del bar. Cuando Ron se dio cuenta de que no tenía dinero (esto también tenía que demostrárselo, dándome la vuelta a los bolsillos para él y encogiéndome de hombros, lo que lo hizo reír), me dio un adelanto de 25 dólares en mi cheque de pago para que pudiera pagarle a Dave algo de dinero por renta y comprar alimentos.

El apartamento era pequeño, pero limpio y cómodo. Incluso tenía mi propio dormitorio. Dave y yo realmente no podíamos comunicarnos, ya que él no hablaba español y mi inglés era casi inexistente, pero era un buen tipo. Adoraba su Harley Davidson y desaparecía en su motocicleta durante unos días cada semana, dejándome solo.

Con tantas horas libres y solitarias, me hundí más y más en la depresión. Mis días empezaban a las 5 a.m. y no terminaban hasta las 6 p.m. Logré telefonear a Martina varias veces desde la fábrica hasta que Thea notara las facturas y me advirtiera que no lo volviera a hacer. ¡Cada llamada telefónica costaba casi tanto como ganaba en un día! Sin poder escuchar la voz de Martina, hablar con nadie de mi familia o comunicarme con nadie más en español, me sentí completamente aislado. ¿Quién sabría siquiera si me enfermé o morí?

Incluso comprar comida era problemático. La tienda de comestibles más cercana estaba a 7 millas de distancia y no tenía auto. Caminar a la tienda no estaba mal en los meses de verano, pero a medida que los días se volvían más fríos y cortos, llegaba a casa de la fábrica después del trabajo y tenía que caminar en la oscuridad. Muchos días no comía nada más que sándwiches de mostaza y cebolla o perritos calientes de plátano, plátanos metidos en rebanadas de pan.

Una noche, regresaba a casa con una pequeña bolsa de comida de la tienda de la esquina (comida enlatada, bolsas de papas fritas y otros trastos) cuando se me acercó una motocicleta. Apenas tuve tiempo de darme la vuelta cuando sentí que algo me golpeaba con fuerza la cabeza. Luego, el motociclista se bajó, golpeándome la cara cayendo desmayado en la acera.

Una hora más tarde, recuperé el conocimiento, ensangrentado y magullado, y me tambaleé, recogiendo mis compras y llevándolas bajo mis brazos porque la bolsa se había roto. En el apartamento, me puse hielo en la cara y pensé en el ataque. El hombre no se había llevado nada, ni siquiera la comida del suelo. Claramente no era un ladrón. Entonces, ¿por qué me persiguió de esa manera? ¿Fue porque yo era mexicano? ¿Podría de alguna manera decir que yo era diferente?

Entonces me di cuenta: este motociclista era probablemente con el que Poncho y yo casi chocamos en nuestra primera semana aquí. Esto fue venganza. De alguna manera eso me hizo sentir mejor que si hubiera sido un ataque al azar.

Otra noche, los chicos de la fábrica me invitaron a ir de copas. Para entonces era diciembre y empezaba a nevar. Me alegré de que el doctor venezolano se apiadara de mí y me diera un abrigo cálido mientras atravesábamos el estacionamiento hacia una de las camionetas y nos subíamos. Condujimos hasta un bar más alejado del trabajo y me reí de los chistes que no entendía desde mi lugar en el asiento trasero, complacido de pensar que estaba haciendo amigos a pesar de que no podía comprender la mayor parte de lo que decían.

Bebimos un rato y jugamos al billar. Como de costumbre, no podía seguirles el ritmo. Estos hombres parecían trabajar solo para poder permitirse ir al bar y beberse sus cheques de pago. No podía tolerar la misma cantidad de licor que ellos. Tampoco quería hacerlo: necesitaba urgentemente cada centavo que ganaba y no podía permitirme perder mi trabajo. Ellos podrían llegar tarde o borrachos, ser despedidos y encontrar otro trabajo fácilmente. No sería tan fácil para mí.

Finalmente llegó la última llamada y hora de partir. En nuestro camino de regreso a la fábrica, el conductor detuvo repentinamente el camión en un camino oscuro. "Bájate del auto, Miguel", ordenó.

¡Que chingados! Miré por la ventana y solo vi el cielo negro sobre los campos cubiertos de escarcha blanca. No tenía idea de dónde estábamos. Los otros muchachos comenzaron a reírse y todos comenzaron a empujarme hacia la puerta.

"¡Vamos, Miguel, final de la línea, amigo!" uno dijo. "Esta es tu parada."

"Es hora de caminar esas cervezas", dijo otro, y salió de la camioneta para mantener la puerta abierta para mí. "¡Fuera, pinche mexicano!"

Todos se estaban riendo excepto yo cuando casi me caigo del camión, aterrorizado de que pudieran golpearme como lo había hecho el motociclista. Estaría acabado, aquí afuera en el frío y la oscuridad, si hicieran eso.

Pero el camión se alejó rugiendo. Empecé a caminar a casa, sintiendo el cruel mordisco de la nieve en mi cara y a través de las delgadas suelas de mis zapatos, deseando haber usado un sombrero, al menos. Mi única esperanza era que, si caminaba lo suficiente, tal vez encontraría una gasolinera con un baño abierto, o un granero, donde podía acampar hasta la mañana. Las lágrimas corrían por mi rostro. Pensé en Martina, en las calles soleadas de México, en mi madre y mis hermanos. Estaba tan frío y solo. ¿Qué estaba haciendo en este país?

El dolor de ese momento me hizo recordar otra vez cuando me hirieron y me traicionaron, otro recuerdo no deseado de mi padre. Probablemente tenía nueve o diez años, y mi padre había comenzado a beber temprano en el día y peleaba con mi madre. Me había dejado fuera de la casa, pero a través de la ventana de la cocina, podía ver a mi padre sosteniendo a mi madre contra la pared por el cabello y golpeándola. Sin dudarlo, había pateado la puerta para llamar su atención. ¿Quién sabe qué me dio el coraje? Pero me invadió una furia animal cruda.

"¿Por qué estás molestando a mamá?" había gritado. "¡Déjala ir, hijo de puta! ¡Si eres un hombre, la dejarás ir y pelearás conmigo en su lugar!" Mi voz todavía era alta, la voz de un niño, pero seguí pateando la puerta y gritándole. "¿Quieres una pelea? ¡Ven y agárrate conmigo! ¡Te daré una pelea!"

Mi padre finalmente había abierto la puerta. "¡Pequeño bastardo!" rugió. "¡No me hables así! ¡Te mataré, hablándole así a tu viejo!"

Salí corriendo. Me siguió fuera de la casa y por la estrecha calle adoquinada, sorprendentemente rápido. Estaba aterrorizado, pero aun así seguí burlándome de él, llevándolo más y más lejos de la casa y de mi sollozante madre.

"Vete a la mierda, imbécil. Deja a mi madre en paz. ¡Ven y golpéame si puedes atraparme!" Grité, lo suficientemente fuerte para que todos en la calle nos escucharan. La gente miraba por las ventanas, pero nadie se atrevía a intervenir cuando mi padre estaba en pie de guerra. Él era El Transformer. Imparable. Invencible.

Seguí corriendo a ciegas por las calles, seguro de que me mataría si me atrapaba. Por fin me lancé a través de las puertas de una iglesia y me arrastré debajo del altar. Cuando vi a mi padre vacilar en la puerta, me mordí el dedo para no gritar de terror.

No tuvo el valor de entrar en la iglesia y sacarme de allí. Después de unos minutos, mi padre desapareció. Me quedé allí en el piso de piedra helada en la oscuridad, temblando de frío y miedo, preguntándome qué le estaba haciendo a mi pobre madre, hasta que el sacerdote me encontró.

"Tienes que irte, hijo", dijo. "No puedes quedarte aquí."

Estaba demasiado asustado y enojado para volver a casa. En lugar, hui a la casa de mi amigo Eladio y le supliqué que me dejara quedarme. "Por favor, ayúdame", grité. "Mi papá está loco. Si vuelvo, me matará."

Desea más

Me quedé allí una semana, luego fui a la casa de mi amigo Octavio, y volvía a casa solo cuando sabía que mi padre no estaba o no estaba bebiendo.

Mi padre era un bastardo cruel, pero era un hecho de la vida, uno que me había hecho desconfiar de todos. Nunca pude confiar plenamente en mis hermanos tampoco, porque siempre existía la posibilidad de que me dejaran atrás o me golpearan. Ciertamente no podía confiar en mi madre para protegerme. Martina fue la única persona en mi vida que realmente me hizo sentir amado y seguro.

Los faros doblaron una esquina de repente, cegándome, y un camión se detuvo con estruendo, lleno de hombres que reían y aullaban. Casi corrí por mi vida en el terror. Entonces reconocí al conductor: era el mismo camión en el que había viajado cuando salí de la fábrica de Klondike horas atrás.

"¡Sube, Miguel!" llamó el conductor.

"Sí, solo estábamos jodiéndote, hombre", gritó otro tipo desde el asiento trasero.

"No, gracias," dije, despidiéndolos. "Creo que caminaré."

"Mierda, no seas estúpido. Era solo una broma, Miguel", dijo un tercer tipo. "Estábamos jugando. No hay necesidad de mirarnos así."

¿Cómo qué? Me pregunté, fingiendo reírme. "No, estoy bien. Caminaré. Necesito despejarme la cabeza."

"Vamos", dijo el conductor, y finalmente cedí. Pero cuando reconocí la señal de alto cerca de mi calle, les dije que se detuvieran y salí. Claramente, el único en quien podía confiar aquí era en mí mismo.

Partieron de nuevo, dejándome solo en ese camino oscuro y helado.

Hubo muchos momentos como este durante esos primeros meses oscuros en los Estados Unidos cuando me desesperé por comprender alguna vez esta cultura estadounidense, que era tan diferente de lo que había visto en la televisión y en las películas. Sin embargo, mi aislamiento me sirvió, en cierto modo, porque me obligaba a prestar mucha atención a lo que hacían todos a mi alrededor. Incluso si estás haciendo un trabajo tan bajo dentro de un grupo, que nadie más lo quiere (el tipo de trabajos que los inmigrantes en este país a menudo terminan haciendo), pongan atención a cada detalle, incluso cuando crea que no importa.

No solo vayas a trabajar, haciendo lo mínimo y cobres tu cheque de pago. Haz preguntas y sé más responsable. De esa manera, cuando nuevas oportunidades llamen a tu puerta, tendrás el conocimiento para aprovecharlas.

No lo sabía, pero durante estas horas oscuras estaba adquiriendo una buena ética de trabajo y las habilidades que necesitaba para ser un empleado confiable. Esto me llevaría a ser valorado por la empresa y, eventualmente, a crear quesos que revolucionarían la industria estadounidense del queso.

Capítulo 3

Crea oportunidad

**La gente dice que busques nuevas oportunidades de negocio.
Yo digo crea la tuya propia**

Imagínate estar en un lugar donde no puedes entender lo que la gente dice, la comida es extranjera, las costumbres son extrañas y siempre estás mirando por encima del hombro porque no puedes confiar en nadie. Estaba tomando clases en la Universidad de la Vida y me sentía como si estuviera en una prisión. Irónicamente, este sería un buen entrenamiento para cuando realmente tuviera que pasar un tiempo en una prisión muchos años después.

Durante esos primeros meses en Monroe, traté de escapar dos veces. Mi soledad era tan aguda que me llevó a empacar mis pocas y patéticas pertenencias en mi maleta y comenzar a caminar hacia la estación de autobuses en pleno invierno, llorando tan fuerte que apenas podía ver. En ambas ocasiones, pero, no tuve más remedio que darme la vuelta. No podía pagar un boleto de autobús, y mucho menos un pasaje de avión a México. Estaba realmente atorado, más o menos como un sirviente contratado.

Algunas noches, no podía dejar de llorar, mi vigésimo cumpleaños llegó y se fue, yo estaba solo de una manera en la que nunca había estado antes. Los trabajos que me daban en la fábrica seguían siendo terriblemente difíciles. Trabajar en la fábrica de queso era como trabajar como esclavo en la cocina de un gigante: hacía calor, era ruidoso y húmedo, y estabas constantemente de pie y en movimiento. Los músculos me dolían en lugares que ni siquiera sabía que tenía músculos. Incluso despues de tomar una ducha, la fabrica continua oliendo a leche acida.

Lo que me impulsó a seguir poniendo un pie en frente del otro fueron las cartas y los casetes que me enviaba Martina. Sus cartas me permitirían imaginar su voz y sentir sus brazos a mi alrededor. Me recordé que estaba haciendo esto por Martina, para nosotros. La vida me había entregado este destino, y lo iba a aprovechar al máximo para tener un futuro mejor. El trabajo era todo lo que tenía, así que me lancé a él, día tras día, convirtiéndome en una esponja de conocimiento.

■ ■ ■

Esta es la cosa: no puedes rendirte. Solo tu tenacidad te ayudará a superar los momentos difíciles. Mi determinación ya me había salvado de los golpes de mi padre y de ahogarme cuando mi padre me tiró al agua. Mi tenacidad de hacer algo por mí mismo me salvaría de fallar en la primera oportunidad verdadera. Cuando pedí horas extra, los dueños de Klondike me pusieron a trabajar fregando pisos y me pagaron por lavar sus autos y camionetas. Hice todo esto sin quejarme. Unos meses después de comenzar el trabajo, Klondike me movió a lo largo de la línea de la fábrica, desde cortar bloques de queso hasta lavar los gruesos tubos de plástico que tenían pequeños agujeros para exprimir el queso a través de las tuberías. Mientras desarmaba las piezas y las limpiaba, seguí observando a los otros trabajadores y memoricé cómo operaban las máquinas, literalmente siguiendo las piezas del equipo con mis ojos, o a veces con mis manos, tratando de entender cómo se ensamblaban las máquinas y cómo funcionaban.

El trabajo en Klondike requirió más disciplina que cualquier otra cosa que haya hecho en mi vida. Comenzando con el procesamiento de la leche y terminando con el queso cortado en bloques y envuelto para los minoristas, todo lo demás tenía que hacerse a un ritmo determinado y sin variaciones en las rutinas. Si los trabajadores no seguían las recetas del queso paso a paso, con una precisión exacta, el producto podría resultar diferente o incluso arruinarse por completo. La calidad era importante para los Buholzer. Los trabajadores nunca podían tomar descansos al azar solo porque estaban cansados. Bebían mucho, pero trabajaban aún más duro. Nunca había visto tal disciplina. No todo el tiempo me caían bien estos hombres, pero los admiraba. Además, sabía que tenía que trabajar lo suficiente para mantenerme al día, o Klondike podría reemplazarme.

Después de unos meses, me sentí más cómodo con los ritmos de la fábrica y, en secreto, elegí un mentor: David Webster. Estaba claro que los dueños de Klondike confiaban en él. Si una máquina tenía un problema, Webster (todos lo llamaban así) generalmente podía arreglar lo que fuera sin llamar a Steve o Ron para que lo ayudaran; prefería resolver los problemas él mismo en lugar de molestar a alguien más.

Webster era un quesero hábil y era jefe de todas las operaciones en Klondike. Era un tipo de gran corazón, leal y responsable en el trabajo. Bebía muy poco y a veces estaba demasiado callado, pero estas cualidades particulares me hicieron confiar aún más en él. Tenía un aspecto nórdico, tan alto y de ojos azules como yo, pero con el pelo rubio. Era unos años mayor, probablemente ya rondaba los 30 y ya estaba casado. Su turno de trabajo comenzaba a la medianoche y controlaba cada paso de las operaciones. Hice mi misión convertirme en su sombra siempre que me era posible.

A medida que mi inglés mejoraba, comencé a hacerle preguntas a Webster sobre la fábrica y por qué las cosas se hacían de la forma en que se hacían. Me explicó pacientemente cada proceso y apreciaba mi gran interés y entusiasmo. A cambio, aproveché la oportunidad de hacer queso de primera calidad.

49

Crea oportunidad

En un año, Webster y yo nos comunicábamos lo suficientemente bien como para convertirnos en amigos. Supe que se había criado en una granja lechera al lado de Mexican Cheese Producers y que su familia vendía leche a la fábrica. Webster conocía a los hermanos Buholzer desde que eran niños. Le resultaba fácil cruzar la calle desde su casa para ir a trabajar a la fábrica, así que eso es lo que había estado haciendo desde su adolescencia.

Con el tiempo conocí mejor a Webster, en ocasiones me invitaba a la granja de su familia, donde los ayudé a empacar heno y comí panqueques con jarabe de maple por primera vez. Se ofrecieron a pagarme, pero a pesar de lo pobre que era, no pude aceptar su dinero. Los consideraba amigos y estaba feliz de ayudar. El único punto sensible entre Webster y yo era su esposa; era una persona agria y cerrada que dejó en claro que pensaba que yo estaba por debajo de ellos.

Cuando Webster y yo estábamos solos, el seguía callado, incluso taciturno. Hice todo lo posible para que hablara. Un día íbamos en un camión rumbo a Klondike y Webster apenas hablaba, por mucho que lo molestara con preguntas o le contara chistes.

Finalmente nos detuvimos para cargar gasolina y él me dijo: "Tráeme un litro de helado, ¿quieres?"

"Seguro". Salté del camión, compré el helado y regresé. Webster terminó de bombear el diesel y volvió a sentarse detrás del volante sin siquiera decir gracias.

Le gustaba quitarse las botas de hule mientras conducía porque sus pies se calentaban demasiado; me molestó tanto el obstinado silencio de mi amigo que tomé una de las botas y la escondí. La próxima vez que nos detuvimos para cargar gasolina, Webster comenzó a buscar su bota. Al no encontrarla, siguió sin decir nada, solo se bajó de la camioneta para llenar el tanque y orinar. Cuando regresó, tiró la bota que le quedaba a la basura.

"¿Por qué estás tirando esa bota?" Pregunté, reprimiendo la risa.

"Perdí la otra", dijo con un gruñido.

"Nunca me preguntaste dónde estaba, ¿verdad?" La saqué el maletero de debajo del asiento.

"Hijo de puta", dijo, pero luego los dos nos reímos.

No pasó mucho tiempo antes de que Webster le pidiera a Steve que me convirtiera en su ayudante (segunda mano). Empezamos a compartir las responsabilidades de manera más equitativa, yo llegaba a la fábrica a las 2:30 a.m. para ayudarlo a poner en marcha las máquinas y poner en marcha los procesos unas horas antes de que llegaran los trabajadores del turno de la mañana.

Poco sabía entonces, pero al concentrarme en aprender de Webster y dominar el oficio de hacer queso en Klondike, me estaba preparando para construir mi propio imperio quesero algún día.

■ ■ ■

Después de unos meses, Dave Jacobs me pidió que me mudara de su departamento para que su novia pudiera mudarse allí. Durante un tiempo viví en el sótano de una amiga suya, una mujer pelirroja llamada Merry que tenía dos hijos y estaba pasando por una crisis, divorcio complicado. Ella y yo rara vez nos veíamos porque yo tenía que salir a las dos o tres de la mañana la mayoría de las veces para ir a la fábrica. Cuando Merry se mudó a Milwaukee en busca de un mejor trabajo, encontré un pequeño departamento solo para mí.

No mucho después de eso, un chico nuevo apareció en el trabajo. Jeff había sido contratado por Klondike años antes, recién salido de la escuela secundaria. Lo habían enviado a prisión por pelear en un bar y había perdido su licencia de manejo por conducir ebrio. Ahora estaba en libertad condicional.

"Hola, Miguel", preguntó Steve unos días después de que apareciera Jeff. "¿Hay alguna posibilidad de que Jeff pueda quedarse contigo por un tiempo? Necesita ayuda para volver a ponerse de pie."

"Por supuesto". Estaba feliz de tener un compañero de cuarto, las noches todavía eran demasiado solitarias, y también estaba feliz de poder ayudar a alguien que lo necesitaba, tal como Steve y sus hermanos lo habían hecho por mí.

Jeff era unos 10 años mayor que yo, un tipo bajo y voluminoso con cabello castaño lacio y cara redonda. Era un compañero de cuarto amable, aunque bebía hasta el punto de perder el conocimiento muchas noches. Nos llevábamos más o menos bien pacíficamente hasta el día en que Steve me llamó a su oficina.

"Escucha, Miguel, Webster tiene que tomarse un tiempo libre del trabajo", dijo. "Nos gustaría que asumieras su posición mientras él está fuera. ¿Crees que puedes manejar eso?"

"Puedo", dije con entusiasmo, orgulloso de que Steve hubiera notado mi arduo trabajo.

Esa noche, fui a trabajar a la medianoche para poner en marcha las máquinas y comenzar el procesamiento de Klondike para el día siguiente. Estaba un poco nervioso, pero hice estas tareas con facilidad. Estuve trabajando con Webster durante algunos meses y había memorizado cada tubería, tubo, interruptor, válvula y paso operativo. No necesitaba las instrucciones escritas que me había dejado Webster; de hecho, no habría podido leerlos en inglés de todos modos. Mi inglés conversacional se estaba volviendo más fluido, pero entre mi dislexia y mi pobre alfabetización en español, aprender a leer en inglés parecía una tarea complicada. Las extrañas palabras nadaban juntas cada vez que las veía escritas.

Steve me dio una palmada en la espalda a la mañana siguiente cuando vio que todo estaba funcionando como debería. "Buen trabajo", dijo.

Esa noche, sin embargo, estaba profundamente dormido en mi cama cuando de repente sentí el filo de un cuchillo en mi garganta. Mis ojos se abrieron. Jeff estaba en mi habitación; me había inmovilizado en la cama, con la cara roja de rabia y el aliento agrio por el olor de lo que fuera que había estado bebiendo.

"Maldito hijo de puta mexicana", dijo Jeff arrastrando las palabras. "¡Voy a acabar contigo!"

Me congelé, reducido al niño pequeño y asustado que había sido con mi padre cada vez que estaba borracho y buscaba un lugar para aterrizar sus puños. "¿Qué pasa?" Logré, alejándome del cuchillo. "¿Qué diablos te pasa, Jeff?"

"¡TÚ, eso es lo que chingados me pasa!" Jeff gritó, la saliva golpeando mi cara.

"¿Qué te hice?" Traté de mantener el contacto visual incluso mientras agitaba el cuchillo en mi cara. "Mira, sea lo que sea que te está comiendo, hablemos de eso. *Cálmate pendejo.*"

"¡Tú tomaste mi trabajo!" Jeff me empujó en el pecho. "Debería haber sido yo que trabajara el turno de Webster. ¿Por qué diablos promocionaron a un espalda mojada mexicana sobre mí?"

Enfurecido lo empujé hacia atrás para que Jeff tropezara. Permanecí en el dormitorio, con los pies plantados en el suelo, aterrorizado de que pudiera volver y atacarme de nuevo, pero muy pronto llegué a sentir el olor a humo de cigarrillo de la cocina y el tintineo de otra botella de cerveza al abrirse. Si tenía suerte, perdería el sentido en la mesa.

Esperé hasta que todo estuvo tranquilo, luego me vestí y me fui a la fábrica. Jeff estaba en la cocina, con la frente apoyada en la mesa de la cocina, un cigarrillo ardiendo sin llama en un cenicero lleno de colillas. Cuando le conté a Steve lo que había sucedido, inmediatamente despidió a Jeff. Le devolví a Jeff el dinero del alquiler después de que metió sus pocas pertenencias en una bolsa, todavía murmurando cosas sobre los mexicanos robando trabajos.

■■■

Poco a poco, me convertí en un quesero mejor. También comencé a soñar con mayores oportunidades. Después de haber estado trabajando junto a Webster durante aproximadamente un año, me volví hacia él después de un turno agotador y le dije: "¿Alguna vez has querido más en lugar de la vida que esto?"

Me dio su habitual enigmático encogimiento de hombros. "¿Cómo qué, hombre?"

Se me ocurrió que, aunque Webster era muy respetado por los propietarios de Klondike y era un quesero experto, había visto poco mundo. No había hecho nada en su vida más que trabajar en la granja de su familia al lado y en Klondike. Llevaba 15 años en la fábrica, ya estaba casado y tenía un hijo. Era claramente adverso para correr riesgos. A pesar de las brechas en mi educación y mi inglés vacilante, yo había aprendido mucho sobre cómo navegar por el mundo y los diferentes tipos de personas que hay en él.

Al enviarme a los Estados Unidos, don Poncho me había otorgado una gran oportunidad, pero yo deseaba desesperadamente ampliar mis opciones de carrera y ganar más dinero. Incluso soñé con tener un negocio por mi cuenta. Ya a los seis años, había sido emprendedor, llevaba un kit de limpiabotas a la plaza y tocaba puertas para ofrecer mis servicios, trabajando por unos centavos al día. En la escuela secundaria, había limpiado piezas en una fábrica de partes para máquinas agrícolas, orgullosa de entregarle mis ganancias a mi madre, quien acogía a estudiantes de un internado para llegar a fin de mes.

A los 15 años, ayudé a mi padre a entregar agua embotellada a los clientes. Este era un buen modelo de negocio: su socio, Ricardo, pasaba agua de un pozo a través de un filtro y la embotellaba él mismo, por lo que la ganancia en una botella de 20 litros era decente. Mi padre y yo íbamos de puerta en puerta, vendiendo agua embotellada cada vez que estaba lo suficientemente sobrio como para conducir el camión. A veces yo conducía el camión cuando él no lo estaba. Eventualmente, Ricardo se cansó de lidiar con las tonterías de mi padre y acabó con el negocio. A continuación, mi padre se fue a vender seguros funerarios y yo comencé a vender jeans en el mercado de pulgas para mi hermano Carlos, quien había abierto una fábrica de jeans con la ayuda de mi abuelo.

Ahora tenía una idea para un negocio: mi propio negocio. Había aprendido mucho sobre la fabricación de queso. Al mismo tiempo, echaba de menos la comida mexicana. Jorge Reynoso, el amigo de mi madre en Chicago, me había hablado de los inmigrantes mexicanos que vivían en Rockford, Illinois y sus alrededores. Si yo estaba añorando el sabor de México, ellos también deben estarlo. ¿Qué pasaría si pudiéramos aprovechar ese mercado y vender queso estilo mexicano?

"Webster", dije lentamente, "tengo una idea y quiero que me escuches antes de reaccionar, ¿de acuerdo?"

Esto no era problema para Webster. Siempre fue un buen oyente. Los dos éramos similares en ese sentido. Me dio ese encogimiento de hombros con un solo hombro y asintió. "Bueno".

Respiré hondo y dije: "Deberíamos hacer *queso* para los inmigrantes mexicanos y vendérselo directamente. ¿Qué pasa si Steve y Ron nos permiten usar las máquinas los fines de semana cuando la fábrica está cerrada?"

"Eh", dijo Webster. "Interesante". Sus manos continuaron trabajando robóticamente en las válvulas y diales de la máquina que estaba operando. "Déjame pensarlo."

A pesar de ser tan joven e impaciente como era, sabía que no debía presionarlo. Por eso confiaba en Webster: consideraba seriamente cada idea antes de decidirse. Por eso éramos tan buena pareja; yo era lo suficientemente impulsivo como para correr riesgos, pero él tuvo cuidado al evaluarlos. Podía empujarlo hacia adelante mientras él evitaba que cometiéramos un error drástico.

A la mañana siguiente, Webster estuvo de acuerdo en que mi idea tenía "potencial". Acudimos a Steve, Dave y Ron, quienes estuvieron de acuerdo en dejarnos usar la fábrica los fines de semana para hacer nuestro propio queso, siempre y cuando pagáramos por la leche que usáramos.

"¿Quién sabe? Tal vez nos ayude a entrar en el mercado hispano del queso", dijo Ron.

■ ■ ■

Decidimos que el queso Muenster sería el más fácil de producir y el más comercializable. Ya teníamos todo el equipo y los ingredientes para la receta de Muenster en Klondike. Este suave y cremoso queso de leche de vaca era similar al que la mayoría de los mexicanos y otros inmigrantes latinos usaban en las quesadillas. Naturalmente lo llamamos "la Martina"; Martina incluso nos ayudó a diseñar una etiqueta.

Webster y yo trabajamos todo el sábado, haciendo el Muenster un lote a la vez. Tomó una eternidad hacer el queso y cortarlo en bloques con solo dos de nosotros en el trabajo. El domingo, envolvimos el queso y lo empaquetamos en cajas que guardamos en la hielera. El lunes comenzamos nuestra semana laboral habitual y el sábado siguiente nos dirigimos a Rockford con nuestro primer lote de queso en un vehículo con una hielera.

Encontrar lugares para vender queso la Martina fue fácil: simplemente buscamos en las páginas amarillas de la guía telefónica tiendas especializadas en productos de México y otros lugares de América Latina. Los dueños de las tiendas realmente querían comprar nuestro queso —literalmente no había queso estilo hispano en el mercado en Wisconsin en ese momento— y rápidamente compraron todo lo que teníamos. Webster y yo estábamos tan emocionados que gastamos todas nuestras ganancias en cerveza y pizza.

Este régimen agotador duró algunas semanas, hasta que estábamos tan agotados que un día nos quedamos dormidos al costado de la carretera en Rockford después de haber vendido un nuevo lote de queso en el vehículo. Un tipo negro golpeó la ventana del lado del conductor y me despertó.

"Oye, hombre, pensé que estabas muerto", dijo el tipo, y se alejó, con las manos hundidas en los bolsillos.

Me froté la cara. Bien podría haber estado muerto. Sentía las extremidades como de chicle y la espalda me dolía como si alguien me hubiera clavado un clavo. "Webster", dije, empujándolo para despertarlo. "Es hora de irnos a casa."

Estaba desplomado contra la ventana; Webster se levantó y se volvió para mirarme, sus ojos enormes como los de un búho mientras giraba la cabeza en mi dirección. "Hombre, me siento como si me hubiera atropellado un camión."

Asentí. "No podemos seguir este ritmo."

"No", dijo, y eso fue todo, el final de nuestra primera aventura comercial.

■■■

Los empresarios exitosos de todo el mundo tienen una cosa en común: siguen probando nuevas ideas hasta que encuentran una que funciona. Cuando Webster me dijo unos meses más tarde que el gobierno de los Estados Unidos había declarado que los separadores (las máquinas que se usaban para separar la crema de la leche entera) ya no cumplían con los estándares de los Estados Unidos para maquinaria segura y que estaban siendo reemplazadas por máquinas más automatizadas, me quedé atónito. Para mí, los separadores que habíamos estado usando eran mucho más seguros y eficientes que cualquier cosa que hubiera visto en las operaciones de queso mexicano.

"¿Qué harán con las máquinas viejas?" Le pregunté a Webster.

Se encogió de hombros. "No sé. Tíralos, probablemente."

¿Cómo podría tirar un equipo perfectamente bueno? No pude superar eso. En México, si tenía un accidente con tu bicicleta y torcías

57

Crea oportunidad

la llanta y los radios, podías encontrar mecánicos de bicicletas en casi todas las esquinas que retorcían tu rueda y la gente regularmente buscaba en los basureros productos que pudieran vender o usar ellos mismos. Simplemente desechar maquinaria costosa y en perfecto estado, que hasta ayer había servido a esta misma fábrica, me molestó.

Cuanto más pensaba en esto, más me preguntaba si había una oportunidad de negocio aquí, una que podría ser más fácil que hacer queso por mi cuenta. Había 375 fábricas de queso solo en nuestra área que estaban a punto de descargar equipos útiles.

En poco tiempo estaba hablando por teléfono con Poncho, mi amigo en la Blanquita, contándole lo que estaba pasando. "Oye, ¿puedes vender algunos separadores en *México* si te los envío?" Yo pregunté.

"*Claro*", dijo, y rápidamente llegamos a un acuerdo: recibiría $5,000 dólares por cada separador que pudiera llevar a la frontera. Los vendería a fábricas mexicanas por $6,000 dólares y se quedaría con las ganancias.

Necesitaba un socio, alguien que conociera a la gente de las fábricas de queso y que hablara inglés lo suficientemente bien como para negociar con ellos sus separadores. Decidí acercarme a Webster. Él y Kevin Weiss, otro amigo que hice en Klondike, seguían siendo las dos únicas personas en las que realmente confiaba en los Estados Unidos.

"Escucha", le dije a Webster, "hay un tipo en *México* que quiere comprar algunos de esos separadores que Klondike y otras fábricas están desechando. ¿Quieres ayudarme a venderlos?"

Como siempre, Webster escuchó con atención. Luego asintió. "Parece dinero fácil", dijo.

Recogíamos los separadores desechados a bajo costo o sin costo alguno, porque las fábricas estadounidenses estaban ansiosas por deshacerse de ellos y evitar pagar multas al gobierno. Webster y yo alquilamos un camión de plataforma y condujimos las máquinas hasta la frontera con México, de dos en dos, donde Poncho nos recibió y transportó las máquinas para venderlas a fábricas en México. Debido a que se trataba de equipo agrícola, no teníamos que pagar impuestos.

Fue un ganar-ganar: Webster y yo estábamos ayudando a las fábricas de queso en Wisconsin a reciclar equipos viejos. Al mismo tiempo, estábamos ayudando a modernizar la industria láctea mexicana y obteniendo ganancias rápidas. Incluso después de dividir el dinero 50/50, obtuve $25,000 dólares en menos de un año.

¿Lo mejor de todo? Antes de esto, estaba muriendo lentamente, haciendo los mismos trabajos sin salida en Klondike por un salario tan bajo que apenas podía ahorrar dinero. Ahora tenía suficiente efectivo para traer a Martina a los Estados Unidos y casarme con ella.

Logré volar a casa para ver a Martina dos veces durante mis primeros 18 meses en los Estados Unidos. En mi segundo viaje, regresaba de la boda de Poncho cuando las autoridades de inmigración me recogieron en el aeropuerto de Houston porque había sido lo suficientemente estúpido para comprar solo un boleto de ida. Me deportaron de regreso a la Ciudad de México en un avión que estaba tan lleno que tuve que sentarme en los baños casi después de que un policía les advirtió a las azafatas que me vigilaran, como si fuera un delincuente.

Compré un boleto de ida y vuelta para Martina desde Guadalajara para que los oficiales de inmigración no sospecharan que ella quería quedarse permanentemente en los Estados Unidos. Martina tenía tantas ganas de venir a vivir conmigo, como yo de tenerla a mi lado; estábamos tan desesperados por estar juntos que incluso estuvo dispuesta a abandonar la universidad. Arreglamos todo por teléfono. Una semana después, fui al aeropuerto con un ramo de flores para esperarla, mi corazón latía tan fuerte que estaba seguro de que todos podían escucharlo.

Crea oportunidad

Esto fue en la era anterior a los teléfonos móviles, así que no tenía forma de comunicarme con Martina cuando no llegaba en su vuelo programado. *Se lo debe haber perdido,* pensé, y esperé al siguiente. Ella tampoco estaba en ese avión. Ahora estaba realmente preocupado. ¿Y si hubiera tenido un accidente de coche de camino al aeropuerto? Nunca se me pasó por la cabeza que ella podría haber decidido no venir, así de mucho la amaba y confiaba en ella.

Esperé en el aeropuerto O'Hare de Chicago hasta casi la medianoche, frustrado y cada vez más frenético, preguntándome qué le había pasado a Martina mientras las flores se marchitaban en mis brazos. Finalmente, conduje hasta la casa de Jorge Reynoso, el amigo de mi madre, con quien me había quedado originalmente cuando Poncho y yo llegamos por primera vez a Chicago, y llamé a Martina. Primero llamé a su departamento y cuando Martina no contestó, me armé de valor y llamé a la casa de sus padres.

Su madre contestó el teléfono. Cuando le pregunté si Martina estaba allí y si todo estaba bien, ella gritó: "¿Cómo te atreves a llamar a nuestra casa después de lo que hiciste, Miguel?"

Traté de mantener la calma, aunque podía sentir que mi ira aumentaba como una marea roja que nublaba mi visión. Odiaba ese sentimiento. Perder los estribos solo me recordaba a mi padre, y nunca quise ser ese tipo de hombre. Luché por mantener mi voz tranquila. "Mira, solo llamo para hablar con Martina. ¿Está ella allí? ¿Ella está bien?"

"¡Ella está aquí, y sí, está bien, no gracias a ti, pendejo!" Gritó la madre de Martina. Comenzó a insultarme a diestra y siniestra, diciéndome que estaba arruinando el futuro de su hija al convencerla de huir y vivir en pecado conmigo. "Eres un maldito bastardo de lo más bajo, Miguel", dijo.

Eventualmente, la verdad salió a la luz: la hermana de Martina, Alejandra, había cogido la otra extensión telefónica cuando Martina y yo estábamos haciendo nuestros planes. Ella escuchó todo e inmediatamente se lo contó a sus padres, quienes habían conducido directamente a Guadalajara y literalmente sorprendieron a Martina haciendo una maleta en su apartamento. Le exigieron a Martina se fuera a casa con ellos y dijeron que habían terminado de pagar su matrícula universitaria si lo único que quería era arruinar su vida viviendo con un perro como yo.

"Martina tiene 21", argumenté desesperadamente, aun sabiendo que no tenía sentido. "Ella es lo suficientemente mayor para conocer sus propias decisiones. ¡No puedes detenerla!"

"Eso es lo que piensas. ¡Mírame!" La madre de Martina gritó y colgó.

Estaba destrozado por la decepción de no tener a Martina conmigo en los Estados Unidos, pero estaba decidido a no dejar que sus padres ganaran y nos separaran. Afortunadamente para mí, su plan de mantenerla en casa fracasó. Debido a que sacaron a Martina de la escuela, la obligaron a vivir de nuevo en su casa y se negaron a seguir pagándole para ir a cualquier otra universidad, se sentía más miserable que nunca sin mí. Inmediatamente comenzamos a planear otra reunión secreta. Esta vez, vendría por ella.

Para entonces, había estado en los Estados Unidos durante casi dos años. Ahora, con $25,000 dólares en el banco por la venta de los separadores, me sentía como el hombre más rico de Wisconsin, o tal vez incluso de México. En realidad, en comparación con la mayoría de los mexicanos de mi edad, probablemente yo era rico. Según el Proyecto Borgen (https://borgenproject.org/poverty-in-mexico-2/), incluso hoy en día, alrededor de la mitad de todos los mexicanos viven en la pobreza. Cerca de 25 millones de mexicanos actualmente ganan menos de $14 dólares por día. En mi ciudad natal de Irapuato, un lugar relativamente próspero, la policía gana hoy solo 1,300 pesos a la semana; eso es el equivalente a $63.00 dólares. ¿Quién puede alimentar a una familia con eso, y mucho menos comprar gasolina para su automóvil, pagar el alquiler y ahorrar dinero para la jubilación o, Dios no lo quiera, una emergencia médica o una catástrofe como un terremoto o una inundación?

Tenía dos razones para volar a casa cuando lo hice. La primera, obviamente, era que tenía muchas ganas de volver a ver a Martina, de escuchar su dulce voz y tenerla entre mis brazos. Quería que supiera que estaba planeando cumplir mi promesa y convertirla en mi esposa.

La segunda razón más inmediata para ir a casa en ese momento fue porque mi hermano Pedro se casaba, aunque no le dijo a nadie de mi familia que iba a estar allí. No podía arriesgarme a que le contaran a la familia de Martina sobre mi llegada, porque Martina y yo nos íbamos a encontrar en secreto en Guadalajara antes de la boda. Sabía que sus padres probablemente clavarían la puerta de su dormitorio para encerrarla si pensaban que iba a verme.

Antes de irme de Wisconsin, compré ropa nueva, la mejor que pude encontrar en Monroe, además de un abrigo y un sombrero nuevo, y un par de zapatos, el primer par que tuve que no me heredaron. Incluso las botas de hule que usaba para trabajar me las había regalado la familia Buholzer. Estaba decidido llegar a México luciendo elegante, como un hombre seguro de sí mismo, hábil y confiable. En resumen, quería parecerme al hombre con el que la familia de Martina *querría* que ella se casara.

Me preocupé todo el camino a Guadalajara desde Chicago, imaginándome aparecer en el aeropuerto de México y no encontrar a Martina allí. Imaginarla prisionera de sus padres porque me odiaban. Si ese fuera el caso, iría a buscarla, decidí, aunque tuviera que derribar la puerta de su granja. No iban a tener éxito en mantenernos separados esta vez.

Cuando el avión desembarcó, yo estaba hacia el final de la fila de pasajeros. Seguí saltando arriba y abajo, tratando de ver por encima de la multitud, mis ojos buscando por todas partes a esta mujer que significaba todo el mundo para mí.

Y entonces allí estaba ella. Martina estaba vestida con sencillez, pantalón blanco y suéter verde, pero en ese momento se veía más hermosa que cualquier estrella de cine. Nos abrazamos y bailamos con entusiasmo como un par de niños. ¡No podíamos creer que finalmente estábamos juntos! Los meses que habíamos estado separados se evaporaron como un charco bajo el sol mexicano. Parecía como si siempre hubiéramos estado en este abrazo, este baile de alegría.

No nos soltamos ni siquiera cuando salimos del aeropuerto y nos dirigimos directamente a un hotel en Guadalajara donde nadie podía encontrarnos. Hicimos el amor sin molestarnos siquiera en deshacer las maletas o deshacer la cama. Cuando terminamos, dormitamos uno en brazos del otro, luego nos despertamos y volvimos a hacer el amor, esta vez más despacio, saboreando cada sensación.

Después de la boda de mi hermano en el Club Campestre, donde mi familia se quedó sorprendida al verme, fui a la finca de mis suegros con mi madre y mi hermano mayor Joaquín para pedir debidamente la mano de Martina en matrimonio. Para entonces, mis suegros habían oído que estaba en la ciudad y sabían que Martina y yo habíamos pasado la noche juntos en un hotel. Sus padres aceptaron mi propuesta (¿qué más podían hacer si iban a salvar la reputación de su hija?), pero hicieron una petición.

"Espera un año", dijo la madre de Martina. Me di cuenta por el tono de su voz que, a pesar de mi evidente estabilidad financiera, todavía estaba tratando de menospreciarnos a mí y a mi familia porque éramos pobres.

Siempre he juzgado a las personas no por sus riquezas o estatus sociales, sino por quiénes son, por su conocimiento y ética, y por cómo tratan a los demás con amabilidad. El dinero no me importaba en ese entonces, aparte de querer tener lo suficiente para mantener a Martina y la familia que esperaba tener algún día. Hoy se me considera rico según la mayoría de los estándares, pero el dinero me

Crea oportunidad

importa aún menos. No puedo tolerar a las personas que juzgan a los demás por sus ingresos o clase social.

Pero contuve mi temperamento por el bien de Martina. Si nos íbamos a casar, mi esposa sería más feliz si tuviera la aprobación de sus padres. Martina y yo acordamos esperar un año antes de nuestra boda. Sabía que tener un compromiso de un año permitiría que mis suegros siguieran esperando que Martina consiguiera un marido rico antes de que yo le pusiera un anillo en el dedo. También evitaría que se corriera la lengua sobre que Martina debía casarse conmigo porque la había dejado embarazada. Preservar la reputación de la familia significaba mantener la ilusión de que Martina aún era virgen, ya que profesaban ser católicos fanáticos como mi propia madre.

No tenía anillo de compromiso para Martina, así que hice uno con una liga roja y se lo puse en el dedo. "Espérame, *mi amor*," susurré, acercándola. "Tienes mi amor y mi lealtad para siempre."

Ella me besó fuerte. "Te esperaré", dijo ella. "Prometo."

"Yo también," dije. "No hay mujer para mí más que tú."

Con esos votos intercambiados, volé de regreso a Wisconsin para pasar otro año solitario sin Martina.

■ ■ ■

No diría que el trabajo fue más fácil para mí en Klondike, o que las noches fueron menos largas mientras esperaba estar con Martina, pero me mantuve ocupado intentando tener el apartamento listo. Tenía muy poco, prefería ahorrar todo mi dinero, pero cuando miré alrededor de mi apartamento vacío de una habitación con nada más que la cama que David Buholzer me había dado cuando me mudé a mi propio lugar, me di cuenta de que no podría traer a Martina aquí sin arreglar las cosas. Hice correr la voz a todos los que conocía, y gradualmente la gente comenzó a ofrecerme muebles y cajas de platos y ropa de cama que habían almacenado en sus garajes y áticos, una prueba más de cuánto más tenían las familias estadounidenses, en términos de bienes materiales, que el promedio de las familias mexicanas.

Pronto, mi apartamento parecía un hogar real. Mi siguiente paso fue encontrar un anillo verdadero para Martina. Afortunadamente para mí, aunque menos para él, un amigo mío acababa de romper su compromiso. Había comprado un anillo con una diminuta astilla de diamante, tal vez 1/16 de quilate, y me ofreció vendérmela por $200 dólares. Todavía era mucho dinero para mí, pero dije que sí, si aceptaba dejarme pagar el anillo a plazos.

Un año después, con ese anillo en el bolsillo, volé de regreso a México el día antes de mi boda. Esta vez mi hermano me recogió en el aeropuerto y me llevó a un lugar donde podía alquilar un esmoquin negro. Tenía 23 años y era el hombre más feliz del planeta cuando mi madre me ayudó a poner las mancuernillas en mi rígida camisa blanca. Aunque no creía que mi corazón pudiera estar más lleno, mi alegría al ver a Martina caminar por el pasillo de la misma iglesia donde se casaron mis abuelos, la misma iglesia donde mi abuela había pintado murales en las paredes, era como la luz del sol, brillando sobre la congregación, iluminando a Martina como un ángel en su vestido de novia blanco.

Pasamos nuestra noche de bodas en el Camino Real de León, Guanajuato donde todos esos pequeños botones que hicieron que el vestido de novia de Martina fuera tan elegante resultó ser una tarea frustrante para un novio ansioso. Sin embargo, por fin estábamos desnudos y listos para hacer el amor.

Había otra recepción de bodas en el patio de abajo. Cuando me acosté junto a Martina en la cama, los dos finalmente desnudos, señaló las grandes ventanas que daban a la fiesta y dijo: "¿Puedes cerrar las cortinas, por favor?"

"Claro", dije, y salté de la cama de nuevo.

Para mi sorpresa, en mi afán por cerrar las cortinas, toda la barra cedió y las cortinas cayeron, revelando cada centímetro de mi

Crea oportunidad

pasión a la fiesta de abajo. La gente se echó a reír, y yo también, pero Martina estaba tan mortificada que llamamos a recepción y pedimos cambiar de habitación. Caminamos por el pasillo envueltos en mantas, tomados de la mano y riendo.

Al día siguiente, al más puro estilo mexicano, tuvimos una gran fiesta en la casa de la infancia de Martina que comenzó en la tarde y terminó en las primeras horas de la mañana siguiente. Mientras miraba a la bulliciosa multitud de amigos y familiares reunidos de ambos lados, finalmente me sentí aceptado. Era como si ya hubiera ganado el juego de la vida. Nada podría impedirme ser exitoso y feliz con Martina a mi lado.

Pasamos los tres días de nuestra luna de miel, todas las vacaciones que pude tomar de Klondike, en Puerto Vallarta, donde sentí que mi corazón estallaría de felicidad cada mañana cuando me despertaba y veía el cabello de Martina extendido en abanico sobre la almohada. Junto al mío, y sentí su cálido cuerpo acurrucado contra el mío. Comimos y bebimos, nadamos e hicimos el amor, y me pareció que mi vida adulta realmente había comenzado. Martina también estaba feliz, constantemente me tomaba la mano cuando caminábamos juntos, o presionaba su cadera y su muslo contra los míos si estábamos sentados, de modo que al instante quería arrancarle la ropa.

Cuando volamos de regreso a O'Hare, pasamos por la aduana por separado para ir a lo seguro, ya que supuestamente Martina estaba llegando a los Estados Unidos como turista. Pasamos el control de inmigración sin incidentes y recogimos el pequeño Volkswagen Caribe que había tomado prestado para poder llevar a Martina a Monroe con estilo. Aunque era agosto, el aire se sentía diferente, vigorizante y frío en comparación con la humedad sofocante que habíamos experimentado en México.

Martina bajó la ventanilla y se asomó a la noche gritando: "*¡Está muy frío!* ¡Hace tanto, tanto frío! Y luego, unos minutos después, comenzó a gritar: "*¡Te amo*, Miguel! ¡Te amo!"

Eché la cabeza hacia atrás y me reí, el hombre más feliz del mundo porque finalmente Martina estaba a mi lado.

■ ■ ■

No mucho después de mi boda, Steve Buholzer me pidió ayuda. "Quiero hacer queso fresco", dijo, "y venderlo en algunos de los mercados que atienden a inmigrantes mexicanos, pero el queso nunca se endurece de la manera correcta. ¿Nos ayudas con la receta, Miguel?"

"Claro," dije.

El queso fresco es un queso blanco, suave y desmoronadizo elaborado tradicionalmente con leche cruda de vaca. Cuando Steve repasó la receta conmigo paso a paso, fue inmediatamente obvio que no estaban usando suficiente leche en polvo. "Mientras más leche en polvo, más duro será el cuerpo del queso", le dije. "Ajustemos eso en la receta."

Empezamos a hacer el queso fresco en lotes pequeños. Lo hicimos a una temperatura extremadamente alta, calentando la leche y el polvo a 192 grados y agregando vinagre para bajar el pH. La razón por la que lo hicimos de esta manera es porque un lote contaminado de queso fresco de una fábrica de Jalisco. Había causado la muerte a 62 personas, lo que obligó a los propietarios de la planta a cerrarla y a los mercados para sacar a sus estantes de quesos de la fábrica de Jalisco.

Las muertes se debieron a que el queso estaba contaminado con una bacteria que causaba síntomas de listeria; obviamente, al menos parte de la leche no debe haber sido pasteurizada. Steve no quería arriesgarse a que crecieran bacterias en nuestros productos. Para estar doblemente seguros de que nuestro queso fresco era seguro, presionamos el queso en tubos y lo pusimos en el enfriador de inmediato, luego lo cortamos y lo envolvimos al día siguiente.

Crea oportunidad

Los representantes de ventas de Klondike salieron a la carretera en sus camiones y llevaron algunas muestras de queso fresco a Texas. No mucho después de eso, Steve volvió a llamarme a su oficina.

"Oh, mierda, debo estar en problemas", le dije a Webster mientras corría a la oficina, pero me recibió un Steve sonriente.

"Hay un chico al teléfono, y necesito que hables con él por mí, Miguel", dijo Steve. "Él no habla nada de inglés, pero quiere comprar un poco de nuestro queso fresco. Aparentemente, es un gran éxito en Texas."

Estaba casi temblando de emoción. "Bueno. ¿Qué precio deberíamos ponerle?

"¿Qué tal 1.60 dólares la libra?" sugirió Steve.

Negué con la cabeza y me puse al teléfono, donde le dije a la persona que llamó que el costo de este "queso especial al estilo hispano" sería de $3.60 la libra. El chico y yo regateamos un poco, pero él accedió rápidamente. Además, ¡quería 6,000 libras!

Cuando colgué y le dije a Steve lo que había hecho, me levantó el pulgar. Había demostrado mi valor como quesero.

■ ■ ■

Debí haber anticipado que, así como yo había añorado mi hogar en los Estados Unidos porque no hablaba inglés ni entendía las costumbres, Martina también lo estaría. Fue aún peor para ella porque no tenía nada que hacer en todo el día más que sentarse en el apartamento. Incluso si se levantaba a las 3 a.m. para llevarme al trabajo y poder quedarse con el auto, no tenía a nadie a quien visitar ni adonde ir. Esto era muy diferente a la emocionante vida de Martina en la universidad con sus amigos. Era incluso peor que estar en casa con sus padres. Al menos en Irapuato, Martina tenía a sus hermanas y amigas, y no se esforzaba para entender lo que pasaba en la televisión.

Si bien para mí todo fue mejor con Martina aquí, a las pocas semanas quedó claro que necesitaba un trabajo para llenar sus horas vacías. Sin inglés, pocas habilidades, sin título universitario y sin visa de trabajo, fue difícil para ella encontrar empleo. Eventualmente encontró un trabajo cortando alfombras para una fábrica, pero era un trabajo brutal y ella no estaba preparada para ello.

Y entonces un día Martina vino a mí con una noticia que me hizo casi tan feliz como el día de nuestra boda: "Miguel, creo que estoy embarazada", dijo.

Todavía éramos muy jóvenes, yo tenía 24 años y ella solo 21, pero esta era la culminación de nuestros sueños, la realización de todo lo que habíamos anhelado desde que nos enamoramos por primera vez cuando éramos adolescentes. Hasta entonces, hace muchos años, sabía que quería ser padre; Supongo que anhelaba la vida familiar porque nunca había tenido una buena. Ahora, mirando hacia atrás después de tantas décadas de experiencia, me maravillo de mi certeza juvenil. ¿Cómo puedes saber cuándo te enamoras que durará para siempre?

La respuesta corta es que no puedes. Todo lo que puedes hacer es seguir tu corazón, y eso es lo que estaba haciendo. Todo lo que hice en mi vida, lo hice por amor.

Martina estaba mareada por el embarazo y pronto renunció a su trabajo cortando alfombras, mientras que yo hacía turnos extra en Klondike para ganar más dinero. Los hermanos Buholzer y Webster ya eran padres, por lo que me apoyaron y estuvieron felices de ayudarme a encontrar más trabajo. Esto significó que yo estaba lejos de casa aún más, dejando a Martina sintiéndose aislada y deprimida.

Dos meses después de que Martina descubriera que estaba embarazada, estábamos juntos en casa un fin de semana cuando ella fue al baño y regresó llorando. Su rostro estaba blanco como la tiza. "Estoy sangrando, Miguel", dijo. "Creo que estoy perdiendo al *bebé*."

Crea oportunidad

Salté del sofá y llamé a la primera persona que se me ocurrió que podría saber qué hacer: la esposa de Steve, Thea Buholzer. Estuvo en nuestro apartamento en cuestión de minutos y nos llevó directamente a la sala de emergencias del hospital. Allí, el médico hizo una ecografía.

"Es un embarazo ectópico", dijo, y explicó que también se le llama "embarazo tubárico" porque el óvulo fertilizado se había implantado en una de las trompas de Falopio de Martina. Nuestro hijo nunca tuvo la oportunidad de crecer.

Me sentía enfermo de pena, pero mi primera preocupación era cuidar a Martina. Todos los embarazos tubales se deben terminar porque un feto no puede crecer fuera del útero. Hoy en día, la mayoría puede interrumpirse con la inyección de un fármaco llamado metotrexato, pero en aquel entonces la cirugía para extraer el óvulo era la única opción. Martina tendría que ser internada en el hospital para el procedimiento y permanecer allí durante dos días. Luego estaría en reposo en cama durante una semana.

Tenía que trabajar para mantenernos, así que me alegré cuando Martina llamó a su mamá y, después de romper en llanto, le preguntó si vendría a ayudarla y a cuidarla. No quería que mi esposa estuviera sola en un momento como este. La madre de Martina accedió de inmediato y llegó dos días después, mientras Martina se recuperaba de la cirugía. Recogí a mi suegra en el aeropuerto y la llevé directamente al hospital, sabiendo que Martina iba a tener este apoyo familiar adicional.

Unos días después, estando completamente ciego, descubrí que la mamá de Martina todavía estaba haciendo campaña para separarnos. De alguna manera, mientras estaba sentada junto a la cama de Martina en el hospital, había surgido el tema de la religión.

"Deberíamos orar por ti y el bebé", había dicho mi suegra. "¿A qué iglesia perteneces aquí, *mi hija?*"

"Aquí no vamos a la iglesia", dijo Martina.

Su madre estaba horrorizada. Siempre se había enorgullecido de ser una católica devota, como mi propia madre. "¿No? Pero por qué? Seguramente debe haber una iglesia católica no muy lejos."

"No es eso. Es porque Miguel no cree en Dios", dijo Martina. "Y creo que tampoco yo creo."

"¿Él no cree?" su madre lloró. "¡Entonces debes divorciarte de Miguel de una vez! No puedes estar casada con *un hombre* que no cree en *Dios*. Anularemos el matrimonio. Eres joven. Te enamorarás y te casarás de nuevo. Ven a casa, donde *Papi* y yo podemos cuidarte."

Martina me repitió esta conversación cuando la recogí del hospital. Yo estaba en choque. En casa, arropé a Martina en la cama, luego fui a la cocina para confrontar a mi suegra, gritando: "¿Quién te crees que eres, viniendo aquí y tratando de separarnos cuando acabamos de perder a nuestro *bebé*? ¿Qué clase de persona *hace* eso?"

Nuestra discusión continuó hasta que me fui a la cama disgustado. Esa noche, mientras me acostaba con Martina, ella se volvió hacia mí y me dijo: "Es que, Miguel, no quiero divorciarme, pero quiero irme a mi casa. Necesito que mi *madre* me cuide. Y ya no quiero vivir en Monroe. No me gusta aquí. Lo siento."

Y, simplemente así, la lucha murió en mí. Por supuesto que Martina estaba triste. Ya había estado deprimida viviendo aquí, y perder al bebé la había enviado a un lugar aún más oscuro. ¿Cómo podía rechazarla, cuando claramente estaba sufriendo?

"Está bien, *mi amor*", dije en voz baja. "Si eso es lo que quieres, compraré un boleto para que puedas irte a casa por un rato. Luego, cuando seas más fuerte, podrás volver a mí."

Ella negó con la cabeza y se sentó. Su tez aún estaba pálida y su cabello largo y lacio. "Esa es la cosa, Miguel. No creo que pueda volver aquí. Quiero estar en *México*."

Y, así, el sueño por el que había trabajado tan duro se esfumó.

Sin embargo, a la edad de 25 años, ya había adquirido algunas lecciones importantes sobre los negocios y sobre mí mismo. La primera lección fue elegir sabiamente a mis amigos. Me metí en problemas durante toda la escuela secundaria en parte porque elegí salir con amigos que pensaban que la escuela era menos importante que los autos rápidos, las chicas ligeras y beber hasta que salía el sol.

Desde que llegué a los Estados Unidos, también aprendí lecciones esenciales sobre la importancia de trabajar duro y prestar atención. Hacerlo me puso en la posición de no solo aprovechar las oportunidades que se me presentaban, sino también de crear mis propias oportunidades donde otros no las veían. Y aunque a veces no logré mis objetivos, como cuando Webster y yo hicimos nuestro propio queso y lo vendimos, estaba descubriendo un núcleo de resiliencia dentro de mí. Esta tenacidad me ayudaría a superar otra transición difícil cuando traje mis nuevas habilidades para hacer queso a México.

Parte II

DE CORTADOR DE QUESO A PROPIETARIO DE FÁBRICA

Capítulo 4

Aprender a pivotear

Sé flexible, pero despiadado con tu tiempo y energía

Le había dado un pasteurizador, un homogeneizador y un separador a don Poncho y Poncho para instalar en la Blanquita como parte de mi inversión en su empresa. También había comprado suficientes acciones para asegurarme de tener un punto de apoyo en su negocio cuando decidiera regresar a México. Mi regreso a México estaba sucediendo antes de lo que había previsto, pero al menos tenía un plan puesto.

Durante los próximos dos meses, mientras Martina se recuperaba del aborto espontáneo en la casa de su familia, yo seguiría trabajando en Klondike ahorrando dinero. Me comunicaba regularmente con Poncho para asegurarme de que la maquinaria que había comprado para la Blanquita estaría instalada y lista para usarse cuando yo llegara.

A decir verdad, una vez que me puse en acción, estaba entusiasmado con esta nueva empresa. Martina y yo podríamos ser felices en México, decidí probarle a mis amigos más cercanos y familiares, y a todos, especialmente mis suegros, que la fe de Martina en mí no estaba fuera de lugar. Como parte de nuestro acuerdo, Poncho me había comprado un automóvil pequeño y me ofrecería un salario de 20,000 pesos por mes, el equivalente a $940 mensuales al tipo de cambio actual. No era una fortuna entonces, pero suficiente para que Martina y yo compráramos una casa pequeña y viviéramos confortablemente.

Sin embargo, las cosas se fueron de lado desde el principio. Mi intención era hacer queso con leche verdadera, algo que don Poncho nunca había hecho en su vida, así como yo había aprendido a hacerlo en Wisconsin. Yo apostaba a que la gente en México le encantaría el queso Monterrey Jack al estilo estadounidense. Sin embargo, resulta que Poncho, con toda su capacitación universitaria, era un ingeniero terrible; ninguna de las máquinas que le había enviado para pasteurizar y homogeneizar la leche se instaló correctamente.

Trabajé en las máquinas hasta que funcionaron correctamente. Una vez que superé ese primer obstáculo, intenté usar la misma receta para hacer Monterrey Jack en el cual que había confiado durante más de dos años en Klondike, pero por algo cada lote falló. Tomó tiempo identificar exactamente por qué. Conocía las recetas de memoria, y estaba usando la misma cantidad de leche y cuajo. Con don Vicente, aprendí que el cuajo está compuesto por un enzima llamado quimosina que hace que la leche se cuaje, separando la leche en cuajada y suero. Este es típicamente un proceso sencillo. Sin embargo, por algo el cuajo nunca hizo que la leche formara cuajada cuando hice el queso en la Blanquita. ¿Qué demonios estaba pasando?

Poncho y su padre bebían tanto en ese entonces que ninguno de los dos prestaba mucha atención a lo que realmente estaba pasando dentro de la fábrica. Yo era el que estaba en el piso haciendo el queso, o en el laboratorio, supervisando el control de calidad. Después de probar mis ingredientes y revisar la receta innumerables veces para examinar diferentes variables, concluí que lo único que podría estar fuera era la leche.

Para probar esta hipótesis, le pedí a uno de los choferes que me llevara al establo que abastecía de leche a la Blanquita. La leche se entregaba en barriles de 50 libras cubiertos con tapas de plástico, nada como los contenedores de acero inoxidable en los Estados Unidos que se podían esterilizar.

Para mi sorpresa, los repartidores recogieron la leche y luego se detuvieron en una pared justo afuera del establo lechero. Estacionamos nuestro camión y nos subimos encima para ver por encima del muro. Abajo, había otros toneles llenos de leche y cubiertos de moscas; la leche claramente también tenía estiércol flotando. Mientras observaba, los hombres vertieron la mitad de la leche de los barriles en otros recipientes; agua añadida, suero de leche y una pizca de color amarillo para volver a llenar los barriles; luego los volvieron a cargar en el camión.

En un instante entendí lo que estaba pasando. ¡Estaban diluyendo la leche con suero para duplicar sus ganancias! Esto me puso furioso. En Wisconsin, había visto a primera mano el orgullo que sentían los granjeros lecheros por la calidad de la producción pura de sus vacas. Nunca agregaban ni una gota de agua a su leche pura. Y, debido a que la leche en Wisconsin era de primera calidad, el queso de Wisconsin estaba entre los mejores del mundo. ¡Ahora, estos tipos me vendían leche diluida y pensaban que no me daría cuenta!

Saqué mi cámara y comencé a fotografiar a los ladrones en acción para poder demostrarle lo que estaba pasando a don Poncho. Desafortunadamente, los repartidores me vieron y me persiguieron con una pistola.

"Dame la puta cámara, hombre", gritó el pistolero, "¡y nadie sale lastimado!"

No tuve opción. Le entregué la cámara. El pistolero lo destrozó con el tacón de una bota, riéndose.

Para mi sorpresa, cuando regresé a la Blanquita y le conté a don Poncho lo que había descubierto, simplemente se rio. "He estado usando a esos muchachos durante años, y hacemos un queso perfectamente bueno sin leche", alardeó.

"Bueno, quiero hacer queso con leche de primera calidad", gruñí. Esta fue la última vez que usé a esos repartidores.

■ ■ ■

A medida que los meses pasaban, comencé a sentirme atrapado. Sí, estaba haciendo mejoras en la fábrica poco a poco, por ejemplo, decidí que tenía que haber una forma mejor de estirar ese queso Oaxaca caliente y diseñé una máquina recubierta de teflón que podría hacerse cargo de esa tarea, pero el futuro no se veía prometedor. Mi título en la Blanquita era jefe de producción, Pero ¿como podría hacer mi trabajo con éxito y hacer crecer el negocio, si Poncho y don Poncho no tomaban nada en serio, excepto cuánto licor podían consumir cada semana?

La Blanquita estaba perdiendo dinero. Supuestamente, don Poncho estaba a cargo de la administración y la parte financiera de las cosas, pero había usado el dinero que inverti en la empresa para construir nuevas oficinas elegantes en lugar de invertirlo en mejor equipo y capacitación de empleados. También había pedido tantos préstamos contra el negocio que no tenía idea de cómo salir a flote.

Poncho, quien supuestamente dirigía nuestros esfuerzos de ventas, siempre estaba tramando como hacerse rico rápidamente sin tener que trabajar duro. Su última apuesta fue Amway, un esquema piramidal de venta de jabón y otros productos para el hogar de puerta en puerta; pasó muchas más horas haciendo eso que vendiendo queso.

Desafortunadamente, había invertido demasiados ahorros en la Blanquita para irme, y ahora Martina estaba esperando a nuestro primer hijo. Estábamos emocionados por la perspectiva de convertirnos en padres, pero yo permanecía sin dormir y aterrorizado junto a mi esposa por la noche, preguntándome si la fábrica de don Poncho se hundiría y me hundiría con ella.

Los días eran mejores porque podía trabajar lo suficiente como para dejar de lado mi ansiedad y concentrarme en producir queso de calidad. Dediqué incontables horas en el laboratorio de la fábrica para probar diferentes procesos y ajustar recetas. Poncho quería que hiciera queso con una vida viable más larga, para que pudiéramos comenzar a vender a las grandes cadenas de tiendas más adelante, en lugar de limitar nuestro negocio solo a los pequeños mercados familiares de la ciudad. Naturalmente, también estaba interesado en hacer eso, para aumentar nuestro margen de beneficio, pero ¿cómo?

Un día, se me ocurrió una idea asombrosamente simple: ¿y si congelamos el queso tan pronto como lo hacemos? Eso podría mantenerlo seguro previniendo que el moho crezca en él mientras se prolonga la vida útil. ¿Era eso posible?

Para averiguarlo, conduje hasta Salamanca, a un laboratorio conocido por sus métodos de procesamiento y conservación de alimentos, le pregunté a la secretaria si tenían un ingeniero de alimentos con el que pudiera hablar sobre una idea.

"¿Qué tipo de idea?" Ella me miró con recelo.

"Solo un pequeño pensamiento sobre cómo extender la vida útil del *queso*", dije.

"Espera aquí", dijo con un resoplido, y desapareció por una puerta.

Justo cuando me preguntaba si me había topado con otro obstáculo en el camino, apareció un hombre vestido con una bata blanca de laboratorio y anteojos. "Héctor Obregón", se presentó y me ofreció su mano para estrecharla.

Le di mi nombre y le expliqué mi teoría. Más tarde, Héctor me contaba que la secretaria se le había acercado y le había dicho: "Hay un loco en la oficina y debes deshacerte de él rápido", pero ese día me escuchó con interés. Luego se frotó la barbilla y me miró pensativo. "Así que déjame ver si lo entiendo. ¿Quieres congelar el

Aprender a pivotear

queso que haces para que dure más tiempo en el camión en camino a las tiendas?

"*Exactamente. ¿Es* posible? Tendría que ser un proceso rápido", añadí. "De lo contrario, el *queso* podría desarrollar bacteria."

"Tendríamos que congelarlo rápidamente", reflexionó, "tal vez en dióxido de carbono líquido. ¿Puedes traerme algo de tu producto?" Ahora parecía emocionado, saltando sobre los dedos de los pies como un niño esperando abrir un regalo de cumpleaños.

Durante las próximas semanas, le llevé a Héctor muestras de nuestro *queso*. También el vino a la Blanquita para observar nuestras operaciones, tomar notas y realizar experimentos. Su empresa finalmente invirtió en la idea de congelar queso y lo hizo funcionar; finalmente, Héctor ganó un premio a la innovación por nuestro nuevo proceso.

El procedimiento para congelar queso fue maravillosamente práctico. En la Blanquita instalamos un túnel metálico, algo parecido a una gran secadora de ropa, pero que funcionaba al revés. En lugar de calentar objetos para secarlos, conectamos una línea de gas que emitía dióxido de carbono para congelar rápidamente el queso mientras se movía a través del túnel en una cinta transportadora. El queso congelado se encogió en plástico de inmediato, para que nada pudiera contaminarlo antes de empaquetarlo y cargarlo en los camiones de transporte. Todos quedaron encantados con el resultado y nuestro margen de beneficio creció a medida que ampliábamos nuestro alcance de mercado.

Mientras tanto, también continué presionando por instalaciones de producción más limpias y eficientes en la Blanquita. "¡Estoy harto y cansado de trabajar en un lugar que apesta como una cloaca!" Le grité a don Poncho un día exasperado. "Tenemos que limpiar este equipo con más frecuencia y enseñar a los trabajadores a desinfectar las máquinas."

Pero cuanto más argumentaba a favor de invertir en el equipo y los trabajadores que necesitábamos para hacer queso de mejor calidad, más horas pasaban. Don Poncho en su oficina emborrachándose o gastando dinero en lujos intrascendentes. Poncho casi siempre estaba ausente del trabajo, por lo que yo estaba luchando solo una batalla cuesta arriba para mejorar la fábrica. Podía ver la escritura en la pared: la fábrica tendría que cerrar en un futuro cercano. Desesperadamente, busqué otras carreras, incluso vendiendo comida para ganado para mi primo Alejandro, con la esperanza de que la oportunidad me llevara a algún lado si no podía cambiar las cosas en la Blanquita.

"Miguel, te van a correr de la Blanquita si sigues discutiendo con ellos", me confió un día mi hermano Pedro, que estaba casado con la hija de Don Poncho. "Tienes que aprender a mantener la *boca* cerrada."

"¿Cómo puedo hacer eso, cuando don Poncho y Poncho me impiden hacer algún progreso con la empresa?" exigí.

Nuestra última batalla había sido por una fábrica de queso que Poncho me envió a ver en Lagos de Moreno. La fábrica estaba al lado de un río lleno de aguas negras, pero Poncho quería que les comprara queso para que pudiéramos distribuirlo a nuestros minoristas. Me negué y le dije que deberíamos hacer el queso nosotros mismos porque podíamos hacerlo mejor y más barato.

Para entonces, Martina había dado a luz a nuestro primer hijo, Cristóbal. Tener un hijo me transformó por completo. Lloré mientras miraba esa carita de recién nacido, pequeña, roja y arrugada, y prometí redoblar mis esfuerzos para construir un futuro estable para mi familia. Nunca quise que mi hijo sufriera ni le faltara nada. A diferencia de mi propia infancia, quería que la suya fuera (quitar "segura y") económicamente segura, y rica en amor. Pero parecía imposible hacer eso en la Blanquita. Tendría que encontrar otro camino.

Entonces, un día, un extraño llegó a la Blanquita y mi destino volvió a cambiar.

■ ■ ■

Era media mañana en la fábrica. Cuando salí del laboratorio, descubrí que Don Poncho tenía compañía. El extraño era corpulento y de piel oscura con un bigote fino como un lápiz. Estalló en una sonrisa cuando me vio.

"¡Mierda, *los americanos* están aquí!" dijo, notando mis botas americanas y mis ojos azules.

El nombre del hombre era Juan. Originario de Lagos de Moreno, una de las ciudades más grandes del estado de Jalisco, él y sus hermanos eran dueños de una empresa con sede en California que proporcionaba queso y otros productos a tiendas minoristas y restaurantes que atendían principalmente a inmigrantes latinos en los Estados Unidos.

Don Poncho me pidió que le mostrara a Juan los alrededores de Guanajuato y le presentara a algunos de los otros dueños de las fábricas de queso. Una de las fábricas estaba ubicada en Querétaro, un lugar conocido por sus clubes de striptease. Juan insistió en detenerse en uno. Tomé un par de tragos mientras él desaparecía en la trastienda con no solo una, sino dos de las bailarinas de mesa. Cuando salió, riendo y vigorizado, lo llevé de regreso a la Blanquita, tratando de no mirar su anillo de bodas de oro.

Esa tarde, Juan invitó a Don Poncho a comer y me sugirió que me uniera a ellos. Acepté la invitación, sorprendido de ser incluido. Don Poncho rara vez me trató como a un igual a pesar de mi arduo trabajo y la inversión financiera en la empresa.

En el restaurante, cuando Don Poncho se excusó para ir al baño, Juan me entregó apresuradamente su tarjeta de presentación. "Escucha, la verdadera razón por la que vine a México es porque necesito reclutar a alguien para que se una a nuestra empresa y le enseñé a mis muchachos cómo hacer queso mexicano", dijo. "Serías perfecto para el trabajo. ¿Qué opinas, Miguel? ¿Quieres venir a trabajar para mí en California?"

"Tal vez", dije.

Me sorprendió la oferta y me incomodó la idea de ir a espaldas de don Poncho. Me había dado mi primer trabajo verdadero después de la secundaria y confiaba en mí para dirigir la producción diaria de su fábrica. Además, ¿qué pensaría Martina de esta idea? Era feliz en México. Nuestro hijo, Cristóbal, tenía solo un año y fue maravilloso tener a familiares y amigos cerca. ¿Estaría dispuesta a regresar a los Estados Unidos?

También desconfiaba del encanto fácil de Juan. ¿Podría confiar en él, o enfrentaría la misma mierda trabajando para él que enfrenté aquí con don Poncho y su hijo? Estaba cansado, simple y llanamente, de estar rodeado de idiotas cuya ética de trabajo no coincidía con la mía.

Por otro lado, las finanzas de la Blanquita eran un desastre por lo que don Poncho probablemente tendría que declararse en bancarrota pronto. Me tenían agarrado de los huevos por el dinero que había invertido, pero yo sabía que probablemente Pedro tenía razón y estaban buscando una razón para despedirme. Tal vez sería inteligente saltar del bote antes de que se hundiera.

Esa noche fui a casa y le expliqué a Martina la situación. "Sé que estás feliz viviendo aquí, *mi amor*, pero la verdad es que no veo ningún futuro para nosotros con don Poncho y la Blanquita", le dije.

Ella asintió. "Necesitas al menos ir a California y comprobarlo", dijo. "Si ves la fábrica por ti mismo y pasas más tiempo con este tal Juan, sabrás qué hacer. Te apoyaré cien por ciento sin importarme lo que decidas".

La besé, aliviado de tener la bendición de Martina, y fui a llamar a Juan con mi decisión.

■ ■ ■

La empresa de Juan estaba ubicada en las afueras de San José, California. Me sorprendió el tamaño de la empresa; producían y vendían no solo productos de queso, sino también otros comestibles mexicanos, como chorizo envasado y salsas en frascos. Las ventas a lo mejor excedían probablemente los mil millones al año.

Afortunadamente, logré evitar que mi tarjeta verde fuera arrojada a la basura mientras Martina limpiaba, por lo que pude ingresar legalmente a los Estados Unidos. Esto fue un alivio. Tuve suerte cuando se trataba de obtener mi mica verde. Aproximadamente un mes después de trabajar para Klondike con el número de seguridad social falso que me había dado Jorge Reynoso, Thea me llamó a la oficina y me dijo: "Miguel, lo siento, pero tienes que arreglar esto. No podemos tener gente trabajando ilegalmente para Klondike. Escuche, hay un nuevo programa de amnistía para trabajadores agrícolas inmigrantes. Tal vez puedas obtener una mica verde de esa manera."

Aterrorizado de perder mi trabajo en Klondike, me conduje directamente a una iglesia en Rockford, Illinois, donde la gente ayudaba a los inmigrantes con el papeleo. Una mujer allí me había aconsejado y me había dado los papeles necesarios. Debido a que había estado ayudando a los granjeros lecheros a descargar su leche en Klondike y me había hecho amigo de varios de ellos, estuvieron felices de firmar los papeles para respaldar mi reclamo de amnistía. Volví con los papeles a la iglesia y, en 1988, me dieron una tarjeta verde que me permitía trabajar legalmente bajo el programa de amnistía de los Estados Unidos. Ahora, como todavía tenía esa tarjeta, podía viajar legalmente a California y trabajar para Juan, quien prometió patrocinarme para la ciudadanía estadounidense si permanecía en su empresa.

Me tomé unos días de vacaciones de la Blanquita y volé solo a California. Inmediatamente quedó claro que la fábrica de Juan, aunque más concurrida y más limpia que la Blanquita, no estaba bien organizada. Habían ampliado el edificio original a medida que aumentaban su producción, pero habían agregado habitaciones de manera descuidada, sin ningún plan visible para optimizar sus operaciones. Mientras Juan me mostraba los alrededores, mi cerebro zumbaba de emoción. Dejó en claro que tendría rienda suelta para hacer cambios en el proceso de producción. También prometió darme un presupuesto operativo decente, además de un generoso salario de $80,000 dólares al año, más gastos de mudanza y $20,000 dólares por cada receta nueva de queso.

Cuando regresé a México, le expliqué la situación a Martina. "Esta es una gran oportunidad para nuestra familia. "Tiene un negocio sólido" le dije. "Tendríamos mucho dinero y yo tendría una posición desafiante. Pero solo lo haré si estás dispuesta a venir conmigo a California."

"Lo estoy", dijo Martina, y así quedó arreglado.

Le di mi aviso a un don Poncho muy disgustado y llegué a California un mes después para supervisar la producción de queso en mi nueva empresa. Juan esperaba que le mostrara a su equipo de empleados —casi todos inmigrantes mexicanos—, cómo hacer queso fresco, panela, queso Oaxaca, queso Cotija y crema. Aunque los trabajadores eran mexicanos, un ambiente muy diferente al de Klondike, me mantenía reservado y no socializaba con ellos, prefiriendo concentrarme en mi trabajo, había quemado mis puentes en la Blanquita; no podía permitirme fallar en esta nueva oportunidad.

Martina, Cristóbal y yo nos quedamos en casa de Juan los dos primeros meses. La esposa de Juan, Pamela, era encantadora y acogedora, una mujer de cabello corto y caderas anchas que era una madre maravillosa para sus dos hijos. Conocer a Pamela me hizo sentir cada vez más incómodo con las infidelidades desenfrenadas de Juan. Se había comprado un nuevo Mercedes color champagne, uno de los modelos de lujo, y lo usaba constantemente para ligar con chicas y llevarlas a la fábrica, donde bebían y tenían sexo en su oficina.

"Vamos, Miguel, vamos a divertirnos un *poquito*", decía. "¡Únete a nosotros!"

A veces sacaba a las chicas a comer o a un bar de vez en cuando, me molestaba tanto ir con él, pero nunca engañé a Martina. Mentiría si dijera que no tuve tentaciones de vez en cuando, pero le confié a Martina lo que estaba pasando. Si no podía ser sincero con ella, sabía que me sentiría sofocado. Por supuesto que Martina odiaba lo que Juan le estaba haciendo a Pamela. Las dos mujeres estaban todo el día juntas con los niños y se habían hecho amigas.

Juan ya era rico y se sentía con derecho a hacer lo que le placiera. Contrató a otras personas como yo para hacer el verdadero trabajo de hacer queso y administrar las operaciones de la fábrica para que él pudiera jugar. Yo no tenía ese lujo. No tenía padres que me mantuvieran, la Blanquita se estaba hundiendo y no tenía un plan B.

Fingí reírme de sus grotesquidades, pero en realidad la actitud fácil de Juan hacia que la infidelidad me helaba hasta los huesos. No pude evitar pensar en todas las veces que mi madre había sufrido debido a que mi padre era mujeriego.

Un recuerdo de la infancia fue particularmente inquietante. Probablemente tenía unos 13 años cuando mi padre me invitó a acompañarlo en un viaje a Guadalajara, donde tenía "un asunto urgente que atender", le dijo a mi madre. Estaba emocionado de viajar a la ciudad y halagado de que mi padre me hubiera pedido que lo acompañara, ya que por lo general apenas notaba mi existencia. Solo más tarde se me ocurrió que mi madre debió haber insistido en que me llevara en este viaje. Probablemente esperaba que mi presencia lo persuadiera de buscar a otras mujeres.

No lo hizo. Mi padre nos llevó a ver a su amigo, Nieto, en Guadalajara. Nieto y su esposa eran dueños de una escuela de baile en la ciudad y vivían en la casa de atrás. Varios de las bailarinas se quedaron después de las clases mientras mi padre y Nieto encendían la parrilla y comenzaban a cocinar. Mi padre había empezado a beber, por supuesto, y cuando me sorprendió observándolo coquetear con las chicas, me hizo un gesto con los ojos.

"Tráeme un trago, chico, y mantén la boca cerrada", había gruñido. "No le digas nada a tu madre sobre esto. Lo que ella no sabe no la puede lastimar."

Obedecí y le traje una Coca-Cola con ron. Después de eso, me quedé en la puerta, sin dejar de mirarlo con las chicas —en ese momento, él tenía sus brazos alrededor de una de ellas y la estaba besando— hasta que mi padre de repente avanzó hacia mí, gritando: "¡Vete a la chingada de aquí!"

Se había transformado en El Transformer de nuevo. Me odiaba a mí mismo por seguir teniéndole miedo, era casi tan alto como él para entonces, pero realmente tenía miedo, así que corrí escaleras arriba, enojado y al borde de las lágrimas.

Pasamos la noche en casa de Nieto, donde yo dormí en el dormitorio con su hijo y mi padre se encerró en uno de los otros dormitorios con la bailarina. Al día siguiente le dije que era hora de irnos, pero se negó a ir a casa conmigo.

En cambio, mi padre me había llevado a la estación de autobuses, donde me dejó sin dinero. Tenía suficiente cambio en mi bolsillo para comprar un boleto de autobús a Guanajuato, pero nada de comida. Debo haberme visto tan hambriento y miserable como me sentía, porque un buen tipo se ofreció a comprarme el desayuno. Después de llegar a la estación, caminé varios kilómetros hasta mi casa. Había planeado mentirle a mi madre acerca de por qué llegaba solo, no porque fuera leal a mi padre de ninguna manera, sino

Aprender a pivotear

porque no quería lastimarla. Sin embargo, ella me miró y supo que estaba molesto.

"¿Que es esto? ¿Qué pasó?" ella preguntó. "¿Dónde está tu padre?"

Siguió haciendo preguntas, hasta que finalmente me derrumbé y le dije la verdad. A ella no le sorprendió el comportamiento de mi padre; simplemente estaba agotada. Mis hermanos y yo nuevamente tratamos de convencerla de que se divorciara de él después de este incidente, pero, por supuesto, ella se negó incluso a considerar la idea. Mi madre todavía iba a misa todos los domingos y dedicaba su vida a Dios. Mientras veía el mundo, la voluntad de Dios proporcionó un modelo inmutable para su vida, y los buenos católicos no se divorciaron de sus cónyuges.

Creciendo y siendo testigo del desastroso matrimonio de mis padres me había hecho menos inclinado a creer en Dios. Además, me hizo tomar la determinación de honrar y apreciar mi propio matrimonio y a mi esposa, siéndole fiel a Martina. Cada vez que Juan trataba de distraerme con mujeres y bebida, me concentraba aún más en el trabajo.

Había mucho en que concentrarse. Mi primera tarea fue agilizar el proceso de producción para poder hacer diferentes quesos y un mayor volumen de productos. Pronto quedó claro que esto sería difícil de hacer en las instalaciones actuales. Juan era un tipo nervioso y de mucha energía, especialmente con los hermanos con los que estaba asociado; ellos estaban a cargo de los demás productos alimenticios de la empresa y le dejaron a Juan administrar la fábrica de queso. Cuando le dije a Juan que necesitaba comprar una fábrica nueva porque las instalaciones actuales estaban a plena capacidad, me preguntó si podía asistir a una reunión con sus hermanos y presentarles el caso para hacerlo. Estaba sorprendido pero dispuesto a intentarlo.

La reunión salió bien. Les expliqué la necesidad de expandirse a una instalación diferente en términos contundentes, diciendo: "No pueden producir suficiente inventario en su fábrica actual. Tienen que empezar a buscar otro, *pronto*."

Juan y sus hermanos habían iniciado su empresa en 1981, solo dos años antes de que yo llegara, como una pequeña empresa construida en torno a la venta de cremas y quesos mexicanos artesanales hechos en casa a las tiendas locales. Querían expandir ese negocio para competir en el mercado global, por lo que aceptaron mi sugerencia de trasladar la operación a una ubicación nueva. La solución se presentó en Hanford, California, donde Safeway estaba vendiendo una planta enorme donde habían estado haciendo requesón. Con mi aporte, la familia Márquez compró la planta, se deshizo de algunos de los equipos antiguos de Safeway e instaló nuevas máquinas para hacer que el proceso de producción fuera más eficiente, incluyendo una camisa de túnel para congelar el queso que producíamos.

Mientras hacíamos este trabajo de rehabilitación, descubrimos un sumidero gigante debajo del piso de la fábrica, justo donde estaban las tinas de leche. Tuvimos que rellenar esa zona con cemento y costó bastante. También tuvimos que quitar el asbesto para cumplir con las regulaciones de OSHA (Ley de Seguridad y Salud Ocupacional de 1970). Juan estaba encabronado por estos gastos extra, pero me tranquilicé y le dije que me dejara manejar las cosas.

"No podemos saltarnos pasos solo para ahorrar dinero", le recordé. "Si lo hacemos, nos encontraremos con otros problemas peores en el futuro".

Para montar la fábrica me puse en contacto con Webster, mi viejo amigo de Klondike. Tenía conexiones con Darlington Dairy Supply. Estaban felices de vendernos el equipo que necesitábamos y nos ayudaron a establecer nuestras operaciones en California.

Debido a que Hanford estaba a casi 90 millas de San José, y a que me había cansado cada vez más de mentirle a Pamela la esposa de Juan, sobre el comportamiento adúltero de su esposo, Martina y yo decidimos mudarnos de la casa de su familia a un departamento cerca de la fábrica nueva. Era un departamento de una recámara y no teníamos más muebles que un colchón en el piso, un par de sillas y una mesa desvencijada, pero no nos importaba tener cosas nuevas, preferíamos seguir ahorrando. Además, el complejo de apartamentos estaba limpio y tenía una piscina, y ahora podíamos realmente respirar en nuestro propio espacio y tener algo de privacidad como familia.

A pesar del nuevo apartamento, no estaba del todo convencido de vivir en California. La gente siempre se quejaba del tráfico en el sur de California, pero el verdadero inconveniente para mí era que vivíamos en una zona sísmica. Una vez, Martina y yo estábamos en el zoológico con Cristóbal cuando hubo un tremendo clamor de los animales: pájaros graznando, leones rugiendo, osos bramando. De repente el suelo empezó a temblar bajo nuestros pies. ¡Pensé que me desmayaría del susto!

En otra ocasión, estábamos en el departamento con Cristóbal cuando las lámparas comenzaron a temblar en lo alto y la mesa y las sillas bailaban en la cocina. Cada vez que experimentábamos un terremoto, recordaba la devastación en la Ciudad de México después del terremoto que había matado a mi padre. De ninguna manera quería perder a mi familia debajo de un edificio derrumbado.

■ ■ ■

A medida que pasaban los meses, seguí probando y mejorando recetas para Juan. Había estado tratando de hacer queso fresco, por ejemplo, pero sabía y se parecía demasiado parecido a la panela. La panela es la versión mexicana del requesón en los Estados Unidos; está elaborado con leche de vaca desnatada y pasteurizada y es cremoso y suave al paladar, con un aroma lechoso. Puedes compararlo con el paneer indio; al calentarlo, el queso panela se ablandará sin derretirse.

El queso fresco tiene algunas propiedades similares a la panela, pero necesita estar más seco y desmoronarse mejor entre los dedos.

Con don Poncho, usé un homogeneizador, una máquina que fuerza el queso a través de aberturas finas contra una superficie dura, para ayudar a romper las cadenas químicas y la elasticidad del queso fresco, así que decidí intentar conectar el homogeneizador a la línea de pasteurizadores en la fábrica de Juan. Los resultados fueron incluso mejores de lo que esperaba: el queso fresco ahora se desmoronaba exactamente como lo hizo en casa. Nadie estaba haciendo esto todavía en los Estados Unidos y, como resultado, las ventas de queso fresco de Juan se dispararon. Él y sus hermanos estaban muy emocionados con el resultado y Juan me pagó $20,000 dólares por la nueva receta. Mantuvo la receta en secreto y se atribuyó todo el mérito a sus hermanos, pero a mí me pareció bien. Era su fábrica y me había contratado para hacer esto.

Luego, puse un gran túnel de metal para congelar el queso con dióxido de carbono antes de empaquetarlo, tal como lo había hecho con don Poncho. Esto nos permitió empaquetar el queso fresco sin que nadie lo tocara y pudiera contaminar el producto. Yo había estado usando una máquina en la fábrica de Juan para envasar el queso, pero agregué cintas transportadoras para que el queso se congelara y empaquetara tres veces más rápido sin riesgo de cultivos de bacterias.

La receta del Cotija tomó un poco más de prueba y error. Le había hecho queso Cotija con leche cruda a don Vicente. En los Estados Unidos, la leche se pasteurizaba, lo que significaba que se alteraba el sabor de la leche. Sin embargo, recordé cómo, en Klondike, habíamos agregado lipasa de cabra a la leche de vaca para darle un sabor más fuerte, similar al queso Cotija. Practiqué en el laboratorio de Juan con esta receta hasta que encontré los ingredientes perfectos para un fuerte sabor a Cotija.

Por cada receta nueva, Juan cumplió su promesa y me pagó otros $20,000 dólares. Como todavía desconfiaba del negocio, puse cada centavo de esa ganancia inesperada de $40,000 dólares, junto con la mayor parte de mi salario, en el banco. Sin embargo, cuando el padre y el tío de Martina decidieron dividir la granja lechera, el padre de Martina se quedó sin vacas, inmediatamente me ofrecí a ayudar.

Usé mis ahorros para comprar 150 vacas para mi suegro, así como una máquina de ordeñar, y las envié desde Wisconsin a su granja. Nunca esperé que me pagara. Para eso estaba la familia, y ahora la familia de Martina era la mía.

■ ■ ■

Juan estaba complacido con mi trabajo y así me lo dijo, pero su enfoque en la fábrica seguía siendo diluido por su amor por las mujeres. En un viaje, por ejemplo, viajamos juntos a Tijuana. Le habíamos pedido a un ingeniero en Michoacán que hiciera un molinillo especial para la fábrica. Cuando necesitábamos reunirnos con el inspector de la FDA (Administración de Alimentos y Medicamentos) en la frontera para que examinaran la máquina y obtuviéramos el permiso para instalar esta pieza particular de la máquina en la fábrica, Juan me invitó a que lo acompañara.

Naturalmente, cuando llegamos a Tijuana, la ciudad al otro lado de la frontera con San Diego, California, Juan estaba ansioso por mostrarme los lugares de interés. Y con eso quiero decir que estaba ansioso por mostrarme una calle en particular llena de burdeles y prostitutas gritando cosas como: "Te puedo hacer una mamada por veinte dólares, o una paja por diez." Todo tipo de placer estaba a la venta a precios de ganga. Sentí que había aterrizado en el infierno y quería desesperadamente retirarme a mi habitación de hotel.

Juan tenía otras ideas. "Vamos, Miguel. ¡Vive un poco!" el rogó. "Martina no necesita saber. ¡Ni siquiera estamos en el mismo país que nuestras esposas!" añadió borracho, mientras se balanceaba por la calle con una mujer en cada brazo y otras siguiéndolos. Cuantas más mujeres, mejor, en lo que a Juan se refería. Obviamente se sentía como un rey ahí.

"No, gracias", dije, porque sus palabras eran un eco de las de mi padre en esa escuela de baile, hace tanto tiempo. Ni siquiera podía imaginar tocar a estas pobres muchachas prostitutas, las cuales eran solo unas niñas, menos pensar tener sexo con ellas.

Pasamos solo una noche en Tijuana, pero esa fue una noche más. Temprano a la mañana siguiente, Juan apareció en la puerta de mi habitación del hotel, desaliñado, con sueño, y muy feliz. En el camino de regreso a San José, me contó historias sobre tener relaciones sexuales no solo con mujeres, ¡sino también con cabras! Después de eso, apenas podía mirarlo a los ojos. Ciertamente no quería estrecharle la mano.

Cuando le conté a Martina sobre este incidente, se volvió loca. "¡Pamela no puede quedarse con esa idiota!" ella declaró. "¿Qué pasa si él le transmite una enfermedad?"

"No es asunto nuestro", le recordé. "Por favor, no le digas nada." Podría costarme mi trabajo. Además, supongo que Pamela sabe cómo es él y ve hacia el otro lado porque Juan la cuida bien a ella y a sus niños.

Pensé que el asunto estaba resuelto entre nosotros. Sin embargo, unos días después, Juan me llamó a su oficina, furioso porque Pamela había recibido una carta diciendo que la estaba engañando. Además, la carta había sido escrita en la oficina de la empresa en San José. Pamela lo sabía porque la máquina de escribir de esa oficina tenía una tecla que estaba ligeramente doblada, por lo que golpeó el papel encima de las otras letras.

"¿Quién le envió a mi esposa esta pinche carta?" exigió Juan. "¿Fue Martina? ¡Ella es la única que haría esto y tiene acceso a mi oficina!" Agitó el sobre hacia mí. "Mira esta estampilla. ¡Definitivamente es de tu esposa!"

Estaba aterrado. Nunca había visto a Juan tan enojado. No podía permitirme perder este trabajo. Además, me encantaba mi trabajo. "Déjame hablar con Martina", le dije. "Llegaré hasta el fondo de esto."

Aprender a pivotear

Fui a casa esa noche y me encaré con Martina, quien inmediatamente me confesó que ella había enviado la carta. "¡Y yo tampoco lo siento!" gritó Martina. "¡Juan es un pedazo de caca mentiroso y tramposo, y Pamela debería dejarlo!"

"¡Tal vez así sea, pero no es asunto nuestro!" grité, asustándome de mí mismo y a Martina, porque rara vez me permitía enojarme. Siempre tuve miedo de que, escondido en algún lugar muy dentro de mí, existiera un Transformer con el temperamento cruel de mi padre. "Necesitamos encontrar una manera de arreglar esto, o podría ser despedido. ¿Es eso lo que quieres? ¿Eh? ¿Lo es?"

"Por supuesto que no," dijo Martina, ahora haciendo un puchero.

Eventualmente, decidimos que la mejor manera de arreglar la situación era hacer que Martina escribiera otra carta en la misma máquina de escribir y luego enviarla desde San José. Porque para entonces vivíamos en Hanford, Pamela estaría confundida; ella sospecharía que alguien más que vivía en San José estaba enviándole estas cartas incendiarias.

Al fin de cuentas, Pamela no pudo saber con certeza que Martina escribió la carta, incluso que yo le confesé la verdad a Juan, él me perdonó. "Solo prométeme que nunca volverá a hacer eso", dijo.

Lo hice. "Solo por favor, deja de pedirme que me una a ti cuando estés con otras mujeres, para poder concentrarme en el trabajo", supliqué. El acepto.

"Recuerda que no podemos dictarles cómo viven los demás, solo nosotros mismos", le dije a Martina esa noche. "Lo importante no es lo que hacen Juan y Pamela en su matrimonio, sino cómo nos comportamos tú y yo en el nuestro. Te prometo que nunca, jamás, te engañaré, por mucho que Juan intente tentarme."

Por supuesto, debería haberle pedido a Martina que prometiera lo mismo, pero nunca se me ocurrió. Estaba demasiado ocupado creando recetas que algún día se convertirían en la piedra angular de mi propio negocio de producción de queso.

La cosa acerca del éxito es: a veces no puedes imaginar qué tan exitoso vas a ser y no reconoces los sacrificios que estás haciendo en el camino. Sí, había aprendido a pivotear, primero haciendo queso en México en circunstancias extremadamente difíciles y luego regresando a los Estados Unidos, donde pude seguir perfeccionando mis recetas y aprendiendo a manejar la producción en gran escala. Mi pasión por dominar el negocio me impulsó y estaba agradecido por mi impulso implacable hacia el éxito. Estaba proporcionando una buena vida a mi familia y demostrando que todos los que alguna vez habían dudado de mí estaban equivocados.

Pero ¿a qué costo para mi salud personal y mi matrimonio?

A todos ustedes, los empresarios, los insto a que continúen creando oportunidades y siendo despiadados con su tiempo y energía mientras siguen adelante con su pasión y tenacidad. Sin embargo, hay puntos en los que es igualmente importante reducir la velocidad y dar un paso atrás para evaluar lo que realmente importa.

Capítulo 5

Hacer negocios con los amish

Adoptar una mentalidad de hacer que se logren a como dé lugar

Aproximadamente un año después de estar trabajando en la compañía de Juan, él hizo los arreglos para que yo solicitara la ciudadanía estadounidense. La prueba escrita iba a ser difícil, ya que tenía problemas para leer y escribir en español, y esta prueba sería en inglés. Martina me ayudó a estudiar la Constitución de los Estados Unidos para que pudiera contestar preguntas al respecto, al igual que preguntas sobre la historia y el gobierno americano.

Eso fue bastante difícil, pero la porción de la prueba que realmente me asustó fue la entrevista cara a cara en la que tenía que responder preguntas y escribir algo en inglés en el acto. Afortunadamente, tuve una gran tutora: Martina escribió "El cielo es azul" en inglés para que yo lo copiara una y otra vez, y pasé sin problema la entrevista escrita y hablada.

La ceremonia de juramento se llevó a cabo en un auditorio. Me paré con otros cien inmigrantes para rendir lealtad a los Estados Unidos. El único problema ese día fue la confusión sobre mi cumpleaños. En mi acta de nacimiento mexicana, mi cumpleaños es el 12 de junio de 1964, el día que mi padre borracho le dio al empleado, pero mi mamá me dijo que en realidad nací el 6 de julio. Cuando recibí mi certificado de ciudadanía, vi que anotaron mi cumpleaños el 14 de julio de 1964.

Decidí dejarlo y darme tres fiestas de cumpleaños al año. Convertirme en ciudadano estadounidense no era nada que hubiera planeado hacer en mi vida, pero la noche que presté juramento, sentí un gran alivio: en el fondo de mi mente, siempre me había preocupado de que me deportaran, inclusive con mica de residencia; me sentía inmensamente agradecido. Trabajar en los Estados Unidos me había enseñado mucho sobre el trabajo duro y que era bueno vivir en un país donde el trabajo duro realmente paga con frutos tus esfuerzos.

■■■

Mientras Webster y yo continuábamos montando la nueva fábrica para Juan, se presentó otra oportunidad. Esta vez fue Webster quien propuso un cambio: "¿Cómo te parecería hacer negocios conmigo, Miguel?"

"¿Quieres decir, de forma independiente?" pregunté asombrado. "¿Solamente nosotros dos?"

"Sí." Webster me habló de un concurso de elaboración de queso organizado por una comunidad amish en Ohio. "Están buscando maestros queseros", dijo. "Si ganamos el concurso, nos construirán una fábrica y nos suministrarán la leche."

Inmediatamente pensé. "¿Cómo ganaremos el concurso?"

"Simple. Haces el mejor queso Cheddar que jamás hayan probado", dijo.

Medio reí, "Bueno, ciertamente sabemos cómo hacerlo."

En verdad no esperaba ganar el concurso, pero tenía muchas ganas de intentarlo. Sabía que dirigir nuestra propia fábrica de quesos sería un trabajo interminable. Supervisaba a 150 empleados para Juan y sabía exactamente cuánto trabajo implicaba producir productos de calidad. Comenzaba temprano, generalmente alrededor de las cinco de la mañana, y nunca llegaba a casa hasta después de las siete. También trabajaba los fines de semana, lo que significaba que rara vez tenía tiempo con Martina y Cristóbal, quienes a menudo estaban dormidos cuando me iba y estaban en la cama cuando regresaba a casa. Algunas noches incluso dormía en la fábrica para asegurarme de que todo iba bien.

Pero si solamente Webster y yo estuviéramos trabajando juntos, todas esas horas realmente significarían algo: estaríamos creando un negocio que podríamos llamar nuestro, con las ganancias yendo directamente a nosotros. También estaría feliz de salir de California y regresar al medio oeste. Imaginé que Martina se alegraría de que yo trabajara con alguien honorable como Webster en vez de con Juan, que seguía complaciéndose con prostitutas y borracheras.

Cuando llegó el momento para que Webster y yo compitiéramos, volé a Wisconsin, donde Webster me presentó a los representantes amish. Lo ayudé a hacer un bloque de queso Cheddar de 40 libras, luego volé a casa y traté de olvidarme del concurso, sabiendo que estábamos compitiendo con otros cinco queseros.

Un mes después, Webster llamó. "¡Ganamos, Miguel, ¡ganamos!" cantó. Nunca había escuchado a mi amigo sonar tan emocionado. "¡Lo hicimos! ¡Finalmente vamos a tener nuestra propia fábrica!"

Colgué el teléfono, mi boca seca con una combinación de miedo y emoción. Esto era todo, la oportunidad por la que Webster y yo habíamos estado trabajando. Ahora seríamos socios, y el éxito o el fracaso de nuestro negocio dependería en nosotros.

Martina estaba en la sala viendo la tele. Me senté a su lado y miré al frente como un zombi, tragado por un repentino sumidero de ansiedad. ¿Estaba arriesgando demasiado? ¿Qué pasaría si fallara? No quería que mi familia sufriera una pobreza como la mía cuando era niño. Con Juan, cuando menos podía contar con un trabajo seguro y un sueldo fijo. ¿Qué tal si tiro todo eso por nada?

Por otro lado, puedes soñar con las mejores ideas del mundo, pero si no las pones a prueba, ¿cómo puedes demostrar que valen algo? Nunca pasará nada si te sientas en un rincón y observas a otras personas. Si no hiciera todo lo posible para lograr mi objetivo de tener un negocio por mi cuenta, siempre sería un soñador perdido como mi padre.

La próxima vez que Martina se volvió para mirarme en el sofá, tragué saliva y dije: "Cariño, *tengo algo* que decirte."

■ ■ ■

Webster y yo estaríamos trabajando las 24 horas del día para comenzar nuestra fábrica desde cero con la comunidad amish en Middlefield, Ohio, así que Martina y yo decidimos que sería mejor para ella llevar a Cristóbal a México y quedarse con su familia por unos meses. Mientras tanto, me mudé a un apartamento con Webster y nuestro viejo amigo Kevin Weiss de Klondike, quien se había ofrecido a ayudarnos a poner en marcha esta nueva empresa. Webster y Kevin estaban casados, pero tampoco habían traído a sus esposas, así que los tres pusimos toda nuestra energía en trabajar, sobrevivimos con comida barata para llevar y nos derrumbamos sobre nuestros colchones inflables por la noche.

Sabía poco sobre la comunidad amish antes de mudarme a Ohio. Con el tiempo supe que eran protestantes que originalmente eran menonitas, pero se separaron de ese grupo por diferencias teológicas. Después de migrar por primera vez de Europa a Pensilvania en el siglo XVIII, los amish llegaron a Ohio a principios del siglo XIX. A principios de la década de 1990, alrededor de 90,000 personas amish vivían en América del Norte. La mayoría todavía se sustentaban a sí mismos a través de la agricultura.

La razón por la que los amish nos necesitaban a Webster y a mí para dirigir su fábrica era porque vivir su versión de un "estilo de vida religioso" significaba negarse a utilizar las comodidades modernas. Ordeñaban las vacas a mano, entregaban la leche en caballo y en calesa, y necesitaban que Webster y yo los ayudáramos a construir y operar una fábrica de queso eficiente y mecanizada y hacer tratos por teléfono. Compraríamos leche de sus granjas por 50 centavos la libra y haríamos queso Cheddar que podrían adaptar y vender en sus mercados.

En cierto punto, pasé por la casa de Kevin, él era el hombre amish a cargo de la fábrica después de que ganamos el concurso, y me fascinó ver que su casa no tenía espejos y ninguno de los amish tenía botones en la ropa. Las mujeres estaban cubiertas de pies a cabeza con faldas largas, gorros y delantales, y sus rostros estaban desmaquillados.

Éramos diferentes, cierto, pero admiraba a nuestros socios amish porque eran generosos y trabajadores. Un grupo de hombres amish construyeron nuestra fábrica a mano sin utilizar herramientas eléctricas, y lo hicieron en un tiempo récord. Comencé a comprar equipos con Webster para instalar las cosas, y cuando lo recibimos dos meses después, en su mayoría de Darlington Dairy Supply, la fábrica ya estaba terminada.

Hubo algunos obstáculos cuando comenzamos a producir queso esas primeras semanas. Por ejemplo, poco después de que nos pusimos en marcha, el pasteurizador comenzó a jadear y a hacer ruidos extraños y luego se apagó por completo.

"¿Qué diablos pasó?" Le pregunté a los hombres que trabajaban para nosotros.

Nadie lo sabía. Traté de cerrar la válvula del silo de leche, y cuando no cerraba, abrí la tapa del silo para averiguar por qué.

Los amish nos traían la leche en latas abiertas y la tiraban en comederos que se bombeaban al silo. Resultó que parte de la leche debió estar contaminada por moscas porque estaba descubierta al aire; ahora los gusanos estaban pasando a través de la válvula, porque uno de los silos tenía una grieta y estaba goteando leche entre la camisa del silo y la pared exterior. Tuvimos que tirar 100,000 libras de leche para poder reparar todo el sistema. Después de eso, construimos un segundo silo para asegurarnos de que pudiéramos mantener la fábrica en funcionamiento en caso de que volviera a suceder.

■ ■ ■

Martina se reunió conmigo en Ohio con Cristóbal aproximadamente un mes después de que abrimos la fábrica. Durante un tiempo vivió en el apartamento con Webster, Kevin y yo. Fue un gran alivio tenerla cocinando y limpiando la casa para nosotros, ya que trabajábamos tantas horas, pero Martina no tardó mucho en cansarse de esta rutina.

"Miguel, necesitamos nuestro propio lugar", dijo. "Estoy a punto de desfallecer de agotamiento."

No podía soportar ver a Martina infeliz, así que acepté de inmediato. Como invertíamos cada centavo que teníamos en la fábrica, el único lugar que podía permitirme alquilar en Ohio era un apartamento en un complejo en ruinas. A Martina no le gustó mucho. Se sentía sola allí, ya que éramos los únicos mexicanos en los alrededores (los apartamentos estaban ocupados probablemente por un 60% de residentes negros y un 40% de blancos) y, además, estaba sucio. Las paredes estaban viscosas al tacto y los pasillos apestaban a orina; los escalones de la piscina estaban verdes de moho. Lo único bueno del lugar era que Cristóbal podía pedalear su triciclo en el estacionamiento.

Unos meses después optamos por volvernos a mudar, esta vez a un remolque camper en un parque de casas móviles llamado Troy Oaks. Corrimos con suerte: no mucho después de que salimos del edificio de apartamentos, el techo se derrumbó porque nadie limpió la nieve y estaba podrido.

■ ■ ■

Los amish habían firmado un préstamo para que Webster y yo pudiéramos comprar equipo para la fábrica. Al principio, empleamos a una docena de personas, en su mayoría amish y todos hombres, porque las mujeres amish estaban relegadas a vender queso en su tienda. Todavía no había mucha comunidad de inmigrantes ahí, por lo que nuestros empleados eran locales, muchos de los cuales provenían de familias que habían vivido en el área durante generaciones.

Webster y yo manejamos todos los aspectos de la producción. Aunque a los amish no se les permitía operar ningún electrodoméstico con electricidad en sus hogares, podían trabajar en nuestras máquinas a través de una cláusula escapatoria. Nuestro contrato estipulaba que Webster y yo compraríamos leche de los amish a 0.50 centavos la libra. Nos proporcionaron 150,000 libras de leche cada mes, no podía imaginarme cómo la usaríamos toda.

"¡Hombre!, Webster, este es el verdadero McCoy", dije, sintiendo pánico. "Tenemos que demostrar que podemos hacerlo bien."

Dar un salto hacia adelante en tu negocio puede ser un esfuerzo aterrador. Todos sufrimos el síndrome del impostor hasta cierto grado; a medida que crece nuestro negocio, nos preguntamos si podemos domar a la bestia que hemos creado.

Sin embargo, al igual que con don Poncho, sabía en mis huesos que trabajar con Juan frenaría mis sueños. Quedarme en su compañía me condenaría a no ser nunca más que un empleado de alguien. Deseaba un futuro más grande, uno en el que pudiera invertir mi tiempo, energía y enfoque en crear un producto propio y potencialmente cosechar mayores recompensas. Si sientes que tu pasión te llama a hacer algo y tienes el conocimiento, la experiencia y la energía para lograrlo, te debes a ti mismo superar tu miedo al fracaso o siempre te arrepentirás.

Capítulo 6

Di queso

Presiona por ser mejor en lo que haces todos los días, aunque sea un porcentaje mejor

Webster y yo éramos arduos trabajadores y queseros expertos. No tuvimos problemas para hacer queso Cheddar de alta calidad y Monterrey Jack de la leche que los agricultores amish entregaron. Sin embargo, rápidamente se hizo evidente que los amish estaban entregando mucha más leche de la que necesitábamos para la cantidad de queso que vendían. ¿Qué podríamos hacer con toda esa leche extra?

Después de pensarlo un poco, me sentía seguro de que pudiéramos aprovechar con éxito el mercado de quesos de estilo hispano de acuerdo con el crecimiento de inmigrantes que había. ¿Qué tal si intentamos hacer quesos hispanos nuevamente?" pregunté a Webster.

"¿Qué tipo?" Preguntó, rascándose la cabeza. "Los amish nos están dando leche cruda, y la calidad no es tan alta como lo que estábamos recibiendo de los agricultores que suministraron a Klondike."

Esto era cierto. Los amish ordeñaban a mano; si tocaban las ubres o cualquier otra parte de la vaca al entrar en contacto con la leche, podrían pasar las bacterias de sí mismas o del estiércol de la vaca. Sin refrigeración, recurrían a enfriar sus latas de leche en los arroyos, y las latas a menudo no tenían tapas. Esto significaba que la leche también podía estar contaminada por las heces de las aves, los insectos o incluso las ranas. Oh sí. Ya lo habíamos visto todo.

Eso significaba que solo había una posibilidad. "Deberíamos hacer queso Cotija", le dije.

"¿Qué demonios es eso?" Webster preguntó.

Le expliqué, lo mejor que pude, lo que era Cotija y cómo debería saber, y cómo había perfeccionado una receta de queso de Cotija basada en lo que había aprendido trabajando para Don Vicente y Juan. "Si tengo éxito, sería el único mexicano productor de queso mexicano, todos los demás en el medio oeste son estadounidenses", agregué. "Pero lo primero que necesitamos comprar es un homogeneizador."

"¿Para qué?" Webster frunció el ceño. "No es como si estuviéramos vendiendo leche."

"No, pero hay algunas recetas de queso, como la del Cotija, donde, tan pronto como presionas la leche, el queso ya no se derrite porque rompe las cadenas químicas. Eso es lo que la gente quiere en el queso Cotija: es un queso seco."

"Esto todavía no tiene sentido para mí", dijo.

"¿Confías en mí?"

"Sabes que sí, Miguel."

Me reí. "Bien. Estamos en el negocio, entonces. Todo lo que necesitamos es un distribuidor."

Instalamos el homogeneizador unas semanas más tarde, e hice un lote de prueba de Cotija para que Webster pudiera probarlo. Sus cejas se alzaron sorprendidas. "Eso es algo bastante bueno, Miguel."

■■■

Una vez que habíamos producido suficientes ruedas de Cotija para llenar nuestra camioneta azul oxidada, partí a Chicago con Martina y Cristóbal para hacerme compañía. Sabía que este sería el mercado hispano más cercano a los límites de Wisconsin. "Si tengo éxito en esto, Martina, tú y yo entraremos en el negocio de verdad", le dije.

Mi esposa estaba embarazada de nuevo; se reacomodó en el asiento y sonrió. "Tengo fe en ti."

Condujimos lentamente a través de un vecindario hispano fuera del centro de Chicago, deteniéndonos en pequeños mercados mexicanos para que pudiera entrar y preguntarle quién les estaba suministrando queso. Mi objetivo era encontrar el mayor distribuidor de productos hispanos en el área. Varios comerciantes querían comprar mi Cotija cuando descubrieron que lo estaba vendiendo, emocionado al descubrir que estaba hecho localmente. Le pregunté a cada uno de ellos cuánto estarían dispuestos a pagar, probando el mercado, para que tuviera una mejor idea de qué cobrar.

Un vendedor me dijo que podía vender fácilmente mi queso Cotija por $8 por libra. "Tú y yo, lo dividiremos 50/50", ofreció.

Estaba tentado, este era un precio mucho más alto de lo que había previsto, pero lo rechacé. Solo quería tratar con un distribuidor.

Finalmente, encontré al hombre que estaba suministrando a la mayoría de las tiendas y restaurantes más pequeños con productos alimenticios hispanos: Adolfo Vega en La Hacienda Brands. Me estacioné frente a la hacienda, le di un manazo al tablero de la camioneta, declarando: "Esto es todo. ¡Voy a vender nuestro queso!" le dije a Martina antes de entrar en la tienda.

Todavía no había decidido el precio final de una rueda de queso Cotija, pero había estudiado el mercado de queso estadounidense durante años. Cheddar vendía entre $1.40 y $2.40 por libra en ese momento, pero lo que tenía era raro. Tal vez podría venderlo por más. Cuando el señor Vega salió a mi encuentro, le dije que tenía queso Cotija a la venta y decidí apuntar alto, según lo que algunos de los comerciantes más pequeños me habían ofrecido.

"La cuestión es que este es un queso de Cotija artesano especial, hecho por manos mexicanas", le dije. "Necesito obtener de $4.50

por libra al menos." Terminaría en un precio neto de $250 por una rueda de Cotija de 60 libras y un gran margen de ganancias, ya que el queso solo cuesta 0.60 centavos por libra.

El señor Vega era chaparro, de cabello oscuro y de estructura cuadrada. Me dio una mirada austera y me dijo: "Déjame probarlo y veremos."

Corté una pequeña astilla de queso y observé nerviosamente mientras masticaba. Después de un minuto, sus ojos se iluminaron. "Ah, sabe como el de casa", dijo. "Tomaré el lote."

"¿Todo? A $4.50 por libra? Estoy seguro de que sonaba sorprendido; no había esperado que estuviera de acuerdo tan fácilmente.

"Claro", dijo alegremente, agitando una mano. "Tráeme todo lo que tienes en tu camioneta."

"Tiene que pagar hoy", le dije. "En efectivo". La verdad era que aún no tenía una cuenta bancaria.

"No problema".

Descargué apresuradamente las 20 ruedas de queso, y él me pagó en el acto, llevándome a una oficina donde la gente contaba facturas y monedas. Todos, todos los comerciantes hispanos que estaban comprando productos del señor Vega, le estaban pagando en efectivo. ¡Nunca había visto tanto dinero en un solo lugar! El señor Vega contó $5,000 en enormes montones de billetes y dijo: "Si vendo este lote, puedes apostar que ordenaré más Cotija, Miguel."

"Es bueno hacer negocios contigo", dije, tratando de parecer amable. Sin embargo, de vuelta en la camioneta, mostré el gordo fajo de billetes en mi bolsillo a Martina, quien gritó de alegría. Ella y yo nos abrazamos y besamos con entusiasmo. "¡Esto es todo, *mi amor!*" Yo dije. "Si le gusta este Cotija, ¡nuestras vidas podrían cambiar!"

Martina y yo decidimos celebrar pasando la noche en Chicago. Encontramos un hotel, y mientras empujamos la carriola de Cristóbal por una calle cerca del estadio del campo de soldados, comenzamos a ver multitudes de personas. Muchos hablaban español o portugués y agitaban banderas nacionales. Me tomó un minuto deducir lo que estaba sucediendo: había estado tan entusiasmado con vender nuestro queso al señor Vega que había olvidado por completo que Estados Unidos estaba organizando la Copa Mundial de Fútbol de la FIFA de 1994. ¡Hoy había un juego en Chicago!

Martina se dio cuenta al mismo tiempo. Nos juntamos nuestras manos y casi corrimos con la carriola del bebé mientras buscábamos una ventanilla de boletos. Milagrosamente, los boletos todavía estaban disponibles. Compramos dos boletos y entramos en el estadio, donde la gente ya estaba vitoreando. Esta fue una oportunidad increíble. Siempre quisimos ver la Copa Mundial de Fútbol, y ahora aquí estábamos, disfrutando de esta oportunidad única en la vida, gracias a mi queso y al señor Vega. No podríamos haber pedido una celebración mejor.

Cuando finalmente llegamos a casa al día siguiente, nos recibió otra excelente sorpresa: el señor Vega había llamado, diciendo que quería comprar dos paletas más de queso Cotija.

"Oye", le dije a Webster cuando lo llamé. "¿Adivina qué? Creo que vamos a necesitar un camión más grande."

■■■

Poco después Webster y yo compramos un camión refrigerado de Mitsubishi. La primera vez que lo conduje al señor Vega, Webster me cargó el camión. Podría manejar 11 paletas de queso, pero Webster decidió que podrían caber más ruedas de queso de 60 libras en el camión si eliminábamos las paletas. Llenamos el camión a la cima y me fui, emocionado de entregar mi primer camión completo de queso Cotija al señor Vega.

A mitad de camino por la carretera a 70 millas por hora, le pegué a un pequeño bompe y las ruedas delanteras del camión volaron en el aire. Aterrorizado, disminuí la velocidad. ¿Qué diablos estaba pasando con este camión?

Cuando llegué a la estación de pesas de la carretera, me subí a la escala y esperé. El chico en el puesto sacudió la cabeza y me dijo. "No sé, hombre. Creo que nuestra escala debe ser descompuesta. Dice que tienes como 80,000 libras de queso en esta plataforma." Con su mano me dio salida.

Tragué saliva con fuerza. Cuando finalmente llegué con el señor Vega fuera de Chicago después de un esfuerzo minuciosamente cauteloso, descargué el queso. Eso también tomó una eternidad, y los músculos de mi espalda y hombro ardían de fatiga cuando terminé.

"¿Qué chingados estabas pensando, poniendo tanto queso en el camión?" Grité cuando conseguí a Webster en el teléfono. "¡El camión se reculaba como un pinche caballo."

Tuve que sostener el teléfono lejos de mi oído, Webster se estaba carcajeando tan fuerte.

A pesar de este fiasco temprano, seguí conduciendo al señor Vega con camiones de queso Cotija una vez por semana, luego dos veces por semana a medida que aumentaron las ventas. Ese primer año, recaudamos $250,000 en ventas a pesar de tener solo al señor Vega como nuestro cliente. Luego comenzó a presionarme para hacer diferentes tipos de quesos de estilo hispano.

"Harías una matanza Miguel, realmente lo harías", dijo Vega. "Nadie entiende los *quesos* mexicanos como tú."

El problema, por supuesto, era que los amish no tenían interés en expandir su producción de leche, y solo podía hacer tanto queso con esta cantidad de leche. Pero continué reflexionando sobre las posibilidades, especialmente ahora que Martina y yo nos acabábamos de ser padres de un segundo hijo, una hija que nombramos como ella y llamamos "Tuti."

Estaba encantado de tener una hija. Mi familia parecía completa, especialmente cuando los padres de Martina vinieron a Ohio para el bautismo de Tuti. Aunque estábamos viviendo simplemente para ahorrar dinero, mis suegros reconocieron lo duro que estábamos

La Casa Que El Queso Construyo

trabajando y que tan enamorado Martina y yo estábamos, y me trataron como a un hijo. Celebramos el bautismo de Tuti en un restaurante de costillas barbecue, y mientras veía a mis suegros, esposa y dos hijos pequeños, me sentí como un hombre de éxito. Me había casado con la mujer de que me había enamorado a primera vista. Ahora teníamos dos hijos y un negocio propio. ¿Qué más podría pedir un hombre? Mi corazón estaba lleno de alegría.

Con dos hijos, estaba más decidido que nunca a no solo tener éxito en los negocios, sino también ser el tipo de padre que mi padre nunca fue para mí: paciente y amoroso. Solo resbalé una vez cuando Cristóbal era joven, tal vez cuatro años. Martina y yo habíamos llevado a los niños a Chicago en un domingo en una de mis pocas tardes libres; estábamos empujando la carriola de mi hija a través de la calle hacia el muelle de la marina cuando un taxi se dirigió hacia nosotros. El conductor se detuvo en la intersección, pero sonó la bocina, enojado porque estábamos bloqueando el camino y comenzó a gritarnos que nos apuráramos.

Algo en mí tronó. No sé si estaba escuchando a alguien gritarme como solía hacerlo mi padre, o si estaba experimentando una fuerza feroz de proteger a mi esposa y mi familia que causó que estallara con ira, pero perdí la calma por completo. ¿Conoces esas películas con el increíble Hulk? ¿El tipo que se arranca la ropa porque se le hinchan los hombros y el pecho por la furia? Así me puse yo, todo hinchado y furioso, marchando directamente hacia el taxista, gritando: "¡Cállate, tú, hijo de puta!"

"Miguel, cálmate, está bien", rogó Martina detrás de mí, pero apenas podía escucharla. Todo lo que pude ver fue este idiota tratando de aplastar a mi familia.

Cuando llegué al taxi, abrí la puerta del conductor e intenté sacarlo, aún más enojado porque el tipo tenía los huevos para reírse de mí. Martina agarró mi brazo y me separó de él. "Vamos", dijo. "Que no vale la pena. Piensa en *los niños*."

111

Y así, de un tronido aventé al Transformer hasta lo más profundo de mi propia mente y cuerpo.

■■■

A pesar de que trabajaba la mayor parte del día, dediqué la mayor parte del tiempo posible de mis horas libres a los niños, dándoles la calidad de tiempo que nunca había tenido yo con ninguno de mis padres. Nunca les grité ni los azoté, sin importarme cuántas travesuras hacían, e hicieron muchas.

Cristóbal, especialmente, era una bola de energía sin parar, constantemente haciendo preguntas y metiéndose en problemas. Tenía una voluntad muy fuerte y hacia berrinches cada vez que no se salía con la suya. Traté de ser firme estableciendo límites mientras admiraba su voluntad. Tuti era una niña más tranquila, gentil y dulce, aunque daba trabajo, no paraba como todos los bebés.

Fue durante este momento feliz en mi vida que recibí una noticia trágica: un amigo mío que había trabajado en la fábrica de queso conmigo en California llamó para decirme que Juan, mi antiguo jefe, se había dado un tiro.

Sentí que mi aliento abandonaba mi cuerpo y tuve que sentarme. ¿(quitar quieres)? ¿Por qué haría tal cosa?

"Los trabajadores de su fábrica amenazaban con sindicalizarse", dijo mi amigo con tristeza. "Supongo que Juan no pudo aguantar la presión." Estaba respirando bajo del cuello, al igual que sus hermanos.

Después de colgar, me senté durante mucho tiempo, cerrando los ojos y recordando la risa exuberante de Juan. También pensé en Pamela, y en los hijos de Juan, y lo difícil que sería para ellos crecer sin un padre. Juan y yo no habíamos compartido los mismos valores cuando se trataba de matrimonio, pero lo había considerado un amigo. Debe haberse sentido tan deprimido y solo para hacer tal cosa. Realmente no podía imaginar su estado mental, rodeado como yo por el trabajo, la familia y el amor.

■ ■ ■

A medida que el negocio seguía creciendo, Martina comenzó a manejar las facturas y otros documentos. Confié en ella cada vez más como socia. Estaba tan cansada de hacer malabares con el trabajo administrativo mientras cuidaba a nuestra hija que comencé a llevar a Cristóbal en el camión de queso cuando era posible. Hice una cama para él en el camión para que pudiera dormir mientras estaba en la carretera y le daba juguetes con los que podía jugar cuando estaba despierto. Cuando Cristóbal estaba aburrido, canté canciones para mantenerlo ocupado. Aunque sabía que este no era el mejor ambiente para mi hijo, me alegraba tener su compañía.

Todavía seguía registrando muchas, muchas horas en la carretera para visitar a los clientes, incrementar las ventas y entregar queso. Una noche, iba saliendo de Monroe con un semitrailer cargado de queso cuando pegué con hielo negro. Desaceleré, pero me olvidé quitar el freno de aire por completo. Este fue un error casi fatal. Mi estómago se derrumbó mientras miraba al espejo retrovisor y ver que el remolque se enganchó a mi taxi se comenzó a colear casi se voltea. Afortunadamente, liberé el freno de aire a tiempo, y el camión se enderezó. Aun así, el terror hizo que la bilis se levantara hasta mi garganta, y mi corazón golpeó contra mis costillas. Tuve suerte de que eran las tres de la mañana, y nadie más estaba en el camino, así que pude cambiarme al otro carril y detener el camión. También tuve la suerte de que Cristóbal no iba conmigo esa vez.

En otra ocasión, conducía de regreso a Monroe desde Chicago, mi visión se hizo borrosa. Era como si alguien hubiese atado un par de binoculares en mi cara hacia atrás; el camino era como un embudo frente a mí. Me detuve al costado de la carretera, mi corazón acelerando como loco, corto de aliento y jaleos doloroso, me aferré al tablero. Cuando podía respirar bien nuevamente, conduje directamente a la sala de emergencias del hospital más cercano.

No pudieron encontrar nada malo en mí. "Supongo que padeces de estrés y agotamiento", dijo el médico. "Parece que tuviste un ataque de ansiedad."

Aún, no podía frenarme un poco. Los sacrificios que estaba haciendo eran un regalo para mi familia. Nunca quería volver a ser pobre. Más importante ahora que había invertido tanto tiempo y energía en la producción de queso, quería seguir presionándome para ver si podría tener éxito en convertir mis sueños en realidad. Estaba decidido a vivir bien y trabajando sencilla y honestamente para asegurar que mis hijos tuvieran todo lo que a mí había faltado. Además, aunque quisiera reducir mi paso, habría sido difícil porque el señor Vega me estaba presionando para mandarle más y más queso.

Mientras tanto, Webster y yo continuamos trabajando con los amish tratando de que mejoraran la calidad de la leche. Nos las arreglamos para instituir una rutina en la fábrica de lavar las tinas regularmente para mantener la leche lo más sanitaria posible, pero todavía dudaba en tratar de hacer los diferentes quesos que el señor Vega comenzaba a pedir, como Queso Fresco.

Al producir el queso Cotija, raspé la corteza exterior de cada rueda para que se pareciera más al queso hecho en México, pensando que ayudaría a las ventas. Un día, decidí recolectar en bolsas de plástico el polvo del queso rasurado, se parecía mucho al parmesano, pensando que estas virutas de queso podrían ser perfectas para clientes que querían el Cotija en polvo para espolvorear en alimentos como el maíz asado en la mazorca. "¿Qué opinas?" le pregunté al señor Vega en mi próximo viaje a la hacienda, sosteniendo una de las bolsas. "¿Crees que puedas vender queso de Cotija en polvo como este?"

"Oh sí. Nadie más vende ese producto, Miguelito", dijo, frotándose las manos con entusiasmo. "Será mejor que me traigas un semi cargado de estas cosas. ¡Es como oro!"

Fue como comencé a llevarle al señor Vega no solo las ruedas de 60 libras de Cotija, sino también Cotija en polvo, en bolsas de 1 o 5 libras.

Fui afortunado de estar entre los primeros productores de queso introduciendo quesos de estilo hispano. El mercado estadounidense estaba lleno de queseros que vendían productos comunes como Cheddar y Monterrey Jack. Eso significaba que había estrictas reglas de la FDA que tenían que seguir para aprobar inspecciones, y no podían cobrar más por sus quesos que sus competidores. Nadie prestó atención a los quesos mexicanos en ese momento; todavía no había reglas para la consistencia o las fórmulas para la humedad, la grasa o cualquier otra cosa. Los quesos mexicanos tampoco estaban sujetos a la competencia del mercado, porque todavía no había suficientes personas que los hicieran. Mis ruedas de Cotija y mi Cotija en polvo se vendían tan rápidamente que Webster y yo decidimos registrar nuestra empresa.

No teníamos el volumen de mercancía o infraestructura para hacer nuestra propia distribución, pero esperábamos vender nuestro queso a otras marcas que la tenía. Con eso en mente, decidimos un nombre para nuestra empresa que era lo suficientemente general como para cubrir todo lo que quisiéramos hacer en el futuro: Productos de Queso Mexicanos. Martina, quien procesando nuestras facturas y pagos, nos ayudó a crear un logo para nuestras etiquetas con un diseñador gráfico. En Ohio, ya estábamos oficialmente en los negocios.

■ ■ ■

Dentro de un año, Martina y yo teníamos suficiente dinero para dejar nuestro tráiler y alquilar una bonita casa construida por los amish. No era especialmente grande o elegante, pero la casa estaba bien diseñada y construida a mano con madera; incluso los armarios olían a virutas limpias de madera. Una noche, invitamos a Webster y su esposa, Annette, a cenar en nuestra casa junto con otros amigos. Mientras les dábamos la gira, mostrándoles las diversas habitaciones y el generoso patio, Annette se molestaba cada vez más y comenzó a emprender peleas con nosotros, especialmente con Martina. Annette siempre había dejado en claro que pensaba que estábamos por debajo de ella.

Nunca había confiado en Annette, pero la respetaba porque estaba casada con mi mejor amigo. Después de esa noche, me propuse ver a Webster solo. Estaba demasiado ocupado para tenerle paciencia a la actitud de Annette hacia nosotros, lo cual era un recordatorio doloroso de cómo había sido tratado por demasiadas personas por mi falta de dinero y educación, incluyendo la madre de Martina.

Estábamos felices en esa casa, y finalmente estaba comenzando a sentirme asentado. Mi arduo trabajo estaba empezando a dar sus frutos. Sí, estábamos un poco lejos de la ciudad, y no había muchos inmigrantes latinos en esa parte de Ohio, pero mi esposa e hijos estaban a salvo y cómodos. Eso era todo para mí, y estaba agradecido.

En cierto modo, también estaba agradecido con mi padre, por mostrarme los efectos desastrosos que el alcohol podría tener en una familia. Me dolió ver a algunos de mis propios trabajadores seguir ese mismo camino. Uno de nuestros queseros, Joey, era un trabajador maravilloso y un gran tipo, pero rara vez conducía su auto sin un paquete de seis cervezas a su lado. Un día se puso al volante después de haber estado bebiendo y desapareció en una fuerte tormenta de nieve.

Cuando pasaron dos días sin que él apareciera para su turno, llamamos a sus padres y a la policía para averiguar si había tenido un accidente o si había enfermado. Nadie sabía dónde estaba. No fue sino hasta seis meses después, cuando la nieve finalmente se derritió, que la policía encontró el auto de Joey en un estanque local, donde se había hundido, nariz hacia abajo, a través del hielo.

■ ■ ■

Un día, estaba entregando queso al señor Vega en la hacienda cuando me encontré con José Ortiz. Era un tipo alto y flaco con cabello rizado y un enorme bigote. Trabajó como chofer para la hacienda, entregando productos a tiendas en Nueva York y Nueva Jersey.

"¿Es difícil entrar en el mercado de la costa este?" le pregunté.

José se rio. "No, hombre, hay como un millón de mexicanos que viven en esa área. Ven conmigo la próxima vez, y te mostraré a dónde ir."

José entregaba hasta cinco camiones semi con productos mexicanos de todas clases en la costa este por semana. Me presentó a algunos de sus clientes mientras recorríamos un laberinto vertiginoso de carreteras y vecindarios de la ciudad plagada de personas y tráfico.

Mi objetivo era hacer yo mismo las entregas de queso a algunos de estos clientes para cortar la persona intermediaria. Llevar el trailer a Nueva York por mi cuenta fue una experiencia aterradora. En aquel entonces, no había tal cosa como poder navegar con GPS en tu teléfono celular, así que tenía que depender de hablar con otros conductores de camiones en la radio CB para obtener instrucciones. Despacio después de muchas vueltas equivocadas, me conduce a Queens y el Bronx, al igual que a algunas ciudades chicas de Nueva Jersey con porcentajes altos de inmigrantes latinos. Siempre busqué a la persona que controlaba la mayor parte de un mercado en particular; por ejemplo, vendí queso a través de distribuidores como New York Produce y La Abarrotera. Aun así, la manejada me afectó demasiado, y finalmente me di por vencido y contraté a José para entregar nuestro queso también.

La costa este nos proporcionó un mercado aparentemente infinito. El ritmo de mi vida continuó aumentando. Era como empujar una roca cuesta arriba y sentir la cresta y comenzar a rodar por el otro lado. No quería fallar nunca a mi familia, mi empresa o mis clientes, así que corrí junto a esa roca, manteniéndome lo mejor que pude.

Por supuesto, mirando hacia atrás ahora, desearía una vez más haberme detenido para respirar, jugar con mis hijos y disfrutar del éxito que tuve, en lugar de continuar corriendo hasta sentía que mi corazón podría ceder. Esa es la esencia de emprendimiento de todo o nada que cada propietario de negocios tiene que aprender a equilibrar. Me llevaría muchos años más antes de encontrar ese equilibrio en mi vida. Irónicamente, tendría que perder todo antes de darme cuenta de cuánto tenía que atesorar en mi propia vida.

Mientras tanto, me estaba presionando para ser un poco mejor cada día. Cuando menos un 1% mejor que ayer sería dar un paso más hacia adelante.

Parte III

VIVIENDO EL SUEÑO AMERICANO

Capítulo 7

Expulsión y reinvención

Nuestras lecciones más importantes pueden provenir de maestros inesperados

Admiré mucho a la comunidad amish, particularmente su dedicación a un estilo de vida simple y sin lujos y su dedicación para ayudarse mutuamente. Por ejemplo, si alguien se enfermaba, toda la comunidad intervenía para asumir las responsabilidades de esa persona y atender sus necesidades de salud. Y cuando uno de los graneros se quemó, los amish se unieron para construir un nuevo granero para ese granjero en cuestión de días. Por otro lado, estaban estancados en su modo de ser y decididos a no cambiar. Nuestro mayor problema resultó ser el suministro de leche. Webster y yo ya teníamos problemas para hacer suficiente queso para cumplir con los pedidos del señor Vega, y ahora teníamos un mercado aún más grande para suministrar en la costa este. Calculé que fácilmente podríamos usar al menos 300,000 libras de leche al día, el doble de la cantidad que recibíamos actualmente de nuestros socios amish.

Un día, fui con ellos con una propuesta: ¿Qué tal si aumentaran su producción de leche?

"Puedo comprar toda la cantidad de leche que puedan producir", le expliqué, "Sería mejor para todos."

Aparentemente, esta idea no estaba de acuerdo con su estilo de vida, porque nuestros socios amish casi de inmediato le dijeron a Webster que necesitaba deshacerse de mí. "No tenemos intención de expandirnos", le dijeron. "Necesitamos mantener las cosas como están. O se va Miguel, o cerramos la operación.

"Si Miguel se va, me voy yo", respondió Webster, decidido a descubrir su bufonada.

Pero la broma estaba en nosotros. "Bien", dijeron. "Tienes un mes para salir de nuestra fábrica. Encontraremos otro quesero."

Y simplemente así, Webster y yo fuimos esencialmente incluidos en la lista negra de los amish por ser demasiado ambiciosos. Yo estaba en shock. Literalmente me quedaría fuera del negocio sin un Plan B. ¿Y ahora qué?

■■■

Después de que nuestros socios amish nos dieran la fecha firme para salir de la fábrica dentro de un mes, me despertaba casi todas las mañanas, preso del pánico. ¿Cómo íbamos a vivir? Apenas podía mirar a Martina a los ojos porque no quería que supiera lo preocupado que estaba para mantener a nuestra familia. Sentí como si las paredes de nuestra casa se estuvieran cerrando sobre mí.

Así que recurrí a la única habilidad que tenía para salvarnos: hacer queso. Cambié la fábrica para hacer queso Cincho y lo almacené para tener algo que vender cuando ya no pudiéramos usar la fábrica amish. Cincho está elaborado con leche de vaca semidesnatada, cuajo y sal, y tiene una textura granulosa y firme. Debe dejarse añejarse para madurar, generalmente durante al menos cuatro meses, por lo que era el queso perfecto para hacer y mantener en un almacén refrigerado como una inversión que podríamos aprovechar en el futuro.

Webster y yo trabajamos día y noche para producir un inventario de 80,000 libras de queso Cincho. Mientras tanto, comenzamos a buscar en el área, algo desesperadamente, dado nuestro apretado límite de fecha, en busca de una nueva oportunidad.

En un par de semanas, Webster había trabajado con sus contactos para encontrarnos una antigua fábrica en Darlington, Wisconsin, que pudiéramos comprar por $60,000. La fábrica había pertenecido a una empresa que solía hacer Parmesano y Queso Suizo para Kraft antes de que cerrara. Luego fuimos a Darlington Dairy Supply para exponer nuestro caso: si nos prestaran el equipo y lo instalaran en nuestro nuevo edificio a crédito, les pagaríamos a plazos una vez que estuviéramos en funcionamiento.

"Te devolveremos el dinero aún más rápido si las cosas van bien", dije. "Con intereses, por supuesto."

Habíamos estado tratando con los propietarios de esta empresa durante años, comenzando cuando estábamos en Klondike y vendiéndoles equipos que ya no eran viables para usar en los Estados Unidos, por lo que considerábamos a estas personas como amigos y colegas de negocios. Para nuestro alivio, aceptaron. Siempre habíamos sido honestos con ellos, y ahora esa honestidad los llevó a creer en mí y en nuestro negocio, así que estaban dispuestos a adelantarnos el crédito que necesitábamos para comenzar nuestro negocio.

Luego, tuvimos que lidiar con el problema de los proveedores de leche. Esto significaba ir a un banco y solicitar un préstamo, lo primero que necesitábamos. Afortunadamente, también tenía el queso Cincho que había hecho y almacenado, que ahora vendí a un tipo que tenía un pequeño almacén en su garage. Eso nos dio suficiente dinero en efectivo para ayudar a mantener estable nuestro suministro de leche. Estábamos oficialmente en el negocio de nuevo.

■ ■ ■

Mi madre rara vez venía al norte a vernos, pero cuando dijo que quería ayudarnos a mudarnos de Ohio a Wisconsin, con gusto le compré un boleto. En cierto punto mientras acarreaba algunas de nuestras cajas a nuestro nuevo hogar pasamos por un letrero de la carretera de la Universidad de Notre Dame en Indiana.

"¡Ahí es donde fue mi padre!" dijo emocionada. "Tu abuelo obtuvo su título de ingeniero allí."

La miré. "¿En realidad? Yo no sabía eso."

"Sí. Habló de lo feliz que estaba. Él había ido a la escuela secundaria en California y luego estudió allí antes de regresar a México para administrar el rancho y comenzar su fábrica."

Pensé en esto mientras continuábamos hacia Wisconsin. "Deberíamos ir a ver Notre Dame en algún momento", dije impulsivamente.

"¿En realidad?" Mi madre se sobresaltó; era raro que alguien se ofreciera a hacer cosas por ella.

"Sí, por supuesto. Es una parte importante de nuestra historia familiar. Vamos."

Tuvimos una gran visita. Estaba orgulloso de mostrarle a mi madre nuestro nuevo hogar en Monroe y la fábrica en Darlington y que entendiera que me estaba consolidando financieramente. Lo único que lamenté fue que mi padre no estuvo aquí para ver lo que había logrado. Nunca había creído que yo fuera capaz de hacer algo.

No pude evitar pensar en el momento en que lo ayudé a vender agua embotellada y en las discusiones que tuvimos. Una de las más grandes fue por la insistencia de mi padre de que él mismo debería entregar el agua a los clientes. Aunque yo era solo un niño; hasta yo podía ver que habría tenido mucho más sentido estratégico y financiero para él contratar a alguien con un salario bajo para entregar el agua, mientras él salía y hacía llamadas a los clientes para impulsar el negocio.

"Necesitas contratar gente para ser más eficiente", le dije.

"Tú no sabes nada, pinche chaval", era la respuesta de mi padre cada vez que intentaba darle un consejo.

Era un soñador, un hombre estúpido que nunca pudo descifrar la secuencia de pasos para crear un negocio exitoso. Gracias porque yo no era nada como él.

A la semana siguiente, llevé a mi madre y a Martina a un viaje por carretera a la Universidad de Notre Dame. Condujimos a través del campus bordeado de árboles y nos estacionamos cerca del edificio administrativo principal, un edificio de piedra de aspecto gótico coronado con una cúpula dorada y una estatua.

"No puedo creer que mi abuelo haya tenido la suerte de estudiar y vivir aquí", dije. "Es hermoso."

Mi madre estaba tranquila a mi lado, pero cuando la miré, pude ver que sus ojos brillaban con lágrimas. "Todavía lo extraño", dijo en voz baja.

Dentro del edificio, una recepcionista nos recibió calurosamente. Cuando preguntó el motivo de nuestra visita, mi madre habló y yo traduje.

"Le gustaría saber si tienes algún registro de que mi abuelo estuvo aquí", dije.

"Déjame ver qué podemos hacer", dijo la recepcionista.

Minutos más tarde, otra mujer se unió a nosotros desde la oficina de alumnos graduados. Nos hizo preguntas sobre el campo de estudio de mi abuelo y en qué años estuvo aquí, luego se fue y comenzó a buscar en los registros. En cuestión de minutos, obtuvimos una transcripción que mostraba el trabajo de curso y las calificaciones de mi abuelo.

Para entonces, yo también estaba a punto de llorar de la emoción. No tanto porque habíamos encontrado pruebas contundentes de que mi abuelo había asistido aquí, sino porque mi pequeña madre, que había luchado tanto y durante tanto tiempo en su vida, lloraba abiertamente al ver el nombre de su padre en estos documentos oficiales. Fue claro para mí en ese momento, como nunca, cuánto había adorado mi madre a su padre y cuán amada él la había hecho sentir. Tuvo una infancia feliz, y me alegré de eso. Ciertamente había tenido poca alegría suficiente en su vida después de eso. Al menos podría darle este momento feliz.

En el camino a casa, pensé en todo esto. Mi madre había sido, y seguía siendo, una mujer hermosa. Había crecido en una familia adinerada, amorosa y bien educada y había renunciado a la idea de ir a la universidad para casarse con mi padre, el apuesto y carismático hijo de un médico militar. En aquel entonces, se esperaba que las mujeres se casaran y se convirtieran en esposas y madres. Este debería haber sido un buen partido para ambos.

En cambio, mi padre era un bárbaro, un hombre que se había transformado con la bebida y derribaba a todos y todo a su paso sin remordimientos. De mi padre heredé algunas cosas buenas (mi carisma, mi estatura), pero también temía al orgullo y la ira que rumeaban dentro de mí, y me preocupaba que pudiera llegar a ser un ser humano inútil como lo era él.

Del lado de la familia de mi madre, se me concedió la creatividad, la capacidad de resolver problemas lógicamente y la resiliencia para aprender de mis fracasos. Tenía que seguir recordándome esto a veces, de que tenía más cosas buenas en mí que malas.

■■■

Mientras vivía entre México y Ohio, la demografía de Darlington, Wisconsin, había comenzado a cambiar. Más inmigrantes hispanos, en su mayoría de México y países de América Central, habían comenzado a establecerse en el medio oeste, atraídos por la promesa de empleos. Muchas de las granjas lecheras estaban desesperadas por recibir ayuda ya que la mayoría de los ciudadanos estadounidenses, incluyendo a sus propios hijos, se negaban a trabajar en las granjas.

La realidad es que la industria lechera en Wisconsin colapsaría sin los trabajadores inmigrantes latinos. Alrededor del 2004, el estado comenzó a aumentar su producción de leche cada año. Ha establecido récords casi todos los años desde entonces, en gran parte debido a las ventas de exportación. Eso significa que no hay suficientes trabajadores nacidos en Estados Unidos para cubrir los puestos. En un momento dado, mientras construía mi fábrica de queso, los agentes de inmigración entraron y detuvieron a todos los inmigrantes ilegales en las granjas lecheras de nuestra área. Como era de esperar, las vacas comenzaron a morir porque no había suficientes personas para ordeñarlas o limpiar los establos. No pasó mucho tiempo antes de que los funcionarios del gobierno tuvieran que dejar que los inmigrantes regresaran a trabajar en las granjas.

Un estudio de investigación realizado por la Federación Nacional de Productores de Leche en 2014, la más reciente disponible, muestra que más de la mitad de los trabajadores en las granjas lecheras son inmigrantes de América Latina. La mayoría son mexicanos. Estos trabajos de nivel de entrada ofrecen más dinero del que los inmigrantes pueden ganar en sus países de origen y, a menudo incluyen viviendas modestas. El trabajo es difícil, incluso agotador y peligroso. A menudo, las granjas lecheras esperan jornadas de 10 horas, incluso siete días a la semana. Sin embargo, como yo, estos inmigrantes están dispuestos a trabajar duro porque ven sus trabajos en las granjas de Wisconsin como una escalera hacia un futuro mejor.

Webster y yo solo necesitábamos unos 35 empleados para operar la fábrica al principio, pero todavía teníamos dificultades para cubrir esos puestos. Estábamos lo suficientemente desesperados como para volver a contratar a Jeff, el hombre que había intentado apuñalarme mientras dormía años atrás. Entonces José Ortiz, que todavía me repartía queso, me presentó a unos amigos suyos del área de Chicago, otros inmigrantes mexicanos que buscaban trabajo.

Estos hombres trajeron a otros para trabajar con nosotros, en su mayoría de México, El Salvador y Honduras. Los empleados en prospecto me mostraron sus papeles y los contraté sin hacer demasiadas preguntas. Necesitaba empleados, al igual que todas las granjas lecheras y otras fábricas a mi alrededor. Además, entendía sus luchas en casa y sabía que podía confiar en que trabajarían duro para mí para que pudieran enviar dinero a sus familias.

■■■

Ahora que no había límite en la cantidad de leche que podía usar en la fábrica, Webster y yo aumentamos aún más nuestra producción de queso. A medida que aumentaba el número de camiones que entraban y salían de la fábrica, uno de nuestros vecinos, el dueño de la casa contigua a nuestra fábrica comenzó a quejarse del ruido y la actividad. Una noche, salió corriendo con una motosierra, tan borracho que arrastraba las palabras y se balanceaba de un lado a otro. Los trabajadores estaban lo suficientemente alarmados como para llamarme.

Cuando llegué, el vecino gritaba: "¡Te voy a cortar todos los pinches postes eléctricos!" acelerando la motosierra.

"Por favor, no hagas eso", le dije. "No quiero tener que llamar a la policía."

"¡No me importa lo que hagan, pinches mexicanos! ¡Cortaré tu electricidad ahora mismo!"

"Adelante", le dije. "Nos encantaría demandarte. Pero tengo una idea mejor. ¿Por qué no nos vendes tu casa? Estaremos encantados de comprársela. De esa manera, puedes irte a vivir a un lugar más tranquilo. ¿Cuánto quieres por ella?"

El hombre se sorprendió lo suficiente como para apagar su motosierra. "¿Qué chingados dijiste?"

"Dije que podíamos comprar tu casa para que pudieras mudarte a un lugar más tranquilo. ¿Cuánto quieres por ella? ¿Cuarenta mil?"

"¡Chingado, vale más que eso!"

Él estaba en lo correcto. Valía el doble, aunque solo fuera para sacar a este tipo de mi cabeza, así que le pagué $80,000 al día siguiente. Esto resultó ser una idea brillante. Ahora teníamos un lugar para albergar a nuestros trabajadores mexicanos para que pudieran ahorrar dinero en el alquiler y caminar al trabajo. Construimos una cancha de baloncesto fuera de la fábrica y también un parque, para que los empleados tuvieran un lugar donde pasar su tiempo libre. Les prometimos que no tendrían que pagar ningún alquiler mientras trabajaran en la línea de producción y completaran sus turnos.

Después de haberme enfrentado a ese tipo y discutir con él para que me vendiera su casa, los trabajadores comenzaron a llamarme "El Gallo". No tuvieron que explicarme ese apodo; mientras crecía, había estado en muchas peleas de gallos, donde los gallos a menudo se enfrentaban entre sí para pelear por dinero, a menudo con pequeñas espuelas de metal letales adheridas a sus piernas. Los gallos nunca se daban por vencidos por muy dominados que estuvieran. Siempre luchaban hasta la muerte.

■ ■ ■

Por ahora, Mexican Cheese Producers estaba abasteciendo los estantes de las tiendas en todo Chicago, Nueva York y Nueva Jersey. El único problema era que, debido a que muchos de nuestros clientes eran inmigrantes, tendían a desconfiar de los bancos. Mantenía su dinero escondido en casa y nos pagaban en efectivo.

Un día, me presenté en el banco de Darlington, Wisconsin, con unos $180,000 en efectivo para depositar, y el gerente salió a saludarme. "Señor Leal", dijo, estrechándome la mano, "por favor, puede pasar un momento a mi oficina."

Lo seguí adentro con mis gruesos sobres de billetes y me senté frente a su escritorio. Se paró detrás y sacudió la cabeza. "Mire, nos encanta tener su negocio, realmente nos encanta", dijo, "pero tengo que pedirle que deje de hacer estos enormes depósitos en efectivo."

"¿Por qué?" No veo el problema.

"Es solo una cuestión de contabilidad", me aseguró. "Necesitamos que les diga a tus clientes que hagan cheques a partir de ahora."

Dudé, pero fui a casa a explicarle las cosas a Martina. Para mi sorpresa, ella asintió con el gerente del banco y me dijo: "Mira, Miguel, la verdad es que sería terrible si estuvieras en el camión y te robaran, ¿no? ¿Cómo probarías que tienes tanto dinero en efectivo si alguien te lo robara? O si la policía te detuviera, probablemente pensarían que estabas haciendo algo ilegal si vieran todo ese dinero en el camión contigo."

"Pero ¿qué hacemos?" le pregunté. "Muchos de nuestros clientes ni siquiera tienen chequeras." La verdad que viniendo de México y del tipo de familia como yo, entendí esto. Tampoco me sentía del todo cómodo con los bancos y las agencias gubernamentales. Había demasiada corrupción en México para que las personas mediocres confiaran en alguien.

"Les enseñaré qué hacer", declaró Martina, y lo hizo, nuestros clientes nos entregaron los cheques y Martina los llenaba.

Es bueno que también ella lo haya hecho, porque nuestro negocio siguió creciendo vertiginosamente a medida que nos expandíamos, vendiendo nuestros quesos en más estados. El primer año que Mexican Cheese Producers estuvo en el negocio, pasamos de procesar 200,000 libras de leche a 600,000 libras. El potencial para ir aún más grande definitivamente estaba allí si pudiéramos expandir nuestro alcance.

Estábamos exactamente en el lugar correcto en el momento correcto. Nueva York había sido el estado con mayor producción de queso a principios del siglo XX, pero Wisconsin tomó ese título en 1910, con una fábrica de queso por cada 2.8 millas cuadradas en Green County, Wisconsin. A mediados del siglo XX, había siete regiones distintas de producción de queso en Wisconsin, gracias a la continua afluencia de personas que emigraban a los Estados Unidos. Ellos representaron a casi todos los países de Europa; muchos eligieron Wisconsin debido a su reputación en la fabricación de queso y llegaron con el deseo de continuar con la tradición de hacer quesos populares del viejo país.

Cuando comencé a hacer queso, la mejora de la crianza y la nutrición del ganado en Wisconsin había dado como resultado grandes aumentos en la calidad y cantidad del suministro de leche: aproximadamente 11,000 granjas lecheras con 1.27 millones de vacas producían un promedio de 21,436 libras de leche al año. Los queseros de Wisconsin usaban el 90% de este suministro de leche para producir más de 2,800 billones de libras de queso en 126 plantas y tenían más queseros expertos que cualquier otro estado.

■ ■ ■

En tres años, habíamos alcanzado la capacidad máxima de producción en la fábrica de Darlington, convirtiendo más de 400,000 libras de leche al día en queso. Naturalmente, este nivel de producción requería mucha limpieza para garantizar que el queso permaneciera libre de contaminación, y empezábamos a tener problemas con las líneas de alcantarillado que se rezagaba debido al agua y los residuos de queso que corrían por las tuberías. Los funcionarios de la ciudad nos presionaron para que nos mudáramos más lejos de la ciudad.

"¿Qué te parece, Miguel?" preguntó Webster. "¿Podemos manejar otro movimiento?"

"Si nos movemos, podemos seguir expandiéndonos", dije.

"¿Es eso lo que quieres hacer?"

Por primera vez, fui yo quien dudó. Ya trabajaba 12 horas al día, a menudo los siete días de la semana. ¿Cuánto más podría hacer? Martina nunca se quejó de lo duro que trabajaba, pero yo estaba perdiendo mucho tiempo valioso con los niños, que parecían ser más altos y mayores cada vez que entraba por la puerta principal.

Por otro lado, Webster y yo definitivamente estábamos encarrilados. Yo había comenzado a diseñar una nueva moledora para el queso Cotija, una que automatizaría aún más la producción y la haría más rápida y segura. Esta era nuestra oportunidad no solo de expandir nuestra operación, sino también de construir una nueva fábrica desde abajo y diseñarla para que fuera más eficiente que la que habíamos comprado y rehabilitado.

Así fue como nos aventamos. Webster y yo buscamos una propiedad cercana para poder mantener nuestra excelente relación de trabajo con la gente de Darlington Dairy Supply y los granjeros del área, quienes pertenecían a diferentes cooperativas lecheras que nos entregaban leche. Finalmente, nos instalamos en un terreno, donde construimos una fábrica 10 veces más grande que la que habíamos estado ocupando. Esto era más grande de lo que necesitábamos en ese momento, pero esperábamos llegar a hacer. Me sentí seguro de que conocía el mercado y el gusto de la comunidad inmigrante.

Comenzar desde abajo me permitió diseñar la planta de producción e instalar equipos que aumentarían nuestra automatización, eficiencia y prácticas sanitarias, asegurando así que pudiéramos producir más queso sin tener que contratar a muchos más trabajadores. En nuestra nueva fábrica, podríamos procesar un millón de libras de leche al día. Esperaba que esa fuera nuestra capacidad total y anticipé que tomaría mucho tiempo alcanzarla.

Me equivoqué.

■ ■ ■

Una vez que tuvimos la fábrica nueva en funcionamiento, decidí que era hora de comenzar a expandirme en un territorio nuevo. Tenía sentido producir queso fresco —Queso Fresco— y luego Panela, ya que tenía estas recetas casi perfeccionadas al trabajar con Juan en California. Aun así, tendría que modificarlas para adaptarlas al sabor ligeramente diferente y la calidad superior de la leche de Wisconsin en comparación con la leche que habíamos estado usando en California. También quería estar doblemente seguro de que estábamos poniendo queso en el mercado que estaría libre de bacterias potencialmente dañinas.

Experimenté con las recetas una y otra vez para perfeccionarlas, haciendo pequeños lotes a la vez y probando el producto. Afortunadamente, mi amigo Héctor, el ingeniero químico que conocí por primera vez en México, quien me ayudó a desarrollar el método de congelación instantánea de queso en un túnel de acero con dióxido de carbono cuando yo estaba en la fábrica de don Poncho, ahora estaba trabajando en un laboratorio en Madison, Wisconsin. Fui allí y le pedí a la gente del laboratorio que me ayudara a probar mi receta de queso fresco mientras seguía ajustándola. La receta que hice aquí tenía que crearse no solo para la leche de grado A de Wisconsin, sino también para las diferentes estaciones de invierno y verano, porque las vacas producen leche con más contenido de grasa en invierno que cuando pastan al aire libre en verano.

Eventualmente atiné con las recetas perfectas tanto para el Queso Fresco como para el Panela. Cuidaba meticulosamente de mantener el queso libre de bacterias; recordaba demasiado bien la tragedia de aquellas 65 personas que habían muerto por comer queso fresco contaminado elaborado en Jalisco. Cada vez que recibimos devoluciones de las tiendas debido a queso en mal estado, llevaba los productos devueltos al laboratorio de Héctor para analizarlos y poder entender cómo y por qué las bacterias coliformes los habían adulterado. Las bacterias coliformes se encuentran naturalmente en el agua superficial, el suelo y en los intestinos de los mamíferos; afortunadamente, la mayor parte no es dañina. (La gran excepción es la E. coli, que proviene de los desechos fecales y puede ser fatal para los humanos.)

No tomó mucho tiempo determinar que, siempre que capacitáramos a los trabajadores para limpiar el equipo a fondo cada cuatro horas, eso eliminaba cualquier contaminación. También congelé el queso en un túnel de dióxido de carbono inmediatamente después de la producción.

En unos pocos meses, pudimos entregar nuestros primeros lotes de Panela y Queso Fresco al señor Vega. Las ventas se dispararon de inmediato. Los productos volaron de nuestros estantes más rápido de lo que podíamos producirlos, ya que las grandes tiendas y los restaurantes que atendían a clientes de América Latina, como Sam's Club, Walmart, Taco Bell, y otros, comenzaron a comprar nuestros quesos. Necesitaba encontrar una manera de producir Queso Fresco más rápido, reflexioné sobre este problema hasta que encontré una solución novedosa.

En México, el queso fresco se vende en forma redonda; se hace en aros de acero inoxidable para darles la forma redonda que viene de una pasta espesa. Luego, los quesos se colocan en un enfriador y se empacan. La mayoría de las fábricas mexicanas hacen que sus trabajadores hagan esto a mano; puede llevar mucho tiempo, pero la mano de obra es barata en México.

La mano de obra era costosa en los Estados Unidos, por lo que necesitaba encontrar algún tipo de solución tecnológica. Empecé a recorrer otras fábricas para ver sus equipos, y cuando visité la fábrica de McCormick Metas en las afueras de Chicago, di con la solución perfecta: tenían una máquina que podía hacer hamburguesas de diferentes tamaños. ¿Por qué no podría hacer eso con queso fresco?

Compré una de esas máquinas de hamburguesas y comencé a probarla. Era una cabeza redonda con cinco pistones, y la cabeza más profunda, cuando estaba llena de queso, podía producir queso redondos de hasta 15 onzas de forma perfecta mucho más rápido que las manos humanas.

Solo había un problema: la posible contaminación. Webster y yo nos mantuvimos enfocados en producir queso de la más alta calidad y siempre pusimos la seguridad en primer lugar. Contratamos a la hermana mayor de Martina, María Luisa, para que se uniera a nosotros como jefa de control de calidad cuando comenzamos a hacer queso fresco. María Luisa era una química que se especializó en ciencias de los alimentos y anteriormente trabajaba para una empresa de procesamiento de alimentos en México. Debido a su experiencia y al tamaño de nuestra empresa, fue fácil para nosotros conseguirle una visa de trabajo y traerla al norte.

Disfruté tener a María Luisa cerca, aunque no puedo decir que los empleados aceptaran su presencia. María Luisa era tan sensata como Martina cuando se trataba de trabajar, e hizo todo según las reglas. Dirigió nuestro laboratorio e hizo notar su presencia en la planta, verificando que los empleados mantuvieran las cosas escrupulosamente limpias y analizando cada tanque de queso fresco para detectar salmonella, listeria y coliformes. Esta era una parte esencial de la elaboración del queso. El mayor obstáculo potencial para nuestro éxito sería producir un lote de queso contaminado que enfermará a la gente; si eso sucediera, mi reputación y el negocio se irían al infierno. No quería arriesgar nada que pudiera poner en peligro la seguridad del público o el futuro de nuestra empresa.

Ahora que vendíamos más queso fresco, también recibíamos más llamadas de clientes que querían devolver el queso porque estaba contaminado con bacterias. Lo que sucede con el queso contaminado que ha sido envasado al vacío, como el nuestro, es que el queso comienza a producir gas a medida que se calienta, por lo que el plástico que lo rodea comienza a inflarse. Llevamos cada lote de queso defectuoso al laboratorio de la Universidad de Wisconsin para analizarlo; afortunadamente para nosotros, la contaminación fue causada por bacterias coliformes que no eran dañinas para los humanos, pero aun así estaba cauteloso y decidido a encontrar una manera de mantener limpio nuestro queso.

La solución resultó ser simple: tuvimos que capacitar a los trabajadores para que lavaran y enjuagaran a fondo la máquina de hamburguesas cada cuatro horas. Y, en poco tiempo, encontramos equipos aún más eficientes para reemplazar la máquina de hamburguesas que habíamos readaptado originalmente. La nueva máquina era una que había visto en una feria comercial y estaba diseñada para hacer hamburguesas apretando la carne a través de un tubo usando presión y luego cortándola en hamburguesas a velocidad máxima.

Las regulaciones de la FDA me impedirían usar exactamente esta máquina, pero compré una y un equipo de ingenieros de Fitch Engineering la adaptaron para mi fábrica, usando una camisa de dióxido de carbono para que las rebanadas de queso se congelaran a medida que salían. La máquina podía cortar seis o siete rondas de queso fresco en una sola sección, cada una de ellas con el peso exacto que le pusimos, sin tocarlas sin manos. Le sugerí a Jim Faith que también agregáramos un túnel en espiral infundido con dióxido de carbono, como yo había congelado queso en México, para que cuando el queso llegara a la máquina empacadora, estuviera congelado. Se empacaban antes de que los trabajadores los pusieran en cajas para su envío.

Una vez que vendíamos Queso Fresco y Queso Panela además de Cotija, nuestras ventas dieron otro salto adelante. Me complació, pero no me sorprendió en absoluto nuestro ascenso meteórico en el mercado. Yo era el único quesero mexicano que se especializaba en queso estilo hispano; me dirigía deliberadamente a las tiendas donde los mexicanos compraban en los Estados Unidos; y sabía lo que estas comunidades de inmigrantes anhelaban.

Varias de estas empresas se me acercaron con ofertas para que les vendiera mis productos exclusivamente a ellos. Los productos luego continuarían saliendo bajo sus marcas. Esto era tentador, dados los incentivos financieros, pero Webster y yo las rechazamos. Teníamos miedo de poner todos nuestros huevos en una sola canasta y ceder el control de nuestros productos.

■ ■ ■

Como la mayoría de los inmigrantes, estaba preocupado por su familia en casa. Mis hermanos eran todos mayores que yo, pero menos exitosos. A medida que estaba cada vez más ocupado con el aumento de la producción en la fábrica, decidí que necesitaba a alguien más para compartir la carga. Uno de los trabajos que más odiaba era conducir el camión de reparto; si pudiera pasar menos tiempo en la carretera, vería a mis hijos con más frecuencia en la mesa para cenar y podría dedicar algunas horas del día a probar nuevas recetas. Mi hermano José trabajaba como contador en El Paso, Texas. Pedro no tenía rumbo, pero se había casado con una buena familia y estaba trabajando con Carlos. Mi hermano Joaquín era el que más me preocupaba; era un gran bebedor y no tenía ninguna dirección. Decidí llamarlo para ver si estaría dispuesto a venir al norte y hacerse cargo de mi ruta de entrega. Estuvo de acuerdo de inmediato.

Dediqué seis meses a entrenar a Joaquín, llevándolo de viaje conmigo para enseñarle la ruta y presentarlo a nuestros clientes. Fue maravilloso estar con él nuevamente, y me encantó la idea de que Joaquín ahora tendría un propósito en la vida y un sueldo fijo.

Durante nuestros largos viajes, recordamos nuestra infancia mientras navegábamos por las carreteras y dejábamos queso a mis clientes. "Nunca te pierdas una gasolinera en la carretera si tu tanque está medio vacío", le recordé a Joaquín varias veces. "Si no pones diesel en este camión y lo mantienes funcionando, te congelarás los huevos aquí solo en la carretera, especialmente a altas horas de la noche cuando no hay nadie para rescatarte. El clima aquí no se parece en nada al de México."

Finalmente, sentí que el conocía la ruta y los clientes lo suficientemente bien como para hacer las entregas por su cuenta. "Está bien, mi hermano", dije finalmente. "Estás listo para ir solo."

Las cosas parecían ir bien al principio, excepto en una ocasión en la que recibí una llamada telefónica de otro conductor que decía que había pasado visto el camión de Joaquín parado al costado de la carretera. "Dice que se le olvidó poner diesel en el camión", me dijo mi amigo.

Me vestí y conduje con una lata de diesel hasta la ruta 80, donde encontré a Joaquín temblando con su hijo y su esposa en la camioneta. Estaba bajo cero grados. "Jesucristo, hombre, ¿te dije de guardar al menos medio tanque de diesel en el camión?" regañé. "Esto no es México. ¡Podrías morir congelado aquí si no tienes cuidado! Tienes suerte de que mi amigo te haya visto."

Unas semanas más tarde, recibí una furiosa llamada del señor Vega. "Miguel, ¿estás tratando de socavar mi negocio?"

"¿De qué estás hablando?" Agarré el teléfono, aterrorizado por su tono. En todo el tiempo que le había estado vendiendo queso, más de dos años, nunca había visto al señor Vega perder los estribos.

"Uno de mis clientes tiene cajas de tu queso, hombre, y como ese queso no vino de mi almacén, debe haber venido del suyo. ¡Dice que lo compró a dos dólares la libra! ¿Qué chingados está pasando? ¿Te están robando ese queso a ti o a mí?"

Mi estómago se sentía pesado por el temor. Entendí de inmediato lo que debía haber sucedido: el idiota de mi hermano Joaquín estaba yendo a mis espaldas, sacando queso de mi almacén para venderlo a escondidas para poder quedarse con las ganancias.

"No se preocupe, señor Vega", le dije. "Arreglaré esto."

Le di a Joaquín $20,000 y lo envié con sus maletas a México al día siguiente.

Así fue siempre con mis hermanos: siempre elegían el camino de menor esfuerzo en un intento de enriquecerse, incluso si implicaba

La Casa Que El Queso Construyo

engañar a extraños, a ellos mismos o al gobierno. En otra ocasión, mi hermano Pedro vino a Wisconsin llorando porque estaba seguro de que el gobierno mexicano lo iba a meter en la cárcel.

"¿Por qué? ¿Qué has hecho?" Yo pregunté.

Carlos vivía en Atlanta, Georgia, en ese momento. Él y Pedro, que vivía en México, habían iniciado un negocio de importación y exportación. Carlos compraba mezclilla de segunda (tela de mezclilla con pequeños defectos) de fabricantes en el sur de los Estados Unidos y los enviaba al otro lado de la frontera a Pedro, quien vendía la tela a fábricas en México. Este había sido un esfuerzo modestamente exitoso. Ahora el problema era que Pedro había sido codicioso o estúpido, o quizás ambas cosas, y no había pagado ningún impuesto al gobierno mexicano. Lo habían atrapado, y el gobierno estaba en su trasero para pagar lo que debía.

"Me van a meter preso, Miguel", gritó Pedro. "Les mentí y ahora no tengo dinero para pagar los impuestos." Era el más católico de mis hermanos y había traído su biblia de México; deambulaba por nuestra casa, alternando entre el llanto y la lectura de pasajes bíblicos para consolarse. "¿Qué voy a hacer, Miguel? No puedo pagar, te lo digo. Simplemente no tengo el dinero. ¡No puedo pagar!"

"Bueno, no puedes huir del problema, Pedro", le dije. "Tienes que arreglar esto. Vas a tener que pagar los impuestos. Habla con Carlos y dile la verdad."

Solucionaron los problemas fiscales, pero poco después pelearon y abandonaron la empresa. Cuando Carlos regresó a México, estaba totalmente arruinado y vino a mí en busca de ayuda.

"Tengo una gran idea para un nuevo negocio", me dijo.

Escuché con cautela. Carlos dijo que quería comprar el tipo de carpa blanca elegante que se puede usar para bodas y fiestas al aire libre. "Si pones el dinero, Miguel, puedo alquilar la carpa y montarla para eventos", dijo. "Te lo devolveré, lo juro. Todo lo que necesito son $45,000 para comenzar."

No parecía una idea totalmente loca, y Carlos y yo habíamos pasado por tanto más juntos que no podía rechazarlo. Compramos la carpa en México y también algunas alfombras, para que la carpa se viera aún más linda.

Después de que pasaron unos meses sin saber de él, volé a México para ver cómo estaba Carlos y su negocio. Para mi sorpresa, descubrí que Carlos se había divorciado de su esposa y estaba saliendo con otra mujer. Peor aún, ¡él mismo había comenzado a vivir en la carpa! Había vendido todas sus pertenencias y ahora no tenía hogar, vendiendo pan en la calle para ganar suficiente dinero para alimentarse a sí mismo y a su nueva novia.

No podía entender la división entre mis hermanos y yo. Fuimos criados por los mismos padres, en las mismas circunstancias, pero me parecían extraños en muchos aspectos. Cuando mis hermanos fallaban en algo, culpaban a todo menos a ellos mismos y buscaban consuelo en Dios. Cuando yo fallé, traté de aprender de mis errores y seguir adelante. Empujé con más fuerza cuando tenía miedo; a estas alturas, había aprendido a confiar en mí mismo para analizar mis errores y hacer las cosas mejor. Si no estaba asustado, pensé que probablemente no estaba aprendiendo nada nuevo. Puede que no fuera mi destino convertirme en quesero, pero dado que en eso me había convertido, ahora estaba decidido a trabajar duro y hacerlo con el mayor éxito posible.

Sentirme tan diferente a mis hermanos me trajo esa melancólica sensación de haber sido arrojado a la deriva. Gracias a Dios tenía a Martina, que me conocía y amaba desde que éramos niños, de lo contrario me hubiera sentido completamente solo.

■■■

Para cuando Cristóbal tenía seis años y Tuti tres años, todos éramos ciudadanos legales de los Estados Unidos, y finalmente me sentí lo suficientemente seguro financieramente para comprar un chalet bonito de estilo suizo en Monroe para que Cristóbal pudiera comenzar la escuela allí. Era una casa de dos pisos en el centro de la ciudad al otro lado de la calle de una iglesia. Las calles eran anchas y arboladas y, lo más importante, seguras. Comenzamos a comprar muebles por primera vez en nuestras vidas y conocimos a nuestros vecinos, quienes parecían amistosos, aunque trabajé demasiadas horas como para llegar a conocerlos realmente de cerca. Y por primera vez compramos un perro, un labrador amarillo llamado Max que le encantó a los niños y a Martina.

Esa Navidad volamos a México por primera vez en cinco años. Nuestra hija, Tuti, era ciudadana estadounidense porque había nacido aquí, pero a Martina y Cristóbal les tomó tanto tiempo obtener la ciudadanía. Viendo a mi esposa e hijos en el avión, me sentí muy agradecido de que fuéramos ciudadanos estadounidenses y de tener éxito en nuestras nuevas vidas, pero también estaba comprometido a mostrarles a mis hijos que ellos también eran mexicanos. Juré asegurarme de que conocieran nuestras costumbres y familia extendida.

Fue un reencuentro alegre. Pasamos la mayor parte de nuestras vacaciones en la finca con los padres de Martina, sus hermanas y sus familias. Mi suegro mató un toro para una gran comida al aire libre, y muchos de los miembros de mi familia también vinieron y pasaron la noche. Celebramos la ocasión con fuegos artificiales y mis hijos escucharon muchas historias familiares de sus abuelos. También recorrimos las pirámides y ruinas cercanas, Cañada de la Virgen, en San Miguel de Allende, un sitio arqueológico otomí que data del año 530 A.C. Me fascinó esta historia, pero por supuesto los niños estaban más entusiasmados con aprender a quebrar piñatas con palos y recoger dulces del suelo.

A pesar de su corta edad, mis hijos estaban muy conscientes de que México no era como Estados Unidos. Miraron con los ojos muy abiertos las chozas en las que vivía mucha gente, los niños descalzos, los perros y gatos flacos y la basura en las calles. En un momento, Cristóbal se tapó la nariz y dijo: "¿Por qué huele tan mal? ¡Me alegro de que no vivamos aquí, papá!"

Traté de explicarles sobre la pobreza y les dije que por eso me había ido, para darles un futuro mejor en los Estados Unidos, pero realmente no pudieron absorberlo. Eran jóvenes, o tal vez es imposible que las personas de cualquier edad entiendan realmente lo que significa ser pobre a menos que hayan luchado por sí mismos. Es por eso que tantos políticos están desconectados de lo que la gente realmente necesita en todo el mundo: educación, un techo sobre sus cabezas, atención médica, alimentos para comer y trabajos que les den esperanza y les otorguen dignidad.

Para un observador casual, mi estado natal de Guanajuato podría parecer tranquilo y próspero. Los turistas estadounidenses y los jubilados acuden allí al artístico San Miguel de Allende, y los principales manufactureros de automóviles como Toyota, General Motors y Mazda han creado puestos de trabajo en la zona. Pero la pobreza es un hecho de la vida de muchos ciudadanos mexicanos y, como resultado, la violencia sigue aumentando.

Cuando era niño, estaba rodeado de violencia, comenzando cerca de casa con mi padre. Los recuerdos aún aparecían cada vez que visitaba México, a pesar de ser padre y hombre de negocios. Por ejemplo, recordé una Navidad de pesadilla en la que intercambié mis juguetes con un niño vecino por su pistola de aire comprimido, y mi padre acusó a Joaquín de robar el arma. Estaba borracho, por supuesto, y comenzó a golpear a Joaquín con tanta fuerza que todos tuvieron que intervenir para apartarlo de mi hermano.

Tampoco fui el único de mis amigos de la infancia que había crecido con violencia. Una vez fui a Chihuahua a cazar venados con mi amigo Rodolfo. Estábamos sentados en el auto, comiendo rábanos como refrigerio mientras su padre iba al banco. Cuando su padre sacó el auto en reversa del estacionamiento del banco, golpeó el auto detrás de él. Como era de esperar, ese conductor, un tipo con una bonita corbata y traje, estaba enojado. Se bajó de su auto y dio la vuelta al lado del conductor, gritándole al papá de Rodolfo, al cual lo metió de la corbata a su auto poniéndole la pistola en la boca.

"No me jodas. ¡Te mataré si sigues gritándome!" El padre de Rodolfo gritó y le rompió los dientes al tipo con su pistola. Luego empujó al tipo al suelo y se fue con nosotros en silencio y con los ojos muy abiertos nos dejó en el asiento trasero. Lo más aterrador fue que el padre de Rodolfo nunca expresó ningún arrepentimiento; su rostro estaba completamente desprovisto de expresión.

La violencia engendra violencia, y en México hubo mucha. Ha seguido escalando. Por ejemplo, en 2017, un jefe de la mafia local en mi estado conocido como "El Marro" supuestamente comenzó a robar más de un millón de dólares en combustible todos los días de los oleoductos de una refinería de petróleo propiedad del gobierno. Ya tenía un cabecilla tratando de controlar todo en Guanajuato. Ese tipo, cuyo apodo era "El Mencho", encabezaba el cártel Jalisco Nueva Generación.

El problema entre El Mencho y El Marro estalló cuando los dos comenzaron a pelear por el lucrativo tráfico de drogas. En julio de 2020, estallaron disparos en un centro de rehabilitación de drogas de un vecindario en mi ciudad natal de Irapuato y 27 hombres murieron. Este fue solo un episodio sangriento más en una ola de violencia que se ha extendido por mi estado natal a medida que esta guerra territorial continúa aumentando. En 2018, mi querido Guanajuato se ganó el título de ser el estado más violento de México.

Incluso antes de esta última ola de violencia, y a pesar de mi tristeza por haber criado a niños culturalmente tan distantes de mi tierra natal, estoy seguro de haber tomado la mejor decisión al emigrar a los Estados Unidos. Nada en México cambiará hasta que se arregle el sistema político roto, hasta que menos dinero vaya a los políticos y a las personas que ya son ricas y se escabullen del pago de impuestos, y más a las manos de las familias en apuros que realmente necesitan más dinero y apoyo. Espero vivir lo suficiente para ver esos cambios en mi México. Más aún, espero poder ser parte del cambio.

Estaba resignado al hecho de que mis hijos probablemente crecerían hablando más inglés que español, especialmente ahora que Cristóbal estaba comenzando la escuela, pero aún quería que estuvieran plenamente conscientes y orgullosos de ser mexicanos. Por lo menos podría sentirme cómodo estando en posición de ayudar a nuestra familia y amigos. Durante este viaje, uno de mis más viejos amigos, Octavio, el chico que me había protegido cuando pensé que mi padre me podía matar, me confesó que estaba a punto de vender la colección de armas de su padre para pagar la cirugía de su hermana, lo que le costaría a la familia $13,000.

Inmediatamente le di el dinero a Octavio. Nunca hubiera podido perdonarme a mí mismo si hubiera vendido todas las reliquias y armas de su familia. Esos no eran solo objetos, sino recuerdos familiares invaluables, el tipo de recuerdos que estaba tratando de construir con Martina y mis hijos.

■ ■ ■

Debido a que estaba tan ocupado con el trabajo, Martina manejaba las responsabilidades diarias del cuidado de los niños cuando Cristóbal y Tuti eran jóvenes. Confié en ella al 100% para criar bien a nuestros hijos. Era una buena madre, y firme, en que hacían sus deberes, comían bien y participaban en las actividades. Nuestros hijos comenzaron a desarrollar sus propias amistades y a competir en deportes escolares. Me hacía feliz volver a casa por las noches a este hogar alegre, a una esposa amorosa e hijos que nunca tendrían que preocuparse de dónde vendría su próxima comida o si pudieran comprar zapatos nuevos para la escuela.

El único inconveniente fue que mis hijos se alejaban cada vez más de mi propio idioma y cultura. Para compensar esta constante evaporación cultural, trajimos a una niñera mexicana, Lara, para ayudar con el cuidado de los niños, y yo siempre hablaba español con ellos en casa. Me complació que Cristóbal y Tuti hablaran español con fluidez, no una mezcla de "spanglish" que usaban muchos de los trabajadores de mi propia fábrica. También viajábamos a México algunas veces al año. Vacacionamos principalmente con la familia de Martina; su padre siempre hacía enormes fogatas y cocinaba afuera para celebrar nuestro regreso a casa. Otras veces nos reuníamos con mis hermanos y sus familias en Cancún y Puerto Vallarta.

También pasé mucho tiempo de calidad con mis hijos en casa, asistiendo a juegos si competían los fines de semana. Martina organizó vacaciones familiares en Florida, Nueva York, Canadá, Belice y otros lugares donde pudimos alejar a Cristóbal y Tuti de sus amigos y mantenerlos cerca. Seguí dedicado a ser el tipo de modelo a seguir que mi padre nunca fue para mí.

Martina y yo hicimos algunos buenos amigos en Monroe, como Dale, un extrovertido vendedor de autos, y su esposa Dawn, cuyos hijos eran amigos de nuestros hijos. Nos presentaron a otras personas de la ciudad y, a menudo, socializábamos y hacíamos fiestas juntos. Muchas veces las personas estaban confundidas acerca de mi origen y asumían que era europeo debido a mi estatura, ojos azules y piel pálida; de todos modos, muchas veces me sentía excluido de las conversaciones porque no entendía sus referencias a programas de televisión o muchos de sus chistes. Eran amistades cómodas, pero nada profundas. Me sentía más cómodo manteniendo conversaciones serias sobre negocios e inversiones.

Para aliviar mi estrés, necesitaba un subidón de adrenalina que me ayudara a relajarme. En un viaje a México con mi familia extendida, cuando Cristóbal tenía unos siete años y Tuti cuatro, había ido en el papalote tipo ala delta con mi primo Alejandro.

Instantáneamente me volví adicto a la emoción de ser remolcado en el aire detrás de un avión mientras estaba atado a un planeador, y luego liberado para volar en silencio en las corrientes termales entre las aves. Tan pronto como regresamos a Wisconsin, encontré un pequeño aeropuerto en Whitewater que ofrecía lecciones de ala delta. Las primeras lecciones fueron en tándem con un instructor mientras aprendía a sentir una corriente térmica y gobernar. Luego subí solo.

Esa primera vez solo, estaba aterrorizado cuando el piloto del pequeño avión que me remolcaba me hizo señas para que me soltara. "¡Suelta, suelta!" hizo señas una y otra vez, mientras chocamos con una corriente termal y luego otra y otra, pero yo estaba demasiado asustado para hacerlo. Debe haber tomado 20 minutos antes de que finalmente me armé de valor para desenganchar mi cuerda de remolque del avión.

Una vez liberado, las corrientes de aire cálido me impulsaron instantáneamente hacia lo alto y me deslicé suavemente sobre la ordenada colcha verde y amarilla de los campos de cultivo durante más de tres horas. Después de eso, volví a Whitewater todos los fines de semana que pude para repetir la experiencia. Nunca había conocido algo como esa sensación de flotar en el aire. En cierto modo, fue similar al buceo, en el sentido de que era tranquilo, las vistas eran surrealistas y tenía la sensación de flotar, pero la descarga de adrenalina hizo que fuera una experiencia aún más transformadora. El ala delta los fines de semana me proporcionó la ruta de escape ideal de la tensión que acumulé durante las interminables horas de mis agotadoras semanas de trabajo.

Un par de años después, Cristóbal, que me había visto volar en ala delta en varias ocasiones, comenzó a rogarme que lo dejara subir, pero no pude hacerlo, imaginándolo, cayendo y paralizado o, peor aún, muerto, hecho un montón de miembros rotos en el suelo.

Podría arriesgar mi propia vida y mis extremidades por placer, pero no la de mi hijo.

"Vamos a intentar algo más, ¿de acuerdo?" Yo dije. "¿Te gustaría aprender a andar en motocicleta?"

Ahora, cuando miro hacia atrás en esta idea mía, me siento tonto. ¿En qué planeta son seguras las motos? Pero todavía era relativamente joven y estaba ansioso por llevar a mi hijo en salidas especiales como mi padre nunca había hecho conmigo, así que compré una moto todoterreno pequeña para Cristóbal y una más grande para mí. Un amigo nuestro había creado una pista de tierra con saltos en su granja, y razoné que, dado que no íbamos a circular por carreteras pavimentadas con automóviles, esta sería una forma relativamente segura de quemar algo de energía y disfrutar de nuestras emociones excitantes.

Fue muy divertido navegar esos saltos en una moto todoterreno ruidosa, pero unos meses después de que comenzara nuestro nuevo pasatiempo, di un salto equivocado y la moto giró. Perdí el control y aterricé debajo. Afortunadamente, salí del accidente sin nada peor que las costillas magulladas, un montón de rasguños, un ego destrozado y un sano respeto por lo peligrosas que pueden ser las motocicletas, incluso en la tierra.

No me importaba el peligro para mí, pero la idea de poner a Cristóbal en peligro casi me paralizó de ansiedad. Teníamos que encontrar un pasatiempo nuevo. Afortunadamente, Cristóbal no tenía la misma adicción a la adrenalina; el accidente también lo asustó y no protestó cuando le sugerí vender las motos.

■ ■ ■

Aunque disfrutábamos vivir en Monroe, Martina y yo estábamos cansados de la ubicación en la ciudad. Queríamos más privacidad, lo que significaba comprar más tierra. Encontramos la propiedad perfecta, de unos 22 acres no muy lejos de Darlington. Uno de mis buenos amigos, Bill, me dio un consejo sabio: "Miguel, mejor deja que Martina construya tu casa. De lo contrario, se agotará discutiendo sobre cosas como los grifos y los colores de los azulejos, y el proyecto tardará una eternidad en terminar."

Así que Martina trabajó con el arquitecto y el constructor, y yo principalmente me mantuve al margen del proceso, dedicando la mayor parte de mis horas de trabajo a la producción y distribución de queso. Cuando estuvo terminado, nuestra casa era un hermoso y extenso rancho situado en el medio de la propiedad, con muchas ventanas para dejar entrar la luz y permitirnos observar los venados, pavos, conejos y otros animales salvajes.

Martina parecía emocionada y feliz, y verla abordar este proyecto y hacer un nuevo hogar para nosotros fue suficiente para hacerme feliz a mí también. Aunque podía sentir que mis hijos se alejaban de sus raíces mexicanas, no estaban interesados en tradiciones como el Día de los Muertos y comenzaban a resistirse a viajar a México, ahora que estaban más interesados en sus propias amistades y actividades en los Estados Unidos. Martina y yo permanecimos unidos. Hablamos sobre todos los aspectos del negocio, nuestra casa y los niños, y la consideraba mi mejor amiga.

Después de que nos mudamos a nuestro nuevo hogar, a los niños les iba bien en la escuela y parecían estar ocupados cada minuto. Tuti era una nadadora competitiva y se había convertido en una decente jugadora de fútbol —siempre fue ágil y una buena atleta— y Cristóbal nadaba y también estaba en el equipo de lucha libre. Ambos eran populares. Cristóbal, en particular, tenía mi personalidad extrovertida y estaba empezando a socializar más ahora que estaba en la escuela secundaria.

Esto es todo, pensé. *Estamos viviendo el sueño americano.*

Estaba convencido de que íbamos a vivir felices para siempre, tal como siempre me había imaginado la vida con Martina. Lamentablemente, no podría haber estado más equivocado.

Sin embargo, todavía estaba aprendiendo lecciones esenciales que serían valiosas tanto para continuar expandiendo mi negocio como para las luchas por venir cuando me amenazaran con una demanda y tiempo en la cárcel. De los amish, había aprendido que apoyar a tu propia comunidad podía mantenerte fuerte, razón por la cual decidí ofrecer vivienda a los inmigrantes que trabajaban en mi fábrica después de negociar para comprar la casa de nuestro vecino rebelde. Y mis socios comerciales en Darlington me habían enseñado que mi honestidad y mi relación laboral de buena fe con ellos podían generar recompensas, como un préstamo cuando lo necesitaba para expandir mi negocio.

Construir puentes en los negocios es una de las formas más seguras de mantener tu red lo suficientemente fuerte y vital para que pueda seguir creciendo. Primero debe probarte a ti mismo y continuar hablando honestamente con las personas sobre lo que puedes y no puedes hacer por ellos, para que crean en tu potencial para entregar lo que prometes. Ya sea que el riesgo sea financiero o de equipo, los socios potenciales solo invertirán en tu negocio después de que hayas construido tu marca personal demostrando constantemente tu ética de trabajo, comprometiéndote a hacer un gran producto y entregándolo de manera oportuna.

Capítulo 8

Pichones de tiro

Encuentra modos para mejorar a través de una educación y habilidades nuevas

Para cuando Cristóbal tenía 12 años, estaba muy consciente de que el tiempo se aceleraba rápidamente. Pronto mi hijo sería un adolescente. Si él fuera como yo, desaparecería y pasaría más tiempo con sus amigos que con nosotros, especialmente si se enamoraba. Necesitaba aprovechar al máximo nuestro tiempo juntos y crear un vínculo padre-hijo haciendo algo que perdurara a través de sus pasiones adolescentes.

"¿Qué tal si aprendes a tirar al blanco?" Le pregunté un día.

Se burló. "Ya sé cómo hacerlo jugando *Call of Duty.*"

"*Créeme,* disparar una pistola de verdad es muy diferente a disparar a los objetos en un videojuego. Te inscribiré para un curso de seguridad. Ya verás."

"¡No necesito un curso de seguridad!" Él protestó.

"Claro que lo debes hacer. Todos necesitamos saber cómo manejar una pistola de manera segura", le dije, y agregando: "así es como conocí a tu madre, tú sabes. Durante una competencia de tiro. Gané dinero y ella estaba impresionada."

Me miró con incredulidad. "¿Fuiste en realidad lo suficientemente bueno como para ganar competencias?"

"¿Bueno? ¡Era un gran tirador!" le dije; cuando era niño, mi abuelo Pepe me había enseñado cómo hacer resorteras con zapatos viejos, y el padre de Octavio patrocinaba mis competencias. "Tal vez tienes la suerte de haber heredado mi habilidad."

"Tal vez puedo ser mejor que tú", dijo Cristóbal.

Le alboroté el cabello. "Tal vez, pero tendrás que trabajar duro para vencer a tu padre."

"Sin competencia", insistió.

Le compré a Cristóbal su primera escopeta de 20 calibres para resolver esa apuesta. Una vez que Cristóbal había completado su curso de seguridad, un quesero que conocía, John, nos invitó a su club de armas en Argyle. "Oye, tú también deberías hacer algunos tiros, hombre", dijo John y me prestó su pistola.

Había pasado mucho tiempo desde que sostuve una pistola en mis manos, pero en todo lo relacionado con los disparos todavía me sentía completamente natural. Estábamos disparando y destrozé 48 objetivos de 50 intentos. Cristóbal definitivamente había heredado mi tino seguro: logró atinarles a 37 palomas de arcilla de 50 durante su primera vez tirando al blanco.

Cristóbal estaba tan emocionado como yo sobre nuestro nuevo deporte. Compramos más armas y equipos para practicar en casa y avanzamos a través de las competencias hasta el nivel de clase magistral. Lo disfrutamos tanto que, a lo largo de los años, comenzamos a viajar a competencias, primero a nivel local, luego a nivel nacional e internacional. A veces competimos individualmente y otras veces como un equipo padre-hijo.

Aprender a disparar, como aprender a hacer la mayoría de las cosas, requiere algo de talento, pero en su mayoría requiere muchas horas de práctica y paciencia. Tuti, por ejemplo, vino con nosotros varias veces, pero tenía la falla fatal de su madre: por alguna razón, ninguna de ellas podía cerrar un ojo y mantener al otro abierto. Cristóbal tenía un apunte decente desde el principio. Lo que le faltaba era paciencia. Por ejemplo, durante una sesión de práctica usando un conejo electrónico que saltó en lugar de correr en línea recta, lo perdió cada vez.

Y cada vez que perdía, mi hijo se destinaba. Finalmente se volvió hacia mí llorando, quejándose: "¿Qué estoy haciendo mal? ¡No puedo conseguirlo, papá!"

Lo llevé lejos de la gente y le di un bocadillo y una charla. "A veces en la vida, si deseas algo mucho, te pone nervioso, y sientes que tus músculos se aprietan", le dije. "Eso te hace perder el tino. Lo que debes hacer es respirar profundamente, relajarte y fingir que te importa una mierda. Porque, en realidad, a la única persona a la que le importa si le pegas el tiro al objeto eres tú."

Esta era una de las lecciones que quería desesperadamente enseñarle a mi hijo: que confiara en sí mismo primero. Claro, puedes pedirle consejo a la gente, pero al final, solo tú puedes tomar las decisiones correctas para tu propia vida en cualquier momento en particular.

Cuando regresamos al campo de tiro, observé con orgullo cómo mi hijo se rearmaba, respirando profundo y comenzaba a disparar. Esta vez golpeó casi todos los conejos.

En otra ocasión, le enseñé a Cristóbal una lección de vida diferente pero igualmente importante. Estábamos en una competencia, y Cristóbal siguió acercándose a mí y pidiéndome consejo, rompiendo mi concentración.

"No sé lo que estoy haciendo mal, papá", dijo. "¡Sigo perdiendo el tiro!"

Estaba tratando de concentrarme porque realmente quería ganar esta competencia, así que era brusco con él. Me di la vuelta y exploté: "¿Sabes qué? Vas a tener que resolverlo tú mismo esta vez."

Él pisoteó con furia, pero esa ira le sirvió bien. A partir de ese día, Cristóbal estaba decidido a ser un tirador aún mejor que yo. Más importante aún, había aprendido que hay momentos en que otras personas no pueden o no quieren enseñarle lo que necesita hacer, y que necesita enseñarse a sí mismo.

El propósito de ingresar a las competencias de tiro para mí no era el dinero, aunque muchas personas se ofrecieron a patrocinarnos, y generalmente se otorgaron premios a los ganadores. No, simplemente estaba compitiendo contra mis mejores récords personales, y el tiroteo me dio una rutina de disciplina y entrenamiento que podría compartir con mi hijo.

Parte de ese entrenamiento significaba llevarlo a viajes de caza donde podía disparar a presas reales en lugar de palomas de arcilla. En Argentina, por ejemplo, estaban teniendo una plaga de palomas. Las aves estaban diezmando los cultivos de los agricultores, a veces comiendose hasta el 25% de la cosecha de grano, y había un llamado abierto para cazadores. Cristóbal y yo volamos a Buenos Aires y luego a Córdoba. A partir de ahí, condujimos más de dos horas a un albergue de caza. Era tremendamente hermoso, y nos deleitamos con el aire de la montaña, pescando en los ríos limpios cuando no estábamos cazando pájaros.

Martina y Tuti a menudo venían para animarnos durante nuestras competencias más grandes. Los cuatro viajamos por todo el país y a Inglaterra, España, Portugal y otros países donde Cristóbal y yo estábamos en torneos. Me apasioné cada vez más por el deporte, lo que me permitió ser libre, en esos momentos en que estaba disparando, de todo lo demás en mi vida. No había necesidad de escuchar a nadie más que a mí mismo para pegarle al objeto. Mi capacidad de reaccionar ante el objeto y dispararle con precisión me llevó a sentirme vivo y vital, especialmente cuando Cristóbal y yo subimos los rangos y representamos a los Estados Unidos, mi amado país adoptivo, en competencias internacionales. Incluso se habló entre los patrocinadores de ingresarnos a los Juegos Olímpicos.

Cristóbal y yo finalmente competimos en la clase elite, el nivel más alto. Obtuvimos tantos trofeos que tuve que agregar una habitación a nuestra casa para acomodarlos. El tiro nos dio no solo una salida física, sino también emocional, porque el deporte nos reunió una y otra vez, y cada vez, tuvimos que dejar a un lado nuestros egos y vidas para poder concentrarnos en el momento. Cuando disparas una pistola, solo puedes pegarle al objetivo si excluyes a todo el resto del mundo.

Estaba extasiado, teniendo estos momentos especiales con mi familia. Nunca supe que era posible ser tan feliz. Sin embargo, había señales de que no todo era como parecía. Mi cuerpo reconoció estos a pesar de que mi mente se negó a reconocer la amenaza.

Durante una competencia mundial de tiro, por ejemplo, nuestra familia viajó a Oxford, Inglaterra. Cristóbal tenía 15 años para entonces y Tuti tenía 12 años. Cristóbal y yo lo hicimos bien, ganando un trofeo como equipo de padre e hijo, luego nuestra familia tomó el tren a Francia para hacer un recorrido turístico. Mientras el tren retumbaba a lo largo de las vías, el resto de mi familia se durmió, pero yo estaba despierto y tenia la sensación de que algo estaba terriblemente mal. Me puse una mano en la cara y descubrí que estaba húmeda; sin saberlo, había comenzado a llorar, reaccionando a este sexto sentido de que me estaba diciendo que había algo muy mal con mi familia.

El presentimiento se disipó una vez que llegamos a París. Recorrimos tantos museos de arte que me dolió el cuello por mirar las pinturas. Martina nos hizo reír a todos, bromeando cuando estábamos cansados, y los niños se llevaban bien. Aun así, algo me decía que las cosas no estaban bien.

■ ■ ■

Después de nuestro viaje a Europa, seguí teniendo una sensación extraña. Martina y yo estábamos haciendo todas las cosas que solíamos hacer, dedicando la mayoría de nuestras horas para trabajar y pasando tiempo con los niños o haciendo un viaje ocasional durante la noche a Chicago, pero algo estaba definitivamente fuera de lugar. No podía identificar exactamente lo que era, pero mi esposa no estaba actuando como ella misma. Había dejado de besarme por las mañanas, por un lado, y había comenzado a usar más maquillaje y vestirse de manera más provocativa.

Mi subconsciente debe haber estado obsesionado con estos cambios porque en un momento me desperté alrededor de las tres de la mañana y me senté en la cama, despierto y temeroso. Sacudí el hombro de Martina hasta que ella se agitó y se sentó también.

"¿Qué es esto?" Preguntó, empujándose el cabello de sus ojos. "¿Qué pasa? ¿Escuchaste algo?"

"¿Me estás engañando?" Le pregunté.

"¿What? ¿Por qué me preguntas esto, Miguel?

"No sé. Es solo esta sensación que tengo que algo está mal."

Ella me puso los ojos en blanco y se dio la vuelta, rellenando las almohadas debajo de su cabeza. "Vuélvete a dormir, por el amor de Dios. Estás paranoico y hablando loco."

Me recosté a su lado, pero no pude cerrar los ojos. En ese momento, mi cuerpo estaba vibrando con tensión, literalmente diciéndome que estaba durmiendo con el enemigo.

A pesar de la inquietud en mi matrimonio, durante este tiempo en mi vida, aprendí a abrazar la nueva disciplina y las habilidades que había adquirido a través de competencias de tiro con mi hijo. El desarrollo de la destreza en mi puntería requirió canalizar mi energía y desarrollar muchas de las habilidades que me hicieron más nítido en el mundo de los negocios donde, al igual que en el disparo, poder alcanzar tu marca requiere práctica, paciencia y la capacidad de concentrarte.

Capítulo 9

Un último queso

Para lograr triunfar, concéntrate en una meta a la vez

Cuando nuestra nueva fábrica estuvo en pleno funcionamiento, Webster y yo teníamos la capacidad de procesar un millón de libras de leche diarios. Pensé que esa sería nuestra capacidad, pero en un año alcanzamos esa marca y estaba claro que podíamos producir más.

"Vamos a necesitar más espacio para darles a nuestros clientes lo que quieren, Miguel", dijo Webster un día, "a menos que quieras cambiar un poco las cosas."

"No quiero ir más despacio", declaré. "Aún no. Ampliemos la fábrica."

Y así lo hicimos. Con la ayuda de un préstamo de $600,000 de mi amigo el Sr. Vega, pudimos agregar otros 10,000 pies cuadrados de espacio. Esto significaba que ahora teníamos el espacio para producir lo que yo veía como el siguiente producto lógico para los clientes a los que servíamos: crema mexicana. Esto no era queso, por supuesto, pero era un producto lácteo que sabía que la comunidad Latina anhelaba. La crema generalmente se vende en botellas comprimibles en todo México, donde proporciona un acento penetrante a tantos platos, de la misma manera que la gente en los Estados Unidos usa la crema agria como condimento.

La principal diferencia entre las dos es el contenido de grasa. La crema tiene un mayor contenido de grasa, alrededor del 30%, mientras que el contenido de grasa de la crema agria es alrededor del 20%. La otra diferencia es que a la crema agria se le agregan espesantes y estabilizadores durante el proceso, mientras que la crema mexicana se hace sin ellos. La crema también es menos ácida y tiene un sabor más dulce y salado que la crema agria. En mi laboratorio, experimenté con recetas hasta que produje un producto similar al líquido espeso y cremoso que se vende en botellas en todo México.

Y, una vez más, nuestro producto fue un éxito instantáneo.

Mexican Cheese Producers (MCP) continuó creciendo, y Webster y yo comenzamos a buscar reconocimiento por nuestro trabajo a través de varias ferias comerciales y concursos. Por ejemplo, nuestra rueda de queso fresco de 5 libras era absolutamente hermosa a la vista, un queso blanco con un sabor cremoso. Era como el queso azul sin el azul, si eso tiene sentido. Inscribimos ese producto en particular en varios concursos, incluido el Concurso mundial de fabricación de queso, y nos llevamos a casa muchos listones azules.

Lo que esto significó, por supuesto, fue que otras compañías de producción de alimentos más grandes comenzaron a sentarse y tomar nota de MCP. Estábamos jugando en las grandes ligas ahora, y varias empresas se acercaron, interesadas en comprarnos. Sin embargo, ninguna de las primeras ofertas me atrajo, ya sea porque no me gustaba la gente o el dinero que ofrecían.

"No puedes seguir trabajando a este paso, Miguel", dijo Martina a cierto punto. "Nunca te vemos. ¿De verdad quieres mantener estas horas, estos largos días y semanas en el trabajo, por el resto de tu vida?

"No, claro que no", dije.

"Antes de que te des cuenta, los niños estarán fuera de la casa, viviendo sus propias vidas", dijo. "Te lo perderás todo, si no empiezas a cortar el paso. ¿No tenemos suficiente dinero?"

Fue una de las únicas veces que discutimos. A lo largo de los muchos años que llevábamos casados, Martina y yo rara vez nos peleábamos por nada. Cuando se trataba del negocio, le planté todas las ideas porque respetaba sus opiniones. Si no estaba de acuerdo conmigo, podía decirlo, o podía hacer preguntas, pero nunca perdí los estribos. Es por eso que esta discusión un tanto acalorada se me metió debajo de la piel. ¿Martina tenía razón? ¿Había llegado el momento de vender el negocio y pasar más tiempo libre con mi familia?

Era cierto que ya teníamos bastante dinero. Teníamos una casa bonita, fondos para la universidad de los niños, dinero para vacacionar y ahorros decentes. Martina y yo siempre habíamos sido frugales.

También era cierto que el dinero, más allá de poder mantener bien a mi familia, es decir, realmente no me importaba mucho. Conducía el mismo tipo de camioneta Ford que siempre había tenido y no me importaba la ropa ni las cenas elegantes. De hecho, Martina compraba la mayor parte de mi ropa, simplemente porque no me molestaba en ir de compras. Ella también estaba a cargo de nuestras finanzas personales; realmente ni siquiera sabía cuánto dinero teníamos, solo que teníamos mucho.

¿Qué me importaba, entonces, sino ganar dinero? ¿Qué me impulsaba a seguir probando recetas y haciendo crecer la empresa?

La respuesta fue fácil: desafiarme a mí mismo para hacerlo mejor. Así como competí para ser el mejor tirador posible cuando sostenía un rifle, aporté esa misma intensidad al trabajo, concentrándome en alcanzar un objetivo a la vez. "Ganar", para mí, no significaba ser mejor que los demás. Solo quería competir contra mí mismo y ver hasta dónde me llevarían mis habilidades. Eso es lo que realmente me emocionó. Y la verdad era que no estaba listo para renunciar a eso cuando se trataba del trabajo.

Por supuesto, con una empresa más grande y un mayor éxito, había entrado en un campo completamente diferente con una competencia más dura. Hasta este momento, MCP estaba proporcionando queso y otros productos lácteos a otras empresas, que los venderían bajo sus marcas. Una de esas empresas fue Olé Mexican Foods.

Al igual que MCP, Olé comenzó como una pequeña empresa familiar cuando su fundadora y presidenta, Verónica Moreno, comenzó a vender tortillas en Atlanta, Georgia, en 1988 para satisfacer las necesidades de una población creciente de inmigrantes mexicanos que buscaban el sabor del hogar —además de satisfacer el deseo creciente de los nacidos en Estados Unidos por la comida mexicana. Ella y su esposo, Eduardo Moreno, quien se desempeñaba como su jefe de producción, gradualmente comenzaron a vender nuestro queso fresco, así como otros productos alimenticios hispanos, bajo el nombre de su empresa.

Esta sociedad funcionó bien para nosotros hasta que comencé a tener problemas con la facturación y los pagos. Cada vez que Olé se demoraba en pagarme, por supuesto significaba que yo tenía problemas para cumplir con los pagos de los salarios de los empleados y las entregas de leche, y eso no me gustaba. Tal vez porque crecí como el hijo menor de un padre alcohólico que nunca pagaba sus cuentas a tiempo, en todo caso, tenía aversión a estar endeudado.

"Lo que tenemos que hacer", le dije a Martina una noche, mientras estábamos acostados en la cama después de que los niños se durmieran, y discutíamos este problema en particular, "es eliminar al intermediario. Ahora somos lo suficientemente grandes como para tener nuestros propios centros de distribución. Podríamos producir queso con nuestro propio nombre y venderlo directamente a los clientes sin tener que pasar por Olé ni por ninguna otra empresa."

"¿De verdad quieres asumir eso?" Martina se volvió de lado para verme. "Apenas estás aquí tal como estas, Miguel. Siempre estás trabajando. ¿Cuándo será el momento de retirarnos? Estarás listo algún día Miguel para divertirnos."

"Me vale igual", se quejó y apagó la luz.

Webster, resuelto, estuvo de acuerdo con Martina. Siguió presionando cada vez que sugerí que deberíamos aumentar aún más nuestra producción de queso. "Ya no quiero trabajar tan duro, Miguel", dijo finalmente. "Recuerda que soy mayor que tú y que llevo mucho tiempo en este negocio."

Suspiré. "Entonces uno de nosotros tendrá que comprar la parte del otro. No podemos ser los dos jefes de MCP, no si quieres desacelerar la producción y yo quiero aumentarla. ¿Qué es lo que quieres hacer?"

Últimamente, Webster me vendió el 40% de la empresa y, a partir de ese momento, acordamos que yo sería quien dirigiera el programa y tomara las decisiones claves sobre marketing, desarrollo de productos y la dirección futura de la empresa. Webster daría un paso atrás y simplemente sería nuestro quesero maestro, que era la parte del negocio que siempre le había gustado.

Durante nuestra asociación, me había concentrado mucho en perfeccionar las recetas de queso, organizar nuestra fábrica para que funcionara de la manera más eficiente posible y llevar los productos a los clientes correctos. Ahora estaba cada vez más claro para mí que nuestro crecimiento nunca alcanzaría su mayor potencial a menos que comenzáramos a distribuir nuestros propios productos. Compañías como Olé Mexican Foods y Walmart habían estado comprando nuestros productos y vendiéndolos bajo sus propias marcas, pero usar intermediarios estaba consumiendo nuestras ganancias, especialmente cuando estos jugadores se demoraban en pagarnos.

Distribuir nuestros propios productos sería la única forma de seguir avanzando y hacer crecer la empresa. Mi única meta era colocar nuestros productos en los estantes nosotros mismos, sin intermediarios. Con este fin, formamos Latino Food Marketers, LLC.

Nuestro siguiente paso fue encontrar almacenes y contratar empleados en todo el país. No era mi intención rebajar el precio que Olé le estaba poniendo a nuestro queso; simplemente vi el tamaño del mercado y me di cuenta de que había mucho espacio

Un último queso

para que ambos vendiéramos queso. Para entonces, Verónica y su esposo hacían negocios con nosotros desde hacía muchos años y yo los consideraba amigos. Había visitado su fábrica y había ido a cenar a su casa.

Una vez, Verónica me llamó para decirme que necesitaba más queso, me dijo: "Estamos creciendo rápido, Miguel. ¿Puedes mantenerte en pie?"

"No te preocupes", le dije. "Solo dime cuántos camiones de queso necesitas. Te respaldaré."

Ahora que habíamos formado Latino Food Marketers, pensé que los Moreno continuarían comprando nuestro queso y vendiéndolo bajo su etiqueta Olé, mientras que nosotros vendíamos los mismos quesos bajo el nombre de "La Chona", un nombre que escogí porque es una zona de Jalisco familiar para muchos inmigrantes y también apodo para una mujer que ama bailar. Su etiqueta tenía una bandera mexicana, mientras que la nuestra tenía una vaca saltando una cerca con una bandera mexicana. Bajo el patronaje de Latino Food Marketers, Martina y yo abrimos varios centros de distribución en Chicago, donde empleamos probablemente a cien personas, en Atlanta y en Denver.

Lamentablemente, los Moreno no compartían nuestra opinión de que había mucho espacio en el mercado para nuestras dos marcas. Querían controlar el mercado de los quesos al estilo hispano, así como de las tortillas y nos acusaron de rebajar sus precios. Esto no era cierto; en todo caso, mis precios eran más altos que los de ellos. Sin embargo, mi estrategia de marketing fue más agresiva en el sentido de que invertí más dinero en publicidad e hice que nuestros vendedores obsequiaran muchas muestras gratis.

En un momento, Olé me envió por fax un contrato diciendo que Olé nos compraría exclusivamente a nosotros, pero le devolví el contrato con cambios y Verónica nunca lo firmó. Como resultado, no hubo un acuerdo legalmente vinculante entre nosotros.

Continué enviando productos y Olé continuó pagándolos, hasta que nuestros productos llegaron a Atlanta. Luego dejaron de pagarnos por completo.

Llamé a Verónica de inmediato. "Oye, tienes que pagar el queso que enviamos", le dije, e inmediatamente comenzó a quejarse de cómo nuestra etiqueta estaba socavando sus ventas. "Eso no importa", dije, y señalé que otro competidor, las tortillas Purple Crow, ya vendía mi queso con su marca y no le importaba si añadía mi propia etiqueta a los estantes. "Hay lugar para todos", dije.

"Tenemos un contrato, Miguel", argumentó. "Se supone que debes vendernos exclusivamente a nosotros en esta área."

"Hice cambios en el contrato y te lo envié, pero nunca lo firmaste, por lo que no tenemos ningún acuerdo de ese tipo." Realmente me estaba enojando en este punto. "Si no nos paga por el queso que te enviamos, estaremos en una pelea. Demandaré tu culo."

Ella no me creyó e hizo amenazas de demandarme. Después de colgar, le dije a Fred que buscara un abogado que demandara a Olé por el dinero que debían.

"Será caro", advirtió Fred.

"No me importa. El que golpea primero tiene más posibilidades de ganar", dije, "y prefiero comenzar la pelea aquí en Wisconsin que tener que viajar a Atlanta si decide demandarnos."

Cuando se dictó el veredicto, el juez también estuvo de acuerdo con nosotros. A pesar de que Olé se había asociado con Queso Margarita, una división de Quaker Oats (otra compañía que vende nuestro queso) para demandarme por rebaja de precios, no había evidencia de eso, y sin ningún contrato firmado, no estábamos obligados a Olé de cualquier manera. El juez disolvió los cargos contra nosotros. Al final de la demanda, Olé nos debía más de un millón de dólares por su reclamo de contrato.

"¡Aún no he terminado contigo, Miguel!" Verónica siseó cuando salí de la sala del tribunal. "No puedes usar la bandera de México en tu etiqueta. ¡Te voy a demandar por eso!"

"Puedes intentarlo, pero no ganarás", dije. "Nadie es dueño de la bandera mexicana."

Pero todo ese drama judicial palideció en comparación con lo que le sucedió internamente a nuestra empresa durante ese tiempo: descubrimos que Annette, la esposa de Webster, se había vuelto contra nosotros. Durante el juicio con Olé, nos dimos cuenta de que alguien había estado pasando información a sus abogados a través de correos electrónicos.

¿Por qué Annette haría tal cosa? No tenía ni idea. Era cierto que a ella nunca le habíamos caído bien ni Martina ni yo; ella nunca pensó que éramos lo suficientemente buenos para que ella socializara con nosotros, mucho menos asociarse, así que tal vez eso era parte de eso. O tal vez estaba enojada porque habíamos comprado la mayoría de las acciones de Webster en la empresa. En cualquier caso, una vez que contraté a un investigador privado para que nos dijera dónde se habían originado los correos electrónicos, fue sencillo para él determinar que se estaban creados en la computadora de Webster.

Eso significaba que no tenía opción: tenía que despedir a Webster, mi mejor amigo, por traicionarme durante la demanda. Fui con él y lo puse en términos claros. "Webster, tu esposa me ha estado engañando a mis espaldas", le dije. "Tenemos que separarnos."

Sonaba como un culero probablemente, pero me estaba muriendo por dentro. Webster y yo habíamos estado juntos desde el principio y todavía lo consideraba mi amigo más cercano en los Estados Unidos. No podía entender por qué había dejado que su esposa nos separara de esta manera. Peor todavía, descubrí más tarde que Webster no sabía nada al respecto. Lo culpé por algo en lo que no tenía nada que ver, pero ya era demasiado tarde. Estaba hecho. Webster y yo habíamos terminado para siempre.

■■■

A pesar de que nuestro queso fresco tuvo tanto éxito en el mercado, continué experimentando con la receta, esforzándome por mejorar, siempre, aunque fuera solo en un 1%. Este esfuerzo comenzó cuando estaba peleando la demanda contra Olé. Esta fue una demanda extremadamente costosa y tuve que desembolsar el dinero para los abogados por adelantado. Además, Olé había dejado de pagarnos el queso que les habíamos vendido mientras la demanda estaba en proceso. Eso nos dejó en apuros financieramente.

La única manera de compensar ese déficit sería producir más queso con la misma cantidad de leche. ¿Era eso posible?

Me concentré en este objetivo y comencé a modificar la receta de queso fresco nuevamente, agregando diferentes cantidades de aceite vegetal. El queso fresco en México contenía aceite vegetal; ¿Por qué no deberíamos ponerlo en el nuestro?

Empecé probando lotes de 100 libras de leche y aceite vegetal en diferentes cantidades, cocinados en cubas pequeñas. Lo extraño era que el queso generalmente sabía absolutamente perfecto en esos lotes pequeños, pero cuando traté de producirlo en tanques de 100,000 libras, el sabor cambió. Cometí bastantes errores durante este tiempo, como presionar demasiado el homogeneizador, lo que rompió el queso por completo, o agregar aceite vegetal cuando estaba frío, lo que significaba que la grasa del aceite vegetal se endurecía y no me daba la textura que estaba buscando. En general, probablemente gasté $700,000 tratando de hacer el queso fresco perfecto con infusión de aceite vegetal mientras continuaba experimentando y tirando cada lote malo.

Finalmente, supe que la receta era perfecta. Originalmente, hacía queso fresco solo con leche entera y mi rendimiento era alrededor del 12%. Al agregar aceite vegetal a la receta, ahora no solo tenía un sabor mucho mejor y más mexicano en el queso, sino que el rendimiento saltó al 51%. Eso significaba que el queso costaba centavos y la ganancia era enorme. Aún mejor, el sabor era exactamente el adecuado para nuestro mercado y las ventas se dispararon una vez más.

■ ■ ■

Sin Webster que me impidiera expandir aún más la empresa, crecimos un 25% o un 30% el año siguiente y el siguiente también. Abrimos más almacenes de distribución en otras ubicaciones estratégicas a nivel nacional para mantener la producción y las ventas. Martina supervisaba los almacenes, contratamos a un contador y yo me ocupaba principalmente de las ventas, concentrándome en conseguir la persona adecuada en cada centro de distribución para captar nuevos clientes y mantener contentos a los antiguos. En este negocio, como en la mayoría, la satisfacción del cliente lo era todo.

Más empresas se acercaron con la esperanza de comprarnos, pero yo me deleitaba con la embriagadora sensación de que nadie me controlaba. Además, se me ocurrió una nueva idea: quería completar mi línea de quesos estilo hispano produciendo Queso Cincho. Este fue el resultado natural de mi práctica diaria de explorar el mercado para ver qué productos se vendían a nuestros clientes. Recientemente, noté que el Queso Cincho aparecía aquí y allá en algunas de las tiendas familiares más pequeñas que atendían a las comunidades de inmigrantes. Estas tiendas lo importaban de México porque nadie en los Estados Unidos lo estaba haciendo. Yo podría ser el primero.

José Gutiérrez seguía apoyando nuestras ventas y se ocupaba de nuestras rutas y camiones a través de DQM, Distribuidora de Quesos Mexicanos. Decidí llevarle unos Quesos Cincho que había comprado en una de las tiendas. "Prueba esto y dime si crees que podríamos venderlo en los Estados Unidos", le dije.

Masticó un trozo y sonrió. "Miguel, si puedes hacer este queso, puedo vender toneladas."

José había traído a su hermana, Cynthia, desde México y la contratamos para que trabajara como nuestra gerente de operaciones financieras en nuestro almacén de Chicago, donde estaba a cargo de las facturas, los pagos y la documentación de las entregas de camiones. Era una joven alegre, de pelo corto y atractiva que hacía un buen trabajo. Cuando escuchó que yo estaba interesado en el Queso Cincho, me sugirió que me contactara con un conocido suyo, José Zurita, en Villahermosa.

"Él ha estado trayendo Queso Cincho de México para vender aquí", dijo. Ella me ayudó a ponerme en contacto con él, y al poco tiempo José y yo teníamos un plan para encontrarnos en México.

El Queso Cincho se originó en el estado de Guerrero en el suroeste de México, justo al sur de Michoacán y Morelos. Se elabora con leche cruda de vaca semidescremada, cuajo y sal. Eso es todo —sin conservantes en absoluto. El queso se llama así porque "cincho" significa "cinturón"; cuando se hace en lotes pequeños a mano en México, se envuelve en una cuerda y se deja reposar, lo que le da al queso su contorno único alrededor del borde. En México, la corteza del queso suele tener un color rojizo debido al condimento. El queso en sí es blanco o amarillo pálido.

Mi primer paso para agregar Queso Cincho a mi línea tenía que ser encontrar la receta perfecta. Nadie más estaba haciendo Queso Cincho en los Estados Unidos, y yo estaba decidido a ser la primera persona en hacerlo. Aún más importante, quería identificar y recrear el cultivo-bacterial del Queso Cincho para poder embotellarlo o enlatarlo y vender el cultivo a otros queseros. Patentar y vender cultivos iniciadores de bacterias congelados para un queso único realmente me diferenciaría de otros queseros en los Estados Unidos, y sería enormemente lucrativo.

Hice arreglos para que Martina y yo voláramos a México. Mi intención era traerla a Villahermosa en Guerrero conmigo. Valoraba su opinión cada vez que estaba considerando un negocio nuevo y me encantaba viajar con ella a lugares nuevos. Martina era bien organizada, extrovertida y siempre lista para la aventura.

Sin embargo, para mi sorpresa, una vez que estábamos en el avión, Martina se volvió hacia mí y me dijo: "Miguel, por favor, no te enojes, pero creo que te voy a dejar hacer esto de probar el queso solo, ¿de acuerdo? Tengo muchas ganas de ir a mi reunión de la escuela secundaria este fin de semana. Me quedaré con mis padres mientras vuelas a Villahermosa.

"¿Qué? ¿Por qué? Pensé que íbamos a pasar un fin de semana divertido juntos. Tenía muchas ganas de hacerlo."

Ella rodó los ojos hacia mí. "Sabes tan bien como yo que vas a hacer este viaje para ver las fábricas de queso. Tengo suficiente charla sobre el queso en la oficina. Sigue adelante. Quiero ir a ver a mis amigos. Ha pasado mucho tiempo desde que no nos juntamos."

Quería seguir discutiendo, persuadirla para que viniera conmigo, pero cuando vi cómo se le iluminaba la cara a Martina cuando hablaba de la reunión, me di cuenta de que se sentiría muy decepcionada si se la perdía. ¿Qué podía hacer sino aceptar su decisión?

Volé solo hasta Villahermosa. Fue en el estado de Tabasco, incluso más al sur que Guerrero. José Zurita me recibió en el aeropuerto, sosteniendo un cartel para que lo reconociera. Era un tipo amable y parecía tener una buena cabeza sobre los hombros. Él había estado exportando el Queso Cincho en pequeños lotes bajo su propia etiqueta, explicó.

"Está bien", dije, una vez que estuvimos en el auto, "vamos a ver tu fábrica."

José pareció sorprendido. "Bueno, hay más de una fábrica, Miguel." Explicó que, aunque lo había estado exportando bajo una sola etiqueta, Hot Peppers, Inc., en realidad el queso provenía de varias fábricas diferentes.

"No estoy seguro si me gusta esa idea", dije. "Me gusta mantener mi calidad constante y, por supuesto, quiero que el queso sea seguro." Sabía que el Queso Cincho estaba hecho con leche cruda y tenía que reposar con una corteza salada durante al menos 60 días; esto no era solo para resaltar el sabor, sino también para garantizar que estuviera libre de bacterias y fuera seguro para comer. Cincho se empaquetaba cuando se producía, pero no se podía envolver bien o no se secaría y envejecería correctamente. "¿Cómo puede garantizar que me venderá el mismo producto cada vez?"

"No te preocupes por nada de eso, Miguel", dijo José rápidamente. "No he tenido ningún problema. De todos modos, no tienes que creer en mi palabra. Los inspectores de la FDA siempre ven el queso en la frontera. Si no lo aprueban, entonces no te lo puedo vender, ¿verdad?"

Esto era cierto. Había muy poco riesgo para mí. Si José traía el queso a la frontera y los inspectores no lo dejaban pasar, yo no le pagaba el envío. Era tan simple como eso. Nos dimos la mano sobre el trato: compraría dos paletas de queso, que venían en ruedas de 60 libras, y José sería responsable de cruzarlo por la frontera.

Me fui emocionado y satisfecho con nuestro arreglo. Si importara el Queso Cincho por ahora, podría comenzar a crear una cultura de laboratorio mientras probaba el mercado estadounidense para ver si valía la pena la inversión. Vi esto como un ganar-ganar.

Se suponía que Martina me encontraría en el aeropuerto cuando volara de regreso, pero no estaba allí cuando llegué. La llamé desde la acera fuera del aeropuerto. "Estoy aquí. ¿Estas tú en tu camino?"

"A punto de salir. Lo siento. Perdí la noción del tiempo." Sonaba sin aliento.

"¿Dónde estás?"

"Con mi padre."

"Está bien, no importa", le dije. "Tomaré un taxi y te encontraré en el rancho."

No era el regreso a casa que había imaginado, pero no tenía motivos para sospechar.

Pasamos unos días con los padres de Martina en la finca. Ya era bastante relajante, dar paseos por la propiedad y visitar, y no quería arruinar el buen momento de Martina hablando sobre el trato que había hecho con José. Sin embargo, la verdad es que pasé buena parte del tiempo en mi propia cabeza, dándole vueltas al asunto. La mayoría de mis amigos se habían ido de Irapuato, y muchos de los que aún estaban allí solo querían beber a ciegas. Eso no era para mí. Una vez más se me ocurrió que estaba tan a gusto en los Estados Unidos como aquí, pero ninguno de los dos lugares era completamente mi país.

Al mismo tiempo, ya no me sentía como en casa en ningún lado con Martina. Algo había cambiado entre nosotros. Desde el comienzo de nuestra relación, ella y yo habíamos sido los mejores amigos, apoyándonos mutuamente en las buenas y en las malas. Martina nunca había vacilado en su devoción por mí, incluso cuando su familia trataba de mantenernos separados y yo parecía tener muy pocas perspectivas de carrera. Ella había estado lista para asumir cualquier desafío conmigo a su lado: vivir en relativa pobreza, tener hijos, mudarse a México y regresar a los Estados Unidos nuevamente, trabajar con los amish y comenzar y hacer crecer un negocio.

Mi propia devoción por ella había sido igualmente constante. Desde el día en que nos conocimos en el campo de tiro cuando yo tenía 17 años y ella 15, nunca ha habido otra mujer en mi vida a la que haya amado, respetado y deseado de la forma en que lo hice con Martina. Mi amor por ella y mi deseo de construir una familia y un futuro con ella impulsaron casi todas las decisiones que tomé. Ella seguía siendo mi corazón, mi alma, mi todo.

Entonces, ¿qué estaba mal? Fue difícil de precisar, pero comencé a notar pequeñas cosas, como que no nos quedábamos despiertos hablando hasta altas horas de la noche como lo hacíamos antes, y que habíamos dejado de tocarnos todo el tiempo. Siempre íbamos de la mano y nos duchábamos juntos, pero ahora ella se alejó, incluso inventando excusas para no hacer el amor conmigo.

Martina también parecía haber perdido interés en la casa. Nunca había comida en el refrigerador o cena esperándome, y rara vez salíamos los fines de semana. No podía entender qué estaba pasando, pero la extrañaba.

¿Debería haberla cortejado de nuevo, llevado flores y hecho otros grandes gestos románticos? Lo más probable es que estuviera equivocado por no haberlo hecho, pero estaba demasiado ocupado dirigiendo la empresa para hacer algo más que esperar que esta fuera una fase de nuestra relación y que Martina volviera a mí.

■ ■ ■

Rápidamente me quedaron claras dos cosas cuando regresé de ese viaje para encontrarme con José Zurita. La primera fue esta: si pudiera tener en mis manos el Queso Cincho y desarrollara una cultura confiable para hacerlo en los Estados Unidos, sería una empresa tan lucrativa que podría dejar de hacer queso por completo.

Lo segundo que se hizo evidente fue que Martina había terminado con MCP. Ella quería salir. Y dio la casualidad de que apareció un comprador en el momento justo.

No mucho después de mi reunión con José, Sigma Alimentos se acercó nuevamente a mí. Otras empresas habían continuado cortejándonos con ofertas de compra; más recientemente fue otra empresa mexicana, Lala Foods. Sigma había sido cliente nuestro durante un tiempo y me había hecho una oferta dos años antes, pero en ese momento no estaba listo para considerar vender.

Desde entonces, hicimos otro salto en el crecimiento, de usar un millón a dos millones de libras de leche. Más importante aún, mis márgenes de ganancia eran mayores que los de la mayoría de los queseros porque había encontrado exactamente las recetas correctas para los quesos al estilo hispano y había orquestado el equipo de nuestra fábrica para que funcionara de manera tan eficiente que solo necesitábamos una mano de obra mínima.

Sigma es una fuerza global con sede en México en el mundo de la producción de alimentos. En el momento en que se acercaron a mí, tenían unas 25 fábricas de queso. Hoy, la empresa está en 18 países diferentes y produciendo 1.8 millones de libras de alimentos en 2020. Además de comprar MCP y las recetas que había desarrollado, estaban interesados en que me quedara como consultor de Grupo Alpha, el grupo que gestionaba su producción de queso en fábricas de todo el mundo. Quedaron impresionados, incluso un poco asombrados, cuando recorrieron mi fábrica en Wisconsin y vieron que podíamos producir la misma cantidad de queso con 106 empleados que ellos estaban haciendo en fábricas con 3,000 personas o más.

"Necesitamos que nos enseñes a ser más eficientes, Miguel", dijeron y me ofrecieron llevarme a Monterrey, México, para reunirme con su grupo.

La reunión fue fluida y productiva. Martina me acompañó y ambos quedamos impresionados con la presentación que dio Sigma y las instalaciones de su empresa. Su equipo de administración parecía inteligente sin ser arrogante, y dejaron en claro que estaban impresionados por lo lejos que habíamos llevado a MCP. Lo mejor de todo es que la persona que lideró la adquisición de nuestra empresa fue un tipo amable y ecuánime llamado Mario. Él era presidente de Sigma Alimentos y me dejó claro que les interesaba que me quedara como consultor. Esta sería una oportunidad para mí de seguir creciendo dentro de una familia aún más grande.

"La adquisición de MCP refuerza nuestra estrategia de crecimiento en nuestro mercado objetivo, en el que el queso juega un papel relevante", dijo Mario, quien explicó que planean aumentar la presencia de MCP en las regiones que atendemos actualmente. También esperaban obtener una cobertura de mercado adicional aprovechando la red de distribución y las relaciones comerciales globales de Sigma. "Esto será genial para todos nosotros."

Nos dimos la mano y acordamos hacer nuestra diligencia debida para llegar a números que funcionaran para ambas partes.

"¿Qué opinas?" Le pregunté a Martina cuando estábamos en el vuelo de regreso a casa. "Esto podría ser realmente emocionante. Algo diferente para mí, viajar para analizar sus procesos de producción a nivel mundial. Y me pagarán bien como su consultor.

"Creo que deberías aprovechar la oportunidad", dijo Martina. "Sé que no estás listo para retirarte. Y ellos tienen bolsillos profundos. Nos harán una buena oferta. Mejor que el de cualquier otra persona."

Por supuesto, lo que aún no sabía era que Martina tenía sus propios planes para el futuro.

■■■

A pesar de las negociaciones en curso para vender la empresa, todavía estaba centrado en la gestión diaria de MCP. Estaba especialmente interesado en competir contra el reloj para desarrollar esa cultura del Queso Cincho que esperaba producir antes que nadie más lo hiciera. Compramos las primeras paletas de Queso Cincho de José Zurita después de que la FDA las inspeccionara en el cruce fronterizo y las liberaran sin ningún problema.

Por primera vez vendíamos un producto importado. A nuestros clientes parecía encantarles el Cincho y yo estaba entusiasmado con el potencial del mercado. También estaba ocupado con el laboratorio de la Universidad de Wisconsin, tratando de ver si podíamos desarrollar la cultura.

Recibimos nuestro próximo envío más grande de Queso Cincho de José unos meses después. Esta vez, sin embargo, tuvimos algunos problemas con los clientes que devolvían el queso porque la corteza aún tenía humedad y el queso se había ablandado. Me preocupaba que la velocidad de nuestras ventas pudiera haber causado que José apurara sus fábricas de producción para que el Queso Cincho no hubiera tenido tiempo de añejar. Decidí llamarlo.

"La gente se queja de que el Queso Cincho está blando", dije. "¿Cambiaron la receta y la calidad para mejorar el rendimiento? Porque, si lo hiciste, eso me va a causar problemas. No quiero devoluciones."

"No, hombre, todo está bien", me aseguró José. "Los inspectores no lo dejarían cruzar la frontera si no fuera así, ¿verdad? Ese fue solo un lote malo."

"Está bien. Simplemente no dejes que vuelva a suceder. Y escucha, necesitas darme descuentos y arreglar este problema. Si no, no te voy a pagar el queso."

"Claro, Miguel, no hay problema", dijo José.

No tenía ninguna razón para no confiar en él. Después de todo, ya había descubierto que centrarse en un solo objetivo a la vez era la forma más segura de lograrlo.

Sin embargo, viendo hacia atrás ahora, desearía haber confiado menos en José. No nos conocíamos por mucho tiempo y ya había tenido problemas con la calidad de su producto. Sin embargo, la realidad es que puedes cometer errores, y los cometerás, a medida que haces crecer tu negocio. Cuando terminas teniendo que pagar por ese error, como lo haría yo, de una manera que nunca hubiera imaginado posible, todo lo que puedes hacer es recordarte a ti mismo que los errores y los fracasos también son lecciones valiosas sobre cómo hacer las cosas de manera diferente en el futuro.

TRAICIÓN Y GRACIA

Capítulo 10

Mucho dinero

La receta para saber cuándo soltar

Unos meses después, Cynthia me llamó para decirme que había un nuevo problema con el Queso Cincho: nuestros clientes habían devuelto parte del queso porque estaba mohoso. Le dije que no se preocupara. "Es una solución fácil", dije. "Diles a los hombres en el almacén que laven el exterior del queso con Devilcide. Dejaremos que se seque, luego podremos volver a empaquetarlo y venderlo."

Esta era una práctica común entre los queseros. Si bien los quesos frescos como el Ricotta deben desecharse si tienen moho (el moho puede penetrar fácilmente en el queso y podría contaminar más de lo que se ve), el moho no penetra mucho en los quesos duros como el Cheddar, el Parmesano, el Cotija o el Cincho. Si tuvieras un pequeño trozo de queso en casa, cortarías la parte mohosa y te comerías el resto.

De hecho, muchos quesos se elaboran deliberadamente con moho para agregarles sabor o para ayudarlos a desarrollar una corteza protectora. Otros quesos, como el queso Azul, se pican con varillas de acero inoxidable para infundir moho profundamente en el queso. También hay quesos de "corteza lavada" en los que los queseros frotan soluciones de bacterias cuidadosamente seleccionadas en quesos jóvenes durante el proceso de envejecimiento.

Algunas semanas después, estaba visitando a mi familia en México con Martina cuando recibí otra llamada de pánico de Cynthia. "Miguel, hay un problema", dijo, con la voz alta y tensa. "Hay inspectores del gobierno por todo el almacén buscando el último cargamento de Queso Cincho, pero no está aquí. Dicen que es malo, y tenemos que recolectarlo. ¿Lo vendiste?

"Claro, lo vendí", le dije. "Dime por qué no debería haberlo hecho. El documento de liberación firmado por los inspectores de la frontera llegó, ¿verdad?

"Sí", dijo, pero su voz temblaba.

"Muy bien, entonces todo está correcto y en orden. Diles a los inspectores la verdad. No les mientas. Diles que los inspectores de la FDA en la frontera firmaron el documento de liberación, así que vendí el queso. No tenía instrucciones para detenerlo."

"Está bien. Entonces, ¿todavía tengo que recolectar el queso?

"Sí", dije. "Tienes que hacer exactamente lo que te digan los inspectores, ¿de acuerdo? Y diles que volveré a casa y que puedo reunirme con ellos si necesitan que lo haga. Mientras tanto, dile a tu hermano que tenemos que recolectar cualquiera de los quesos que vendimos. Tendremos que rastrearlo.

"Él ya está en eso", dijo Cynthia. "¿Qué más puedo hacer?"

"Solo sé honesta con los inspectores", repetí. "Diles que vendimos el queso porque lo dieron de alta, pero lo retiraremos lo más rápido posible. Devolveremos a los clientes su dinero. No tienes nada de qué preocuparte. ¿Alguien se ha quejado que se enfermó por comer nuestro queso?

"No, no lo creo", dijo Cynthia.

"Bien".

"¿Qué pasa? ¿Qué ocurre?" Martina preguntó después de que colgué, todavía maldiciendo.

"Los inspectores de la FDA están en el almacén. Dicen que hay que recolectar el Cincho de José Zurita."

Ella suspiró y cerró los ojos. "Te dije que no te metieras con ese queso importado."

Tomé su mano y la llevé a mis labios para besarla. "Todo estará bien, mi amor. Siempre hemos cumplido con la FDA. A lo sumo tendremos que pagar una multa."

Honestamente lo creía. Toda mi vida me enorgullecí de ser trabajador, honesto y confiable. Seguramente el gobierno estaría de mi lado.

■■■

De vuelta en Chicago, fui directamente al almacén para asegurarme de que todos los pedazos de Queso Cincho que habíamos vendido habían sido retirados de las tiendas. Ninguno de mis clientes se quejó de esto, ya que les devolví el dinero de inmediato, pero visité todas las tiendas para estar completamente seguro de que no quedaba ni una sola pieza de mi Queso Cincho en los estantes.

Vi el documento que Cynthia había recibido por el queso, llamado "conocimiento de embarque", y efectivamente, estaba la firma de un agente en el formulario de la FDA de la frontera. ¿Qué demonios está pasando? El inspector que conocí en el almacén de Chicago parecía satisfecho con nuestras acciones, pero aún quería saber la verdad.

Naturalmente, una de las primeras personas a las que llamé fue José Zurita. "¿Por qué diablos me vendiste queso contaminado?" grité. "Mira, tienes que venir aquí y ayudarme a solucionar este problema."

Se hizo el tonto, por supuesto. "El queso estaba bien cuando lo envié a la frontera", dijo.

Colgué frustrado. No mucho después de eso, recibí un correo electrónico de Cynthia, diciendo que los inspectores iban a venir a buscar el Queso Cincho en nuestros almacenes, pero aún faltaban 311 cajas.

"¿Dónde están?" Yo pregunté.

"Nueva York", dijo Cynthia. "Lo vendimos todo hace tanto tiempo que no hay posibilidad de que podamos recuperarlo. ¿Qué debemos hacer?" Parecía presa del pánico.

"Déjame hablar con José." Colgué y lo llamé a continuación.

Cuando le expliqué el problema, José dijo: "Pues, simplemente sustituiremos las cajas que faltan con diferentes cajas de queso. Será fácil.

"De ninguna manera", dije. "Si los inspectores vienen a la planta, se darán cuenta."

Sabía por experiencia propia cómo un lote de queso puede diferir de otro, incluso en situaciones en las que mantuve un estricto control sobre el control de calidad. El Queso Cincho queso de José fue importado de diferentes fábricas. Sería imposible para nosotros sustituir queso idéntico, aunque hubiera querido ser tramposo.

"No le voy a mentir a los inspectores", dije. "Mi reputación está en juego. Si vienen al almacén, tendremos que decir la verdad."

¿Estaba preocupado? Un poco. Pero no tenía ni idea de lo preocupado que debería estar. No sabía que me llevaría más de cuatro años, más de un millón de dólares en honorarios de abogados y una declaración de culpabilidad fabricada antes de que terminara mi terrible experiencia, a pesar de que la FDA nunca fue a mi planta en Darlington para buscar el Queso Cincho. Solo se reunieron con Cynthia y su novio, Tony Zurita.

Después de ese día, José se negó a contestar mis llamadas. Claramente se había lavado las manos del problema. Estaba encabronado, pero no tenía dónde canalizar mi rabia. Todo lo que podía hacer era esperar que esto pasara y no interfiriera con la reputación de Mexican Cheese Producers, en la que trabajé tan duro para crear, o, más inmediatamente, con la venta de nuestra empresa a Sigma. Las negociaciones para la venta ya estaban oficialmente en marcha.

■■■

Una vez que los abogados de ambas partes estuvieron satisfechos con la evaluación de Mexican Cheese Producers, Martina y yo viajamos a Chicago para firmar los documentos que finalizaban la venta a Sigma. Acordamos dividir las ganancias 50:50, como socios iguales. También acordamos mantener el Queso Cincho fuera de la venta debido a los problemas recientes con la FDA. Sigma compró la fábrica y todas mis otras recetas de queso, y me indicaron que les enviara una lista de clientes para que tuvieran acceso a mis compradores.

Recibir el pago de decenas de millones de dólares fue un proceso surrealista, como algo sacado de una película de James Bond: un tipo de Suiza me llamó para decirme que el dinero se estaba transfiriendo a nuestras cuentas incluso antes de que hubiéramos terminado de firmar todos los papeles con los abogados. En cuestión de segundos, Martina y yo éramos más ricos de lo que imaginamos.

No creo que haya estado más feliz u orgulloso de nosotros que en ese momento. Mi esposa y yo habíamos trabajado incansablemente durante tres décadas para mantenernos, criar a nuestros hijos y construir una empresa desde abajo que proporcionara empleo a cientos de personas y nuevos productos alimenticios para el mercado. Ahora que teníamos el dinero y la libertad para hacer lo que deseábamos, esperaba muchas más aventuras juntos.

Martina y yo salimos a cenar después de que terminó la venta y pasamos la noche en Chicago. Estaban filmando la película Batman Begins en el centro de la ciudad y nos divertimos paseando por las calles, viendo al equipo manejar las luces y los escenarios, en nuestro camino de regreso al hotel.

Mientras conducíamos a casa a la mañana siguiente, hablamos de lo extraño que se sentía no tener nada que hacer. Toda responsabilidad laboral había sido quitada de nuestros hombros. No hubo más plazos que cumplir, ni emergencias que atender, ni problemas de los empleados que ordenar, ni equipos que arreglar.

"¡Somos totalmente libres ahora, Miguel!" ella dijo. "¿No es maravilloso?"

"Sí", dije, aunque era muy consciente de un sentimiento vacío y perdido. La verdad era que no sabía qué hacer con mi repentina libertad.

Celebramos la venta con estilo en casa durante una cena con nuestros hijos, acompañados del champán más caro que pudimos encontrar en nuestra licorería local. Los muchachos eran demasiado jóvenes, de 13 y 16 años, para reaccionar mucho cuando les contamos sobre la venta, aparte estaban felices de que así fuéramos felices, supongo.

"Tendremos más tiempo juntos como familia", les dije, "y su madre y yo reservaremos algo de dinero para ustedes en una cuenta fiduciaria para que nunca tengan que preocuparse por pagar la universidad o incluso comprar una casa."

"Eso es genial, papá", dijo Tuti, pero me di cuenta de que su atención estaba en otra parte, probablemente en lo que fuera que estaba pasando con sus amigos en la escuela.

Después de la cena, Martina y yo trajimos una segunda botella de champán afuera, para beber junto a la fogata en nuestro patio trasero. Nos emborrachamos cada vez más a medida que las chispas volaban hacia la negrura aterciopelada sobre nuestras cabezas.

Cuando por fin entramos para ducharnos y desvestirnos, estaba ansioso por la verdadera celebración: hacer el amor con mi esposa, a quien deseaba tanto ahora, después de tres décadas de matrimonio, como cuando éramos adolescentes. Pero Martina negó con la cabeza cuando traté de abrazarla y se apartó de mí.

"He bebido demasiado, Miguel. Lo siento", dijo. "Me siento verdaderamente enferma."

"Está bien", dije, aunque, por supuesto, estaba decepcionado. Se había estado alejando más y más últimamente, y echaba de menos hacernos el amor.

Martina se puso de pie, tambaleándose un poco, inestable sobre sus pies. "Tengo que decirte algo, Miguel. Algo importante.

"Cállate." Puse mi dedo en sus labios. "Nunca me digas algo cuando estés borracha. No sabes lo que estás diciendo. Dímelo por la mañana, ¿de acuerdo?"

"Está bien", murmuró, y se apresuró al baño.

A la mañana siguiente, estábamos curándonos la resaca tomando café en la cocina cuando le pregunté qué quería decirme la noche anterior. "Ibas a decirme algo, Martina. ¿Qué era?" Ella negó con la cabeza y se rio. "Ni idea," dijo ella. "Olvidé lo que era. Supongo que no debe haber sido muy importante."

"Está bien. Dime si te acuerdas", dije.

Con nada más que unas horas vacías por delante ese día, bajé las escaleras y comencé a limpiar mis rifles. Mientras pulía cada rifle, me invadió el arrepentimiento y comencé a llorar. ¿Y si vender la empresa hubiera sido una decisión equivocada? Mexican Cheese Producers fue donde me encontré y crecí como quesero, constructor, comercializador y gerente. El trabajo siempre me había proporcionado inspiración, consuelo y satisfacción. Había sido la única cosa en mi vida además de mi familia de la que estaba orgulloso de traer al mundo. Ahora casi me sentía como si hubiera vendido a uno de mis hijos.

Estoy perdido sin mi compañía, pensé. ¿Qué voy a hacer ahora?

Vas a trabajar para Sigma, me recordé. Encontraría nuevas formas de crecer profesionalmente y disfrutaría más tiempo con mi familia. La vida me había dado esta increíble segunda oportunidad de pasar tiempo con mi esposa e hijos. Me prometí aprovechar al máximo eso.

■ ■ ■

No mucho después de eso, Cristóbal y yo fuimos a una competencia estatal de tiro. Ambos marcamos bien durante el partido, pero cuando dijo que estaba cansado, accedí a conducir hasta casa en lugar de esperar a que se anunciaran los resultados.

Siempre me alegraba tener tiempo a solas con mi hijo. A menudo echaba de menos los viejos tiempos, cuando él era un niño pequeño y lo llevaba en mi camión al trabajo mientras repartía queso. En los últimos meses, entre tratar de negociar la venta de nuestra empresa, trabajar con el laboratorio de la Universidad de Wisconsin en el desarrollo de un cultivo bacteriano para el Queso Cincho y supervisar las operaciones de la fábrica en Mexican Cheese Producers, me había desconectado. No podía recordar la última vez que había visto a mi hijo por más de unos minutos.

Cristóbal tenía 16 años, era más alto que yo, aparentemente feliz en la escuela o cuando salía con sus amigos, pero a veces retraído en casa. Disparar le daba alegría, y eso me hacía feliz porque nunca había tenido mucha pasión por otra cosa. Era un estudiante promedio y nunca había sido una estrella atlética. Sin embargo, en las competencias de tiro, dondequiera que fuéramos, Cristóbal terminaba en las finales. Se estaba volviendo tan conocido que prácticamente cada vez que me daba la vuelta en una competencia, alguien me preguntaba: "Oye, ¿eres el papá de Cristóbal?" Siempre estuve tan orgulloso de decir que sí.

Últimamente, sin embargo, me había dado cuenta de que su interés por disparar estaba decayendo. Era renuente para practicar, y ese día le pregunté por qué. Me dio ese típico encogimiento de hombros de adolescente.

"Vamos. Háblame", dije. "Mira, tienes verdadero talento en esto. Está en tu sangre ser un campeón. Podrías llegar hasta los Juegos Olímpicos. ¿Qué te detiene?"

"No lo sé, papá", dijo. "Me gusta disparar, pero me gustan mis amigos y quiero verlos más. También hay una chica."

"Siempre va a haber una chica", le dije, frustrado de que simplemente tirara su futuro así. Al mismo tiempo, difícilmente podía darle consejos sobre relaciones. ¿No había hecho exactamente lo mismo a su edad? ¿Conocer a una chica y enamorarte perdidamente?

Al menos conmigo había salido bien. Tal vez lo sería para él también. Eso esperaba.

Habíamos estado conduciendo durante unas tres horas cuando recibimos una llamada telefónica en el automóvil desde el campo de tiro. "¿Dónde estás tú y tu hijo?" preguntó el hombre que manejaba la competencia. "Ustedes dos están empatados en el primer lugar. ¡Tienes que volver aquí y tener un desempate!"

Le dije que estábamos demasiado lejos para dar la vuelta ahora, y que nos arreglaríamos para volver otro día para el desempate. Colgué y le dije a Cristóbal, y nos echamos a reír. "Sabes qué, chico, quiero ganarte", le dije.

"Sí, pero no te dejaré", dijo.

"Ya veremos", dije, feliz de que al menos todavía estuviera dispuesto a intentarlo.

■ ■ ■

Poco después de esa competencia de tiro, Sigma me pidió que visitara una fábrica en Perú en mi nuevo puesto como director de su industria quesera. Cuando llegué al pequeño aeropuerto de Monroe, encontré un avión privado en la pista, reluciente y con nariz de tiburón. Hombres con trajes finos, todos directores de Sigma Alimentos me saludaron con fuertes apretones de manos. "¡Señor Leal, bienvenido! Me alegro de tenerlo con nosotros hoy."

Por dentro, el avión se parecía a los que había visto en las películas de James Bond, con asientos cómodos y espaciosos para una docena de personas, y nuestra propia azafata para traernos todo lo que necesitáramos. Martina me había llevado al aeropuerto, y cuando el suelo retrocedió rápidamente debajo de mí, la saludé con la mano, a pesar de saber que no había ninguna posibilidad de que pudiera verme. Una vez más, tenía esa imagen de mí mismo como perdido, como un náufrago en una tierra extraña. Me parecía muy mal estar haciendo esto sin mi esposa a mi lado. Ella siempre había sido mi mejor y más confiable compañera.

En Perú, Sigma quería adquirir una fábrica que produjera tanto productos cárnicos como quesos. Mi tarea principal era inspeccionar los tanques y las tuberías para asegurarme de que no hubiera agujeros u otras vías de contaminación. Le di luz verde a los ejecutivos de Sigma y me aseguraron que yo estaría a cargo de actualizar el equipo una vez que compraran la empresa.

Sigma me envió por toda América Latina durante los próximos años. Me habían dado un puesto asalariado con bonificaciones, por lo que recibía un sueldo considerable de entre $600,000 y $800,000 dólares al año por hacer el trabajo que amaba. Mi trabajo consistía en visitar cada una de sus fábricas, las que Sigma ya poseían y las que estaban pensando adquirir, y hacer un plan para ayudarlos a decidir los próximos pasos para mejorar la calidad de su queso y reducir los costos de producción.

En la mayoría de los casos, detectaría fácilmente las fallas en el diseño o la configuración del equipo y ofrecería un plan para cambiar a un equipo más actualizado, prácticas más limpias o un flujo de operaciones completamente diferente. Con el tiempo, ayudé a Sigma a ahorrar millones de dólares al año mejorando su eficiencia y rendimiento.

Su necesidad de ayuda más urgente estaba en México, donde poseían ocho fábricas, todas las cuales tenían problemas. Analicé los procesos de producción en cada una e hice recomendaciones. Algunas fábricas estaban condenadas a cerrar. Había demasiados problemas, por lo general con saneamiento o equipos viejos y oxidados, para que pudiéramos rehabilitarlos con éxito. En otros, pude darles la vuelta, instalando equipos y prácticas de producción similares a las que había estado usando en mi fábrica en Wisconsin.

A veces, todo el proceso de rehabilitación de una fábrica en México comenzaba con el cambio del sistema de alcantarillado.

La Casa Que El Queso Construyo

O en un caso, vi que guardaban la leche en tinas abiertas, como habían hecho los amish. Los trabajadores aquí tuvieron que saltar dentro de estas tinas de leche de 20,000 libras durante el proceso de elaboración del queso, lo que por supuesto significaba que lo estaban contaminando. Esto era potencialmente peligroso en el clima cálido y húmedo de México, donde la leche se echaba a perder tan fácilmente y prosperaban los cultivos bacterianos. Quitamos las cubas abiertas y montamos un sistema donde la leche se mantenía fría y en tinas cerradas. También automatizamos el proceso para que el queso se pudiera hacer de manera más eficiente y segura.

Una segunda fábrica en México, esta vez en Jalisco, tuvo un problema de pasteurización porque la leche se filtraba en los tanques. Una gran cantidad de suero se arrastraba por los desagües y se dirigía a las tuberías de alcantarillado. Logramos salvar esa también, pero requirió primero trasladar toda la producción a una de las otras fábricas y luego cerrar esta para poder instalar todos los equipos y tuberías nuevos.

En 2010, Sigma me pidió que viajara a República Dominicana para remodelar una fábrica de quesos allí. Pasamos la mayor parte del día en una reunión después de haber completado el recorrido inicial de la fábrica, analizando cómo cambiar la logística de cómo se colocaron las tuberías en la fábrica. Justo cuando regresábamos a nuestro hotel esa tarde, hubo un terremoto. Tuvimos que correr hasta la cima de la montaña más alta y quedarnos con otros ingenieros de Sigma porque nuestro hotel estaba en el océano y todos estaban preocupados por un maremoto.

El epicentro del terremoto de magnitud 7.2 estuvo en la vecina Haití. La experiencia me trajo recuerdos terribles de la búsqueda del cuerpo de mi padre hace mucho tiempo, pero me quedé el tiempo suficiente para ayudar a Sigma a enviar alimentos desde su fábrica dominicana a Haití, donde la gente se moría de hambre y luchaba por encontrar refugio.

Mucho dinero

A pesar de mi temor de quedar atrapado en un terremoto, disfruté cada minuto del trabajo que hice para Sigma. Me sentí como si estuviera en el lugar correcto en el momento correcto. Estaba completamente en mi elemento porque el trabajo requería que fuera un solucionador de problemas creativo. La mejor parte de trabajar con Sigma fueron los nuevos cambios en mi vida. Tuve numerosas oportunidades de viajar a nuevos países y tratar de hacer que sus fábricas fueran más limpias, más eficientes y más productivas, todo organizado de acuerdo con mi propio horario. Empecé a fantasear con tener fines de semana y vacaciones reales.

Tal vez compremos una casa rodante, pensé, y hagamos un viaje por carretera de costa a costa durante el verano. Después de todo, Tuti tenía 14 años y Cristóbal casi 17. No estarían mucho más con nosotros. Era hora de que redujera el ritmo de mi vida lo suficiente para poder atesorar estos últimos años con mis hijos antes de que se fueran de casa y se lanzaran a su propia vida adulta.

¿Y entonces qué? Entonces Martina y yo volveríamos a estar solos por fin. Esperaba que ella fuera más feliz entonces. Ella seguía distraída, e incluso ausente, en casa, y me di cuenta de que estaba frustrada al ver lo feliz y productivo que yo era, mientras que ella tenía tan poco que hacer. Comenzó a volar de un lado a otro de México para supervisar nuestro negocio de lavado de autos y se quejó de mi hermano Carlos. Le habíamos dado el trabajo de administrar el lavado de autos y Martina estaba convencida de que estaba robando dinero; también pensó que le estábamos pagando demasiado, a pesar de que Carlos ganaba solo 40.000 pesos al mes, una cantidad insignificante.

"El objetivo de tener el lavado de autos era ayudar a nuestras familias", indiqué.

"Aun así," ella dijo "eso no significa que debamos dejar que tu hermano nos robe. Me voy a México a arreglar las cosas", declaró Martina.

Levanté las manos en señal de rendición. "Está bien, haz lo que tengas que hacer", le dije, porque estaba demasiado ocupado con Sigma para prestar mucha atención a lo que Martina estaba haciendo en México. Nunca había sido muy creativa, todas las ideas para nuestro negocio habían sido mías, pero era bien organizada y buena con los números. Confié en que ella haría lo correcto.

Ese fue otro error clave.

■ ■ ■

A decir verdad, casi me había olvidado de la investigación de la FDA porque había estado muy ocupado con Sigma durante los últimos años. Entonces, un día recibí una llamada de uno de los agentes de la FDA, Ron Melham. "¿Señor Leal?", él dijo.

"¿Sí?"

"Llamo para informarles que la FDA está abriendo un caso oficial contra los productores de queso mexicano. Estamos investigando su venta de queso contaminado.

"¿Qué quieres decir?" Mi corazón estaba acelerado y mi boca se secó completamente. "Hice todo por librarlo. Cooperé con los inspectores y recogí todo el queso de los clientes. ¡Nadie se ha enfermado por mi queso!"

"Bueno, esperemos que nadie se enferme", dijo, "o tendrás que ir a la cárcel."

"¡Pero ese queso ni siquiera es mío!" Grité, realmente enojado ahora. ¿Cómo me iban a acusar de vender queso contaminado cuando este no era un producto que yo había hecho y el queso había sido despachado por la aduana cuando cruzó la frontera?

Colgamos poco después de eso. Me temblaban las manos, estaba tan enojado. *Todo esto es ridículo*, me dije.

■ ■ ■

Con la afluencia de inmigrantes que trabajan en las granjas lecheras y en fábricas como la nuestra, y con la llegada de propietarios latinos de negocios como el nuevo restaurante mexicano en la ciudad, el sentimiento antiinmigrante había comenzado a asomar su cabeza fea en la ciudad.

Experimenté esto de primera mano una tarde ordinaria de un día laborable. Cuando Webster y yo construimos nuestra segunda fábrica para dar cabida a nuestro continuo aumento de las ventas, alquilé una oficina encima de un banco en el centro de Monroe para acomodar a nuestro personal que continuaba creciendo, y volumen de papeleo. Martina ya no podía mantenerse sola con las facturas, la nómina y los impuestos, así que contraté a Fred Yoder para que actuara como nuestro director financiero. Conocí a Fred cuando era director ejecutivo de Wisconsin Cheese Group porque siempre admiré su brusca honestidad. Era un hombre bajo y calvo que siempre te decía la verdad sobre tus finanzas y lo que tenías que hacer para mantenerte en el lado correcto del IRS, y admiraba eso de él.

Un día, me detuve en el banco de abajo para enviarle dinero a Martina, quien estaba visitando a su familia en Irapuato y en el proceso de comprar un lavado de autos. Habíamos escuchado que estaba en venta a través de mi hermano Pedro y sabíamos que era una buena oportunidad de negocio; por lo menos, podríamos mantener empleados a los miembros de la familia. No podía escapar, así que Martina voló a México para finalizar la venta.

Estaba a punto de cerrar mi computadora y buscar algo para almorzar cuando llamó mi hija. "Oye, papá, ¿qué tal si te recojo y podemos almorzar juntos?" ella dijo.

"Seguro." Estaba encantado. Muchas veces había pasado tiempo a solas con Cristóbal, ya que viajábamos juntos a competencias de tiro, pero era más difícil encontrar esos momentos especiales uno a uno con Tuti.

Cuando salí del edificio para encontrarme con ella en la esquina, recibí una llamada telefónica y comencé a hablar con la persona del otro lado mientras miraba el banco. Estaba completamente vacío. Eso fue extraño; nunca había visto el banco vacío durante el horario comercial.

Cuando abrí las puertas dobles fuertemente polarizadas que daban al exterior del edificio, todavía estaba hablando por teléfono; me detuve en seco cuando estaba rodeado por al menos 50 policías afuera, todos apuntándome con sus armas.

"¡No te muevas!" uno de los oficiales me gritó. "¡Deja tu teléfono y acuéstate en el suelo!"

Obedecí y me sorprendí cuando me esposaron y me pusieron de pie. "¿Qué chingados es esto?" Yo pregunté. "¿Por qué me arrestas?" Mi corazón latía tan fuerte que sentía que mis costillas se romperían por la presión. Por supuesto, mi primer pensamiento fue que esto debe tener algo que ver con la investigación de la FDA. Una parte diminuta y paranoica de mí se preguntaba si me iban a meter en la cárcel incluso antes de que hubiera un juicio.

"Solo mantén la boca cerrada", dijo uno de los policías. Empezó a cachearme, buscando en mis bolsillos un arma. Cuando encontró el recibo de los $600,000 que le había enviado a Martina, comenzó a gritar de nuevo. "¿Qué es esto? ¿A quién le robaste el pinche dinero, imbécil?"

"¡Ese es mi pinche dinero, idiota!" Yo dije. "Ve adentro. Pregúntale a la cajera. Tengo una oficina arriba y soy dueño de una fábrica aquí en la ciudad. Vengo todas las semanas. ¡Ella me conoce!" Estaba furioso, pero también aterrorizado. Los policías seguían apuntándome con sus armas directamente. Si esto fuera México, probablemente ya estaría muerto, sin hacer preguntas. Todo lo que se necesita es un policía de gatillo fácil.

A estas alturas, había escuchado suficiente conversación entre los policías que me rodeaban para saber que el banco había sido robado por "uno de esos malditos mexicanos" justo antes de que yo bajara. Uno de los policías entró ahora al banco y volvió a salir con la cajera que había tomado mi depósito minutos antes. Para mi horror, cuando me señaló, ella negó con la cabeza.

"No lo conozco", dijo.

"Oh, vamos," dije. "Tú me conoces y sabes quién soy. Estoy aquí todos los días. ¡He estado alquilando esa oficina de arriba por dos años!"

"Lo siento", murmuró, y se alejó.

La policía me arrastró hasta una esquina, donde otro mexicano estaba esposado. En español, me dijo: "¡Ayúdame, ayúdame!"

"Vete a la mierda", le dije. "¡Fuera de mi vista, pinche ladrón!"

La policía me metió en la parte trasera de un coche de policía, no sabes lo que es ser humillado, hasta que eso te sucede frente a todo el pueblo donde has estado haciendo negocios, y me llevó a la estación, donde me esposaron a una silla en una de sus oficinas. Allí, reprodujeron un video de las cámaras de seguridad, deteniendo la película cuando me vieron en ella.

"Mira, ese eres tú, entrando al edificio del banco", dijeron. "¡No trates de negarlo!"

"Claro que soy yo", dije. "Ya te dije que tengo una oficina arriba. ¿Dónde está el alguacil? ¡Quiero ver al alguacil!"

El alguacil de Monroe había ido a cenar a un restaurante conocido. Cuando apareció, dijo: "Miguel, por favor. Cálmate. Solo estás empeorando las cosas."

Estaba demasiado encabronado para estar tranquilo. "Me conoces desde hace mucho tiempo, pero ¿me encierras?" acusé. "Es porque soy mexicano, ¿no?"

"Por favor, Miguel", dijo. "Por favor, cállate."

"¡Me callaré cuando me quites estas pinches esposas!" Le dije.

Eventualmente examinaron mi billetera, encontraron mi identificación y descubrieron que había estado diciendo la verdad.

La Casa Que El Queso Construyo

También me dijeron que un hombre de México había entrado en Mexican Cheese Producers, buscando trabajo. De alguna manera había conseguido un cheque de pago y había hecho cheques falsos para cobrar en la ciudad, incluso falsificando mi firma en los cheques.

"Vete a casa, Miguel", dijo el sheriff con cansancio. "Te veré pronto."

No si puedo evitarlo, pensé, y salí de la cárcel. Justo cuando comencé a pensar que pertenecía aquí, encontré amplias pruebas de que todavía era un náufrago en los Estados Unidos.

■ ■ ■

Había estado viajando para Sigma la mayor parte del mes, pero estaba en casa, dando vueltas en el garaje, cuando recibí otra llamada telefónica del agente de la FDA, Ron Melham.

"Señor Leal", dijo, "me alegro de haberte encontrado. Solo quería avisarte y hacerte saber que mañana los agentes del Departamento de Justicia te notificarán legalmente con documentos."

¿Qué papeles? Pregunté en estado de shock, saliendo al camino de la entrada, para tomar el aire fresco y no desmayarme. "¿De qué estás hablando?"

"Tú sabes muy bien de lo que hablo, señor Leal. Lo acusan de conspiración para distribuir productos alimenticios potencialmente dañinos al público. Podrías haber envenenado a mucha gente. Tenemos que hacerte responsable de eso. Los agentes se encontrarán contigo en la cafetería cerca de tu oficina mañana para entregarte los documentos oficiales del Departamento de Justicia, haciéndote saber que la investigación es oficial ahora. Esperamos tu cooperación total."

"No entiendo", balbuceé. "¿Qué más puedo hacer para que esto desaparezca? He hecho todo bien." El camino de entrada parecía mecerse debajo de mí.

"Solo coopere con nosotros, por favor, señor Leal, y todo le irá mucho mejor." Colgó.

Mis piernas cedieron bajo de mí, y tuve que sentarme en el camino de entrada. ¿Cómo sucedió esto, después de todo el arduo trabajo que había puesto en la empresa y los sacrificios que había hecho?

Eventualmente reuní la fuerza suficiente para entrar, donde llamé frenéticamente a Martina. Contestó desde la sala de estar, donde estaba viendo la televisión; sin embargo, cuando le hablé de la llamada, no pareció preocupada. "No tienen nada contra ti", dijo. "No te preocupes tanto."

"¿No estás molesta, quitar sin siquiera? Todo esto es tan injusto. ¡Ni siquiera entiendo la acusación, pero los agentes están en camino a mi oficina mañana para entregarme los papeles! Necesitamos resolver este problema."

Se encogió de hombros y volvió su atención a la televisión. "Lamento que estés pasando por esto."

Su tono era tan distante que me congelé, estupefacto, y tuve que repetir su comentario en mi cabeza para asegurarme de haberla escuchado correctamente. Cuando me recuperé, dije: "¿Qué quieres decir con que lamentas que esté pasando por esto? ¡Estamos en esto juntos!"

Martina negó con la cabeza. Su rostro seguía extrañamente inexpresivo. "No, Miguel, este es tu problema. Ya no somos socios, ¿recuerdas? Mexican Cheese Producers ya no existe como empresa. Y el Queso Cincho lo compraste a José Zurita, no a mí.

"Puede que haya comprado el queso, pero tú supervisabas a Cynthia y ella lo recibió en el almacén", dije. "Entonces, ¿por qué este es solo mi problema?"

Ella suspiró. "Mira, no te preocupes. Todo estará bien."

La dejé, todavía sintiéndome confundido, pero esperaba que tuviera razón.

Los agentes se presentaron en la cafetería junto a mi oficina a la mañana siguiente. No vestían uniformes, solo trajes ordinarios, pero llevaban pistolas en pistoleras debajo de sus chaquetas. Estaba claro por sus cortes de pelo y complexión musculosa que eran exmilitares y hablaban en serio. Fueron educados, rechazaron el café que les ofrecí comprar y me sirvieron los papeles.

"Está bien, amigo, te hemos servido", dijo uno de ellos antes de irse. "Usted no parece el tipo de persona que tiene problemas, pero siga nuestro consejo, señor Leal, y búsquese un abogado. Si no puede permitirse el lujo de defenderse, el gobierno nombrará un defensor público en su nombre. Aquí hay una tarjeta con la dirección del Edificio Federal en Chicago. Puedes hablar con los abogados allí."

Martina y yo manejamos hasta el Edificio Federal en Chicago a la mañana siguiente. Mi ira comenzó a crecer de nuevo en el camino. ¿Cómo podría la FDA demandarme, cuando no hice nada malo? Martina, en cambio, se mostró serena. Estaba recién duchada y completamente maquillada. Su cabello estaba lacio y sus piernas se veían tonificadas y bronceadas debajo de su falda corta. Últimamente se vestía así, más provocativamente, y no pude evitar decir algo al respecto en el coche.

Ella me miró. "Quieres que los abogados estén de nuestro lado, ¿verdad?" ella dijo. "No estará de más que piensen que soy atractiva."

Tragué saliva. Tal vez ella realmente estaba tratando de ayudarme. Dios, eso esperaba. Nunca había necesitado a Martina de mi lado más que en ese momento.

El viaje a Chicago fue de solo una hora, pero se sintió como una eternidad. Cuando llegamos, vacilé en los escalones y miré hacia el enorme Edificio Federal, mi furia en el auto ahora fue reemplazada por el tipo de miedo que te hace sentir frío por todas partes. Este edificio fue diseñado para que la gente sintiera frío: 10 pisos de altura, techo plano y hecho de ladrillo y cemento con pocos detalles ornamentales para suavizar sus características. Solo la entrada, con sus detalles góticos, aliviaba el exterior de aspecto severo.

El defensor público, Joseph, resultó ser un joven de aspecto nervioso. Me estrechó la mano con demasiado entusiasmo y nos invitó a sentarnos en su oficina y discutir el caso.

"No voy a ir a la cárcel por esto", dije de inmediato.

"Esperemos que no", dijo Joseph. "Pero la FDA te está acusando de conspiración. Ese es un gran problema. Definitivamente necesita pagar por un abogado para que te defienda." Probablemente había echado un vistazo a mi elegante traje y camisa, y a los zapatos y el bolso caros de Martina, y había decidido que, a diferencia de la mayoría de sus clientes, podíamos pagar nuestro propio abogado.

"¿Cuánto costará?" preguntó Martina.

"Probablemente al menos un anticipo de $25,000 para retenerlo."

"¿*Veinticinco mil?*" farfullé furiosamente. "¿Cómo puede esto costarme tanto dinero? ¡Eso es demasiado caro!"

"No si te mantiene fuera de la cárcel", dijo Joseph.

"¿Celda?" Se me hizo un nudo en el estómago. "¿Realmente voy a ir a la cárcel por esto?"

"Esperemos que no", dijo Joseph. "Pero como dije, te va a costar. Mira, vamos arriba y veamos al tipo a cargo de la investigación de la FDA. Tal vez eso te ayude a decidir qué hacer."

Martina esperó abajo mientras yo subía en el elevador a las oficinas de la FDA con Joseph. "Hagas lo que hagas, Miguel, no le digas a esos fulanos cuánto dinero obtuvimos cuando vendimos la empresa", advirtió.

"Está bien", dije porque cuando se trataba de dinero, siempre la escuchaba.

Había conocido a varios agentes de la FDA, pero nunca a Renato Mariotti, el director de la oficina de Chicago. Era moreno, de complexión regordeta y cara alargada. Después de que Joseph nos presentó, dijo: "Miguel, ¿conoces a José Zurita?"

"Sí, por supuesto", le dije.

"Bueno, está bien, entonces ustedes están en un mundo de problemas", dijo Renato.

"¿Por qué yo? No he hecho nada malo. José me vendió el queso y los inspectores firmaron los papeles en la frontera. ¡No entiendo nada de esto!"

Hablamos unos minutos más, sobre Mexican Cheese Producers, José Zurita, el Queso Cincho y el hecho de que Martina y yo le habíamos vendido la empresa a Sigma sin incluir el Queso Cincho en la venta.

"¿Por qué no?" Renato preguntó con una mirada petulante.

"Porque queríamos quedarnos con la receta", dije, y me moví en mi silla. Nunca había sido un buen mentiroso.

"No, es porque sabías lo que estaba pasando, ¿verdad, Miguel?" Renato se inclinó hacia mí a través de su escritorio, soplando café en mi cara. "¡Sabías que el queso estaba sucio cuando lo trajiste a este país! Esas firmas en el papel de la frontera fueron falsificadas, como bien sabes. Tu colega Cynthia firmó por ese queso. Nunca se aprobó en la frontera, y ahora tú y José Zurita van a caer por su error. Te estoy acusando de conspiración para envenenar a la gente de los Estados Unidos con tu queso. Podrías recibir 19 años de cárcel por esto."

Joseph se levantó apresuradamente. "Vamos, Miguel. Hemos terminado aquí."

Lo seguí con piernas temblorosas hasta el ascensor, Renato pisándome los talones. El ascensor llegó enseguida, gracias a Dios, y entramos. Tenía problemas para respirar y tenía que apoyarme contra la pared trasera del ascensor. Ese número rondaba por mi cabeza: *¡diecinueve años, diecinueve años en la cárcel! ¡Diecinueve años!*

Renato me llamó cuando las puertas comenzaron a cerrarse. "¡Te voy a meter 20 años en la cárcel, Miguel!"

Casi me desmayo en el ascensor. Estaba jadeando y agarrándome el cuello, tratando de aflojarlo para poder respirar. ¿Por qué me estaban haciendo esto? Me pregunté una y otra vez. ¿Por qué? Joseph mantuvo una estrecha vigilancia sobre mí, pero permaneció en silencio.

Abajo, Martina estaba tomando un café. Ella me dio una mirada aguda. Debo haber parecido un hombre en el corredor de la muerte que está demasiado enfermo para comer su última cena. En las paredes de espejo del ascensor, había visto mi tez pálida y mis labios blancos y apretados. "¿Qué pasó?" preguntó Martina. "¿Qué chingados les dijiste, Miguel? No les dijiste por cuánto vendimos la empresa, ¿verdad? Porque van a ir tras nuestro dinero si lo hicieras."

"Lo hice", dije débilmente. "Lo siento."

"¡Tú, pendejo, pinche idiota!" ella gritó. "¿Qué chingados te pasa?"

Todo, quise decir, pero no tenía voz en ese momento. Me sentía tan pequeño e impotente como solía sentirme cada vez que mi padre me perseguía furioso. Todo lo que quería hacer era arrastrarme a un rincón y esconderme.

Empecé a caminar a ciegas fuera del café. "*Vámonos.*"

Martina se puso de pie y se pasó la correa de la cartera por encima del hombro. "¿A dónde?"

"Necesitamos un abogado mejor. Lo siento, José. Estás despedido. Vamos a Katten ahora mismo."

Katten Muchin Rosenman LLP, fue el bufete de abogados que se encargó de la venta de nuestra empresa a Sigma. Martina y Fred, nuestro contador, habían trabajado de cerca con ellos para finalizar las negociaciones y la venta de Mexican Cheese Producers. Los abogados de Katten nos recibieron como amigos, como deberían, ya que habíamos hecho un gran negocio con ellos recientemente.

Todavía estaba en estado de shock, desconcertado por mi visita a Renato, pero Martina pareció animarse de repente. Provocadora, incluso: cruzaba y descruzaba las piernas, levantaba demasiado las rodillas en su falda corta, y se sentaba con la espalda arqueada y el pecho hacia afuera. ¿Qué diablos estaba tramando? Hablaba y hablaba, contándoles lo que pasaba y lo que había pasado, y para todos estaba claro que ella sería la encargada de llevar este caso.

"Martina, ¿qué te pasa? ¿Qué estabas haciendo allí?" exigí cuando salimos de la oficina después de dejar caer un pie fuerte con tensión. Katten sabía exactamente cuánto dinero teníamos; nos estaban cobrando mucho dinero para que nos defendieran en este caso de la FDA.

"Estoy manejando las cosas", dijo, "ya que es obvio que tú no puedes."

Ella tenía razón. Me sentí fuera de mi profundidad. Siempre había confiado en Martina y nunca había dudado de su juicio. Desde que nos casamos, le había dado control total sobre todas las decisiones más importantes de mi vida: nuestras finanzas, cómo administrar nuestra empresa, dónde vivir y vacacionar, cuándo construir una casa nueva, cuántos hijos tendríamos y cómo criarlos y cuándo vender la empresa que habíamos construido juntos. Nunca había visto esto como algo más que una asociación saludable.

Solo últimamente había comenzado a dudar de su lealtad, pero ahora puse de lado esas dudas. Si no podía confiarle a Martina mi negocio, mi corazón y mi vida, ¿en quién podría confiar en este mundo?

Probablemente no haya mejor evidencia de lo desesperadamente ansioso que me sentía por el juicio inminente que esta: cuando Martina sugirió que visitáramos a El Padrino, un médico brujo cubano, para averiguar nuestro destino, acepté.

El Padrino veía a sus clientes en la habitación del sótano de una casa suburbana de aspecto ordinario. Aquí había instalado un altar con sillas alrededor, y la habitación estaba llena de velas, flores, plumas de pollo y cruces. "¿Qué es lo que quieres saber?" preguntó cuando me senté con él.

Fui directo al grano. "Si voy a ir a la cárcel por algo que no hice."

Asintió, encendió algunas velas, cerró los ojos y comenzó a orar y cantar. "No irás a la cárcel si realmente crees", concluyó y me animó a echar dinero en su frasco. No solo un poco de dinero, tampoco. Con Martina animándome a "dejar de ser tan apretado", le di al fulano $400. A cambio recibí collares, velas y algunos brebajes de olor extraño para usar en casa, con instrucciones para visitas de seguimiento. Fui varias veces más a ver a El Padrino durante los siguientes seis meses, pero cada vez creía menos, a pesar de las fervientes garantías de Martina de que este tipo podría sacarme de la cárcel.

■ ■ ■

La gente a menudo me pregunta sobre la venta de la empresa a Sigma. La receta para saber cuándo dejar ir a tu empresa es diferente para todos. Los empresarios que inician una nueva empresa a menudo sienten, como yo, que este es su "bebé." Cuando tienes un negocio, quieres verlo crecer, por lo que dedicas incontables horas y cantidades extremas de dinero para hacerlo crecer para que sea una empresa lucrativa. A menudo, te aferras al negocio durante demasiado tiempo, limitando su potencial de crecimiento o eventualmente dejándolo morir. Si no sabes cómo salir, corres el riesgo de limitar tu propio potencial.

Hay tres ingredientes básicos para saber cuándo salirte de una empresa. El primero es el barómetro de la salud física. A lo largo de los años, había trabajado tantas horas que tenía mala salud física; esto es bastante típico de los empresarios y una indicación clara de que el negocio ha excedido su capacidad para ejecutarlo a gran escala o necesita más recursos y un mejor equipo. Si la salud física es un problema, como lo fue para mí, entonces es hora de dejarlo ir.

Un segundo ingrediente es la riqueza generacional. Tenía la esperanza de que mis hijos quisieran hacerse cargo de mi negocio, pero ninguno mostró ningún interés. Si lo hubieran hecho, podría haberme quedado con el negocio y haber seguido aumentando la riqueza generacional de nuestra familia.

Finalmente, el tercer ingrediente es el dinero: ¿Tienes suficiente? Al considerar una salida, no te concentres en un valor determinado. En su lugar, determinar si la oferta de compra satisfará tus necesidades financieras y tu estilo de vida. De lo contrario, aférrate al negocio y deja que siga creciendo.

Vendí mi empresa en el momento perfecto para mí. Es una lástima que todo lo demás en mi vida se vino abajo al mismo tiempo. Por otra parte, siempre hay lecciones que aprender en caso de fracaso. Estaba a punto de descubrir más recursos personales que no sabía que poseía. A pesar de lo mal que se pusieron las cosas, finalmente pude ver mi situación como una oportunidad de crecimiento.

Capítulo 11

Traición

Los fracasos humillantes pueden ser oportunidades para prestar atención y comenzar de nuevo

Una de las cosas más difíciles que tuve que hacer después de ver a Renato y darme cuenta de la gravedad del caso de la FDA en contra mí fue renunciar a Sigma. Volé a Monterrey para reunirme con el presidente de Sigma, Mario, y le conté lo que estaba pasando. "Me preocupa tener que ir a la cárcel", dije, "y realmente necesito dedicar toda mi energía para pelear estas acusaciones."

Mario me acompañó afuera y me estrechó la mano. "Espero que todo vaya bien. Si acabas en la cárcel, Miguel, no te preocupes. Iré a verte."

"No quiero eso," dije, horrorizado por la idea. "Si voy a la cárcel, yo vendré a verte cuando salga."

Salí entonces para tomar un taxi de regreso al aeropuerto, temblando y llorando mucho. Había estado en una nube, en el apogeo de mi éxito profesional y felicidad personal con mi familia, y de repente alguien me sacó. Pateé el suelo con tanta fuerza que estaba seguro de que tocaría fondo, pero estaba equivocado.

■ ■ ■

Mientras los abogados de Katten continuaban trabajando conmigo en el caso, cobrándome decenas de miles de dólares cada mes, los agentes de la FDA me llamaban y me animaban a cooperar. Cuando les dije esto a los abogados, me animaron a cooperar con la FDA. "Haz lo que te pidan", dijeron, "y podemos hacer que el juez reduzca tu sentencia porque los has estado ayudando."

Esto tuvo sentido para mí. Entonces, cuando la FDA me contactó con una propuesta, escuché: si podía ayudarlos a atrapar a José Zurita, quien era buscado por varios delitos y permanecía intocable en México, podrían darme un acuerdo de culpabilidad decente.

"Está bien", le dije, "dime qué quieres que haga."

"Dile que tiene una cadena nueva de restaurantes y que quiere comprar Queso Cincho, y pídele que te traiga medio camión", sugirió uno de los agentes. "Anímalo a que traiga el queso al otro lado de la frontera. Podemos realizar un operativo policial y capturarlo allí."

Fruncí el ceño. "Eso no es mucho queso. Ya sabe que estoy enojado porque me vendió queso contaminado. ¿Sería más tentador para él si dijera que quiero dos camiones o algo así? ¿O si, no sé, si de alguna manera me las arreglara para que José Zurita pensara que había ganado boletos para su familia para Disney World? ¿No sería más probable que cruzara la frontera si hubiera una recompensa mayor para que tomara el riesgo valiera la pena? Él sabe que ustedes están detrás de él."

"Hazlo, Miguel", dijeron los agentes, "y las cosas te irán mejor."

Naturalmente, estaba ansioso por ayudar a los agentes a atrapar a José Zurita, él también me había jodido, y estaba dispuesto a hacer cualquier cosa para evitar la cárcel. Así que volé a México, con el permiso de la FDA para salir del país, por supuesto, y le pedí a mi amigo Felipe, que me había estado ayudando a vender queso en el área de Nueva York, que buscara a José Zurita. Felipe lo hizo, y cuando volé de regreso a Chicago le di el número de teléfono de Felipe a los abogados.

"Él es consciente de lo que está pasando", le dije. "Él es mi amigo y sabe que soy inocente, así que está dispuesto a ayudarnos contactando a José Zurita y arreglar las cosas para ti. O si quieren, volaré a México y les traeré a José yo mismo. Lo subiré a un auto conmigo y puedes arrestarlo al otro lado de la frontera."

Sin embargo, cuando mis abogados se enteraron de este plan, se horrorizaron. "Es una mala idea que intentes negociar con la FDA, Miguel", me advirtieron, y volví a tener miedo. ¿Qué pasaría si hubiera cometido un error y el caso en mi contra fuera más fuerte porque me comuniqué con José Zurita? Sentí que los lobos me mordían las piernas y me desgarraban la piel, pero no podía escapar.

Al final, la FDA nunca logró atrapar a José —era demasiado inteligente para presentarse en el Walmart donde habían concertado una reunión con él— y los abogados de Katten siguieron chupándome la sangre.

■ ■ ■

Tenía una cita para que me tomaran las huellas digitales en la comisaría una semana después de todo el fiasco con José Zurita. Me sentía nervioso por el caso y muy solo, ya que Martina seguía estando extrañamente alejada de mí, incluso en la recámara. Necesitaba la compañía de mi hermano Pedro. Él, de todos mis hermanos, era tan sensible como yo, y sabía que sería un gran consuelo.

"Bien", dijo Martina cuando le dije que le había comprado un boleto a Pedro. "Eso funcionará bien. Iré a México, visitaré a mi mamá y controlaré el negocio mientras Pedro esté aquí."

Pedro y yo pasamos un tiempo maravilloso el primer día que estuvo aquí, hablando hasta altas horas de la noche mientras tomamos unas copas. Sin embargo, a medida que avanzaba la noche, mi hermano comenzó a verse preocupado y dijo que tenía que decirme algo.

"Sabes qué, Pedro, vamos a dormir", le dije. "Hemos tenido un gran día, y estoy cansado. Puedes hablar conmigo en la mañana después de que los chicos vayan a la escuela, ¿de acuerdo?"

Estuvo de acuerdo y yo caí en un sueño profundo sin pesadillas, anestesiado por el alcohol y el consuelo de la presencia de mi hermano.

A la mañana siguiente, preparé café y desayuno. Yo estaba ocupado en la cocina después, limpiando, cuando Pedro dijo: "Miguel, siéntate."

Me di la vuelta, sorprendido por su tono severo. Cuando vi la expresión seria en el rostro de mi hermano, me senté frente a él en la mesa y crucé las manos. "Bueno, dime lo que sea que necesites decirme."

Pedro respiró hondo y se estremeció un poco, entrelazando sus manos alrededor de la taza de café como si tuviera que mantenerse firme en su lugar. "Mira, Miguel, no estamos cien por ciento seguros, pero creo que Martina te está engañando."

Resoplé. "No, vamos. De ninguna manera. ¡Martina nunca haría eso!"

"No soy solo yo quien piensa esto", dijo Pedro. "Alejandra piensa lo mismo."

Si nuestra hermana lo dijo, tenía que tomar esta acusación más en serio. Alejandra siempre había sido la más seria entre nosotros. "No te creo", dije obstinadamente. "¿Quién es el hombre?"

"Alejandro Manjarrez", dijo.

Contuve el aliento en estado de shock. Conocía ese nombre: Alejandro era uno de los compañeros de secundaria de Martina. Las piezas cayeron en su lugar. ¿Era por eso que Martina había insistido en ir a su reunión de secundaria en lugar de venir conmigo a Mérida a ver a José Zurita? ¿Era Alejandro la verdadera razón por la que volaba a México con tanta frecuencia, supuestamente para controlar el negocio de lavado de autos y visitar a su madre?

"Chingado. De ninguna manera", repetí, pero esta vez mi tono no era tan seguro.

La Casa Que El Queso Construyo

"Mira, no sabemos con certeza si es verdad. Déjame investigar las cosas por ti en México, ¿de acuerdo? Alejandra dijo que nos ayudaría."

Asentí mientras Pedro explicaba que nuestra hermana era amiga de la ex esposa de Alejandro, por lo que sería bastante fácil para ella averiguarlo. Pedro luego esbozó un plan genioso para comunicarme la información. Él y yo éramos socios en una finca donde cultivábamos pimientos verdes. Martina y yo habíamos comprado la finca como otra oportunidad de negocio; tenía un invernadero enorme y varias hectáreas, y Pedro lo administraba por nosotros. Pedro sugirió que podía regresar a México y pedirle a nuestra hermana que espiara a Martina, para ver si en realidad estaba visitando a su mamá o viéndose con su amante.

"Ella me dirá la situación y te llamaré cuando estemos seguros", dijo. "Si digo que los chiles son rojos, entonces es 100% seguro que Martina está teniendo una aventura. Si digo que los chiles son verdes, entonces cometimos un error. Y si te digo que los chiles son amarillos, eso significa que no sabemos, ¿de acuerdo?

"Está bien", dije, sintiéndome mal del estómago, tambaleándome ante la imposibilidad de que la mujer que había amado durante más de tres décadas no fuera quien yo pensaba que era.

Pedro se quedó una semana. Durante ese tiempo lo seguí molestando con preguntas sobre Martina y Alejandro, diciéndole: "Tienes que estar equivocado. Esto no puede ser cierto", pero creyéndolo cada vez menos a medida que pasaban los días. También llamé a Martina, no para preguntarle directamente si estaba teniendo una aventura, sino para ver si podía saber que algo andaba mal por el tono de su voz.

Martina sonaba como siempre, serena y hasta animada. "Estoy bien", dijo. "Estoy aquí en Irapuato. Te amo. Espero que te estés divirtiendo mucho con Pedro."

"Oh, absolutamente", dije, y colgué, mis manos temblaban porque ya no confiaba en ella.

El 12 de mayo llevé a Pedro al aeropuerto y recogí a Martina. Teníamos una cita en la comisaría para que me tomaran las huellas digitales. Martina me besó en el aeropuerto y parecía la de siempre, y me dije a mí mismo que Pedro estaba delirando. Martina estuvo aquí conmigo y todo estuvo bien. Ahora solo teníamos que pasar por esta investigación de la FDA y, una vez hecha, podríamos disfrutar de nuestra jubilación con estilo.

En la estación de policía, sin embargo, mi coraje se evaporó mientras hacía fila, esperando que me tomaran las huellas digitales. Cynthia Gutiérrez también estaba allí, entre las docenas de personas que esperaban que les tomaran las huellas digitales. Sentí que mi furia aumentaba al ver su cabeza inclinada. Nuestros abogados habían enviado a un investigador para determinar qué había sucedido realmente con el Queso Cincho.

La verdad era esta: Cynthia Gutiérrez, quien supuestamente estaba siendo supervisada por Martina en el almacén, sabía que tenía que haber un formulario de liberación de la FDA antes de pagar las entregas de Queso Cincho. La primera entrega, hace un año, se había realizado sin contratiempos; habíamos empezado con medio camión de Queso Cincho y lo habíamos vendido todo sin problemas con los clientes. La próxima vez que pedimos queso, pedimos tres semi-cargas. Aparentemente, la FDA había detenido esos camiones en la frontera, pero Cynthia estaba saliendo con el hermano de José Zurita, Tony. Fue Tony quien convenció a Cynthia para que falsificara los documentos, razón por la cuál yo no sabía que se había detenido el queso. Quería gritarle cuando la vi en la fila para que le tomaran las huellas digitales, preguntarle cómo podía haber sido tan estúpida, pero nuestros abogados nos habían prohibido hablar entre nosotros. Pasé sin siquiera mirar en su dirección.

Cuando me acercaba al cuarto donde tomarían mis huellas digitales, la policía trajo a un hombre negro alto. Estaba esposado, tenía los brazos y el cuello muy tatuados, y el pecho, los muslos y los brazos estaban llenos de músculos en lugares que ni siquiera sabía que podías tener músculos. Cuando la policía trató de tomar su fotografía, luchó contra ellos hasta que varios hombres lo sujetaron. Le ataron una cadena alrededor de los tobillos para someterlo. Era tan aterrador que casi vomité en el acto, imaginando tener que estar encerrado con tipos así durante 19 años y sin sentido convertir eso en una sentencia de 228 meses aún más desalentadora.

Sostuve mi entereza mientras me tomaban las huellas digitales y me decían que me desnudara para que pudieran comprobar si tenía tatuajes. La policía revisó mi billetera para ver si tenía drogas u otro contrabando. Finalmente, un oficial me preguntó si tenía armas en casa, y cuando dije que sí, me ordenó que las entregara de inmediato y me dijo que, dado mi juicio pendiente, tendría que quedarme dentro de las 25 millas de mi casa a menos que específicamente pidiera permiso para viajar.

Afuera, comencé a llorar cuando Martina y yo salimos de la estación de policía, sintiéndome más destrozado y solo que nunca. Martina se quedó callada y me palmeó el brazo. "No te preocupes. No irás a la cárcel", dijo, pero aun así, sentí que me estaba asfixiando y me costaba trabajo caminar. Cada pierna se sentía como si pesara mil libras mientras la seguía de regreso al auto.

Tal vez este era el fondo. Tal vez realmente ya había tocado el fondo, pensé mientras comenzábamos a conducir de regreso a Monroe desde Chicago. Martina iba detrás del volante porque yo no estaba en condiciones de conducir.

Justo antes de llegar a la caseta de peaje en Freeport, sonó mi teléfono. Era Pedro. Incliné mi rostro hacia la ventana para que Martina no pudiera ver mi expresión mientras le preguntaba a Pedro

Traición

sobre los pimientos. "¿Cómo está la granja?" Yo dije. "¿Los chiles son rojos o verdes?" Naturalmente, esperaba que dijera que habíamos tenido la mejor cosecha de pimientos, y que estaban verdes.

En cambio, hubo un breve y ahogado silencio. Entonces Pedro dijo: "Lo siento, Miguel, pero los chiles no son verdes. Ya están rojos."

"Mierda", dije, y colgué. Me volví hacia Martina. "¡Me estás engañando con Alejandro!"

"¿What? No seas ridículo", dijo, pero tenía los nudillos blancos sobre el volante.

"¡Para el coche!" grité.

"¿Que? ¿Por qué? Miguel, estás histérico."

"Dije que pararas el auto. ¡Voy a vomitar!"

Entró en el estacionamiento de McDonald's en el área de descanso y abrí la puerta del auto. Salí y vomité en la hierba, mis costados se agitaron, mi visión se nubló de modo que todo lo que vi fue al hombre negro de la cárcel y esa fila de personas arrastrando los pies. Iba a ir a la cárcel y Martina me estaba engañando. Mi vida había acabado.

Los dolores en el pecho comenzaron entonces, y estaba seguro de que estaba teniendo un ataque al corazón. No podía respirar y mi visión se estaba volviendo negra. Caí de rodillas y luego me senté en la acera, forzando el aire dentro y fuera de mis pulmones hasta que por fin pude levantarme de nuevo. Las lágrimas corrían por mi rostro.

Martina todavía estaba en el auto, ambas manos congeladas en el volante. "¿Estás bien?"

"¿Cómo puedes siquiera preguntarme eso? Por supuesto que no estoy bien. Encontré una servilleta en la guantera y me sequé la cara. "Solo conduce."

En casa, caminé por los pasillos, mis emociones arañando mi pecho. Mi mente estaba fuera de control y no tenía salida para esa nube roja de ira que se arremolinaba. Buscando alivio, comencé a beber cualquier tipo de alcohol que pudiera encontrar: cervezas y vino de la nevera, whisky del bar. En un momento corrí, llorando, a la habitación de Cristóbal y grité: "¡Tu madre me ha estado engañando! ¡Es una puta!"

Luego, corrí a nuestra habitación y rompí frenéticamente la ropa de Martina, destruyéndola con una furia ciega porque no podía lastimarla. Martina había dejado de gritarme y se llevó a nuestros hijos, los tres parecían conmocionados y aterrorizados. Siempre había sido un esposo y padre tan paciente que para ellos estoy seguro de que me veían como El Transformer que mi padre había sido para mí.

Finalmente, la casa no pudo contenerme más. Hui, agarré las primeras llaves del auto que vi, las llaves del Audi rojo de Cristóbal, y salí a toda velocidad del camino de entrada. Teníamos un camino de entrada largo bordeado de árboles, y aceleré el motor en la curva final. Las ruedas traseras patinaron y el auto se engranó en la marcha. Perdí el control en ese momento y el Audi se estrelló contra un árbol, destruyendo la puerta del conductor y activando las bolsas de aire. El auto había aterrizado en la zanja al lado del camino de entrada y estaba bien y atascado, las ruedas giraron en su lugar cuando traté de sacarlo de la zanja.

A pesar de la cantidad de alcohol que había consumido, todavía tenía suficiente cordura como para darme cuenta de que sería una mala idea conducir un automóvil destrozado en la carretera y llamar la atención de la policía. Regresé corriendo a la casa, encendí nuestro tractor y usé este y una cadena para sacar el Audi de la zanja.

Conduje el auto de regreso a la casa y luego volví a acelerar por el camino de entrada, esta vez en mi motocicleta. Una vez más, apenas tenía la conciencia suficiente para no matarme. Me detuve en el hotel más cercano a nuestra casa, un motel 6 destartalado, para recuperarme de mi bebida y mi furia después de llorar hasta quedarme dormido.

Cuando me desperté al día siguiente, tragué un poco del miserable café del motel y volví a subir a la motocicleta. Para mi sorpresa, no arrancaba, sin importar lo que hiciera. ¿Qué diablos le pudo haber pasado a la motocicleta de la noche a la mañana?

Empecé a caminar con la moto por la carretera con tristeza, caminando hacia el pueblo con la vaga idea de llevar la moto a un mecánico que podría resolver el problema. Probablemente había estado caminando durante media hora cuando un camión se detuvo a mi lado. El conductor era Kevin Weiss, mi amigo de Klondike.

"Hola, Miguel", llamó. "¿Qué pasa? ¿Cuál es el problema?"

¿Dónde empezar? Tenía tantos problemas en mente que todo lo que pude hacer fue negar con la cabeza y decirle: "No lo sé. La moto simplemente no quiere arrancar."

"Déjame echar un vistazo." Kevin estacionó su camioneta al costado de la carretera y jugueteó con la llave en el encendido de la motocicleta. Saltó a la vida casi de inmediato. "Activaste el interruptor de apagado, Miguel", dijo confundido. "¿Por qué hiciste eso?"

Había estado tan sumido en mi dolor, caminando y pensando, que esta simple solución nunca se me había ocurrido. Ahora me sentía como un idiota, un idiota deprimido. "No estoy pensando con claridad", dije. "Acabo de enterarme de que Martina me ha estado engañando."

"¿Qué?" Kevin dijo en estado de shock. "Oh hombre. Vamos. Conduce a mi casa. Parece que te caería bien una cerveza."

Lo último que necesitaba era más alcohol, pero estaba tan agradecido por su compañía que hice lo que me dijo. En cuestión de minutos estaba sentado en la cocina de Kevin con una cerveza en la mano, echando fuera mis tripas. Estaba divorciado y lo había estado durante mucho tiempo, por lo que Kevin entendía el dolor de la ruptura de un matrimonio. Su sugerencia para mí fue esta: "Si todavía la amas, al menos tienes que intentar resolverlo, hombre. Perdónala y pregúntale si te acepta de regreso."

Esta era una pregunta grande, era algo difícil tragarme mi orgullo de que Martina se acostara con otra persona, pero sabía que Kevin tenía razón, así que decidí hacer exactamente eso. Hay una línea muy delgada entre el amor y el odio en la vida, y si no pudiera aprender a controlar mejor mis emociones, terminarían matándome. Todavía me dolía ver a Martina, pero si podía entender esta lección clave, tal vez todavía había esperanza para nosotros.

De vuelta a casa, me alivió ver que Martina había regresado con nuestros hijos. "Tenemos que hablar", le dije.

Ella no me miró a los ojos. "No hay nada de qué hablar, Miguel. No hice lo que dijiste, pero no me creerás. Ayer te comportaste como un idiota. He terminado contigo."

Nunca me había sentido tan bajo. Estaba totalmente perdido. Empecé a gritarle. "¿Por qué me estás haciendo esto?"

Ella siguió negándolo todo. "Te digo que con Alejandro no pasó nada", dijo.

"¡Sé que estás mintiendo!" Grité, luego rompí en llanto. "¡Te necesito, Martina! ¿Por qué estás jodiendo nuestra familia yendo tras un tipo y cogiéndotelo? ¡Rompiste mi pinche corazón!" Caí de rodillas. "Por favor, por favor, no me dejes", supliqué. "No soy nada sin ti. No me importa que te hayas acostado con otro. Quiero saber qué puedo hacer para recuperarte."

Martina seguía sin mirarme. En cambio, se quitó el anillo de bodas y lo arrojó al suelo. "No. Se acabó", dijo. "Soy libre." Salió de la cocina sin mirar atrás.

Corrí tras ella, pero ella se alejó en el auto. Encontré a Tuti en su habitación y le conté lo que había pasado. "Lamento que tuvieras que verme así ayer", le dije. "Cometí un error. Amo a tu madre, y ella me lastimó. Estaba muy celoso."

"Lo sé, papá", dijo en voz baja.

Después encontré a Cristóbal. "Lamento cómo me comporté", le dije. "Te compraré otro auto."

Negó con la cabeza hacia mí, claramente todavía encabronado. "Solo vete, papá."

"¿Cómo puedo irme?" supliqué. "Tengo miedo de esta demanda. No entiendes lo inseguro que me siento. No escribo bien en inglés y casi nunca he manejado nuestras finanzas. ¿Qué haré sin tu madre?

"No sé", dijo Cristóbal, "pero eres un idiota si te quedas."

Y así me fui.

■ ■ ■

Hasta hace poco, estaba seguro de que estaba en la cúspide de mi vida, con un buen negocio y una familia cariñosa. ¿Qué me quedaba ahora? Estaba restringido a viajar más de 25 millas fuera de Monroe de acuerdo con mi acuerdo judicial, por lo que no tenía a dónde ir. La policía había venido a registrar mi casa en busca de armas y las entregué todas. Mis hijos estaban ocupados con sus propias actividades. Y ahora Martina, mi corazón, mi aliento, mi todo, me había dejado.

La imagen del enorme hombre negro con esposas y cadenas en los tobillos saltaba de como sombras hacia mí. Estaba aterrorizado de morir en prisión y de que a nadie le importara, incluyéndome a mí. ¿Quién era yo, sin Martina?

Cuando Martina volvió a la casa, le rogué nuevamente que se quedara conmigo. "Por favor, quédate conmigo, Martina. ¡No soy nada sin ti!"

"Miguel, no puedo vivir así", dijo. "Detente."

Seguimos peleando hasta que ella se asustó y se fue de nuevo, llevándose a nuestros hijos con ella. No la culpé. Aun así, en mi frustración por no poder lograr que Martina se quedara conmigo, mi furia aumentó hasta que nuevamente estaba en ese estado rojo sangre por la rabia. Esta vez descargué mi ira en las fotografías familiares. Tomé una lata de pintura anaranjada en aerosol del garaje y pinté con aerosol sobre cada foto familiar que colgaba en las paredes.

Entonces, desesperado por consuelo, buscando algo para adormecer el dolor, rebusqué en el gabinete del baño y encontré

La Casa Que El Queso Construyo

una botella de Unisom (antihistamínica). Martina tomaba pastillas para dormir a veces cuando sufría de insomnio; esta era una botella bastante llena. Tragué las píldoras sin pensar, contando cada una mientras las tragaba: 36 tabletas en total. Luego volví a bajar al sótano, la única parte de la casa que realmente se sentía como mía, y me acosté, con la esperanza de haber tomado lo suficiente como para matarme.

"Moriré en mi sótano en silencio", murmuré, y en cuestión de minutos sentí que sucedía: mis extremidades se volvieron pesadas y ya no podía girar la cabeza. Mi cuerpo se sentía como si estuviera hecho de cemento.

Justo antes de quedarme dormido, me sentí totalmente estúpido y furioso conmigo mismo. En primer lugar, estaba enojado por haberme permitido ser un trabajador tan tonto, haciendo nada más que trabajar durante la mayor parte de mi vida, y todo por una mujer que finalmente me traicionó. ¿Cómo pude permitirme volverme tan dependiente de Martina?

Estaba furioso en contra de mí. ¿Qué había hecho tomando esas pastillas? ¿Qué pasaría si muriera y mis hijos me encontraran aquí? ¿Qué trauma sufrirían? Trabajé duro para ser el mejor padre y proveedor que podía ser, pero ahora los estaba defraudando después de todo, tal como mi propio padre me había defraudado y tal como Juan había traumatizado a su familia al pegarse un tiro.

Tenía ganas de llorar, pero estaba demasiado entumecido por las pastillas para derramar más lágrimas. Todo lo que pude hacer fue dejar que mis párpados se cerraran de golpe.

Cuando me desperté, fue como salir de una anestesia profunda, nadando hacia la conciencia. Mi estómago se revolvió y vomité, luego me sentí tan deshidratado que bebí un poco de agua. ¿Cuándo fue la última vez que comí? No podía recordar; hice un emparedado y llamé a los abogados de Katten para contarles lo que había hecho. No había nadie más en quien pudiera pensar que pudiera ayudarme.

"Necesito moverme", dije.

"¿Qué quieres decir?" preguntó Dan, el abogado que había respondido a mi llamada.

"Me refiero a salir de mi casa. Martina y yo necesitamos un tiempo aparte. ¿Puedes hacer que el juez me conceda permiso para mudarme a Chicago?"

Mi hermano Joaquín vino a quedarse conmigo en Wisconsin por unos días mientras Martina estaba en México. No había mucho que pudiéramos hacer, ya que se me prohibió viajar más de 25 millas hasta que mis abogados resolvieran algo y me permitieran mudarme a Chicago. Hicimos ejercicio principalmente, recorriendo los senderos que había hecho en nuestra propiedad. Fue doloroso para mí no poder viajar a mis lugares de pesca o campo de tiro favoritos porque estaban demasiado lejos.

Un día, estábamos montando bicicletas estacionarias en el gimnasio de Monroe cuando Joaquín me dijo que había tocado fondo como alcohólico, lo que lo había llevado a unirse a Alcohólicos Anónimos. "Lo que tienes que hacer es tocar fondo y cambiar tu personalidad, Miguel."

"Nunca he sido alcohólico", dije, "y no creo que pueda cambiar mi personalidad."

Finalmente, las cosas se arreglaron y Joaquín me ayudó a mudarme a un apartamento que mis abogados me encontraron en Chicago. Mi hermano realmente había tratado de apoyarme durante mi depresión y lo aprecié. Sin embargo, cuando llegó el momento de que Joaquín se fuera, me pidió 600,000 pesos para iniciar un nuevo negocio propio en México.

Podía proporcionarle ese dinero a pesar de las monstruosas facturas de los abogados, pero me quedé anonadado por la decisión de Joaquín de agarrarse con avidez mi cuenta bancaria mientras yo era tan vulnerable. Además, lo había ayudado muchas veces antes, comenzando con la decisión de contratarlo para conducir mi camión de quesos hace tantos años, y él también trató de robarme entonces. Resulta que el dinero es realmente el diablo cuando se trata de complicar las relaciones con los seres queridos.

"Sabes qué, Joaquín", le dije, "voy a decirte que no. Gracias por venir a ayudarme, y aprecio tu honestidad al decirme ahora que quieres algo a cambio de tu apoyo, pero por favor nunca vuelvas aquí si tu intención es pedirme más dinero."

Se fue, y luego me quedé realmente solo, viviendo en lo alto de la ciudad en una hermosa pero solitaria jaula dorada. Mi nuevo apartamento en Chicago era un lugar limpio y sobrio en el piso 44 de un edificio junto al lago, en un área que llaman "El Triángulo de Viagra" porque está llena de hombres mayores ricos como yo. Había mucha acción (bares, restaurantes, discotecas), pero realmente no tenía el corazón para ello. Todavía estaba demasiado obsesionado con Martina.

Traté de salir y encontrar compañía para dejar de pensar en el juicio, pero fue difícil. Hubo muchas mujeres hermosas que expresaron interés en mí, o al menos en mi dinero, si soy honesto, y me acosté con algunas de ellas. Sin embargo, la verdad es que cada vez que hacía el amor con otra mujer, me sentía horrible. Martina y yo habíamos solicitado la separación, pero aún no nos divorciábamos, así que todavía sentía que la estaba engañando.

También intenté adormecer mi dolor con alcohol, pero descubrí que el alcohol solo te deprime más y te duele la cabeza. Beber nunca me ayudó a olvidar nada. Si llegas al fondo de una botella de tequila, solo encontrarás más tristeza. Seguí rumeando en el hecho de que, en unos pocos segundos, había perdido todo lo que tenía valor en mi vida.

Un par de meses después de mudarme al departamento estaba bebiendo mucho y hablando con mi hermano Carlos por teléfono.

"Ya ni siquiera quiero vivir", Le dije. "¿Cuál es el punto? Martina ya me ha dejado. Mis hijos están demasiado ocupados para pasar tiempo conmigo. Y al final del día, probablemente iré a prisión y moriré allí. ¿Cuál diablos es el punto de mi existencia? Así que he decidido acabar con todo. Me he cortado las venas de las muñecas."

Era cierto: me había cortado las muñecas con un cuchillo de cocina y estaba viendo cómo la sangre se filtraba mientras hablaba con mi hermano. Carlos dijo algo que no pude entender porque el tequila me tenía agarrado. Mis párpados eran demasiado pesados para mantenerlos abiertos y mi cabeza se hundió en mi pecho. Me desmayé con el auricular del teléfono debajo de la barbilla.

Me desperté con sonidos de golpes en mi cabeza, solo que resultó que los golpes eran reales: la policía estaba en mi puerta. Carlos había llamado a mi amigo Jorge, quien a su vez llamó mi celular varias veces. Cuando no contesté, Jorge llamó a la policía y les pidió que hicieran una revisión de control de bienestar en mi apartamento.

Me negué a firmar ningún documento para ser admitido en un hospital voluntariamente. Resultó que esto fue un error, porque me dieron un sedante y me llevaron en ambulancia a la unidad de psiquiatría de un hospital del centro, donde me internaron en una sala cerrada porque me habían considerado un peligro para mí mismo. Estaba en pijama y no tenía ningún documento de identificación conmigo.

El sedante desapareció por fin a media mañana. Cuando me desperté, estaba en una habitación doble con un joven negro. La puerta estaba cerrada por fuera. Cuando la golpeé con pánico, vino una enfermera y me informó que tendría que quedarme en el hospital hasta que el psiquiatra a cargo de la unidad regresara de vacaciones.

"¿Y cuánto tiempo será eso?" pregunté con horror.

"Como dos semanas. Simplemente se fue, me temo."

"¿No puedo ver a nadie más? ¡Necesito salir de aquí!"

"Señor Leal, te hemos ingresado porque intentaste quitarte la vida", dijo pacientemente la enfermera. "Creemos que es mejor que te quedes hasta que obtengas la ayuda que necesitas."

"¡Pero no estoy loco! Prometo que no me voy a suicidar. ¡No lo iba a hacer en serio!

"Dos semanas", repitió. La enfermera ya estaba saliendo de la habitación, apresurándose a ver a otro paciente.

"¡Esperar!" Grité detrás de ella. "¿No tengo derecho a hacer una llamada telefónica o algo así? ¡No puedes encerrarme aquí contra mi voluntad!"

Se dio la vuelta y suspiró. "Sí, señor Leal, ciertamente puedes hacer una llamada telefónica. Te ayudaré a marcarla. ¿A quién quieres llamar?"

Una de las personas a las que llamé para contarles sobre mi hospitalización involuntaria fue mi amiga Marta; habíamos estado involucrados de forma intermitente desde mi divorcio, y ella era una de las pocas personas cercanas a mí en Chicago, ya que mi vida social anteriormente consistía en personas que conocía en el trabajo y Martina. Me preguntaba si Martina y mis hijos sabían dónde estaba, o si les importaría si lo supieran. Este fue un pensamiento tan terrible que llamé a mis abogados y les conté lo que había sucedido.

"Tienen que sacarme de aquí", le dije.

"Por supuesto. Déjame trabajar en esto", dijo Dan.

Poco tiempo después, sin embargo, me volvió a llamar con malas noticias. "Oye, no te puedes ir hasta que te evalúen, Miguel. Intentaste suicidarte, por lo que se te considera un peligro a ti mismo hasta que podamos conseguir que un psiquiatra te autorice a dejar la unidad."

Supliqué, grité y defendí mi caso, pero fue inútil. La ley es la ley, me dijo Dan. "Estoy seguro de que el médico te verá y se dará cuenta de que ha sido un error", dijo, en un tono que reconocí como apaciguador. Dan probablemente pensó que yo también estaba loco.

"¡Él no va a volver por dos semanas!" Yo dije. "¿Cómo esperas que me quede aquí tanto tiempo?"

"Está fuera de mis manos, Miguel. Trata de descansar un poco. Lo lamento."

No tanto como yo. Azoté el auricular y la enfermera me quitó el teléfono, sacudiendo la cabeza.

Durante mi tiempo en el hospital psiquiátrico, pensé en lo que había dicho Joaquín sobre tocar fondo. Esto, para mí, era un fondo al que nunca había llegado antes. Era mucho más profundo de lo que había pensado.

De alguna manera, me las arreglé para dormir la mayor parte del día, probablemente porque estaba muy agotado emocionalmente. Apagaban las luces a las diez en punto todas las noches y en un momento me desperté alrededor de las 3 a.m., totalmente desorientado. No sabía qué diablos estaba pasando. A través de la ventana, vi una luz y me pregunté si esa era la luz que todos decían ver en sus lechos de muerte. No creía en Dios, y si resultaba que había un Dios, seguro que no creía que tuviera tiempo de prestarnos atención a ninguno de nosotros. Yo estaba solo.

Era la hora del almuerzo del día siguiente cuando me sentí completamente despierto otra vez. Los ayudantes venían con bandejas de comida de aspecto repugnante: sándwiches blandos sobre pan blanco con lechuga de aspecto muerto, cartones de leche y manzanas con puntos blandos.

Miré la comida con horror. Justo antes de intentar quitarme la vida, vivía como un rey en una de las zonas más elegantes de Chicago, donde comía en los mejores restaurantes y bebía copas de vino caro.

Después de examinar el sándwich en mi bandeja, lo dejé caer. "¡Chingado, esto es horrible!"

El tipo en la cama contigua a la mía sonreía a su propia bandeja. "¡Esto es un milagro!" gritó. "¡Tengo comida!"

De repente, me di cuenta de que había olvidado qué era el hambre. Había podido comprar lo que quería, cuando quería, durante tanto tiempo que me había vuelto codicioso.

Necesito volver a poner mis pies en la tierra, pensé, y me volví hacia el otro hombre.

"¿Te gustaría mi emparedado?" le dije.

"Puedes apostar, hombre", dijo felizmente y se lo tragó.

Me hundí contra las almohadas y lo observé comer, maravillándome de su felicidad. Había tenido todo lo que debería haberme hecho feliz: mucho dinero, una casa grande, una esposa e hijos. Había estado en lo que pensé que era el pináculo de mi vida. El problema era que no era mi vida. No había estado viviendo para mí, sino para Martina. Todas las elecciones que había hecho hasta este punto de mi vida se habían hecho con el objetivo de que ella se sintiera orgullosa de mí y de mantenerla a ella y a mis hijos.

Lo que pasa con tocar fondo en tu vida es que, si tienes suerte, encuentras un cofre de oro. Ese oro es tu nueva comprensión de la vida. Ahora me di cuenta de que necesitaba un nuevo guion. Martina ya no me iba a decir qué camino seguir. Tendría que hacerlo yo mismo. Solo había un problema: no tenía idea de cómo comenzar, especialmente porque primero tendría que luchar en un caso judicial y sobrevivir la cárcel si no ganaba.

Todo lo que sabía con certeza era que me había equivocado en la mayoría de las cosas en mi vida. Una vez pensé que todo lo que necesitaba hacer era ganarme el corazón de esta mujer para ser feliz, para construir la vida familiar con ella que nunca había tenido en mi propia infancia. La tradición familiar, de hecho, la biblia de casi todos los inmigrantes es que la felicidad nace del éxito financiero, y yo también me lo había tomado muy en serio. Sin embargo, a pesar de casarme con la mujer que siempre había amado y tener más dinero del que sabía qué hacer con él, mis errores y las muchas traiciones que había experimentado me habían humillado.

Hoy, estoy agradecido por esa lección de humildad. A veces, solo podemos alcanzar nuestro potencial máximo cuando nos quitan todo, lo que nos obliga a mirar dentro de nosotros mismos en busca de aún más fuerzas para encontrar un propósito nuevo y pasión en la vida. Este fue otro momento en el que tendría que prestar mucha atención a las oportunidades si alguna vez iba a sobrevivir a mis pérdidas y construir un nuevo futuro.

Capítulo 12

Luchando por mi vida

Para tener éxito de verdad, mira dentro de ti mismo para tomar las mejores decisiones para ti

Cuando el psiquiatra regresó de sus vacaciones, se reunió conmigo para una sesión de terapia intensiva. Después de contarle todo sobre la empresa, el abandono de mi esposa y la demanda se dio cuenta de que estaba lidiando con una depresión situacional exacerbada por el consumo de alcohol.

"Cometiste un grave error, Miguel", dijo. "Uno potencialmente letal."

"No volverá a suceder", le prometí. "Sé que necesito darle la vuelta a la página y empezar una vida nueva."

Debe haberme creído, porque el médico me estrechó la mano, y firmó los papeles para darme de alta esa tarde.

"Escuche", le dije, "quiero hacer algo bueno por los otros pacientes. La comida que tienen en este hospital es realmente horrible. ¿Qué tal si le envío a los otros pacientes algunas cenas de bistec o algo así?"

"No, Miguel, lo siento", dijo. "No podemos permitir eso."

Estaba devastado. No podía imaginar estar encerrado en ese hospital, comiendo cualquier mierda que repartieran en esas bandejas. Aun así, mi ánimo se levantó cuando vi a mis amigos Marta y Ernesto venir hacia mi alrededor de la fuente del jardín, como una especie de escena de película con final feliz, listos para abrazarme y sacarme de allí.

Martina estaba de regreso en Wisconsin. Cuando fui a verla, para contarle sobre mi intento de suicidio, la estancia en el hospital y cómo se acumulaban mis facturas legales, permaneció fría e impasible. "Tú te hiciste eso a ti mismo, Miguel", ella dijo. "Este caso legal no tiene nada que ver conmigo."

"¿Cómo puedes decir eso?" exigí. "Estabas a cargo de los almacenes. Estabas supervisando a Cynthia Gutiérrez, por el amor de Dios. Estoy de acuerdo en que no queremos que los dos vayamos a la cárcel porque nuestros hijos nos necesitan. Estoy dispuesto a asumir la responsabilidad. Pero lo menos que puedes hacer es ayudarme a pagar estos honorarios legales. Están en las decenas de miles de dólares ahora."

"No", dijo ella.

"¿No?" Estaba incrédulo.

"No", dijo ella. "¿Cuándo vas a creerme que estás solo? Es tu problema, y estás atascado con él. No voy a pagar ni un pinche centavo por esta demanda."

Martina hizo otro viaje a México poco después de eso, diciendo que tenía que visitar a su madre y que se quedaría en casa de su hermana. Sabía que esto probablemente era una mentira; probablemente estaba con su amante. Cuando nuestros hijos preguntaron adónde había ido su madre, les dije la verdad. Estaba harto del engaño de Martina.

Mi hija estaba impactada. "Mamá no haría eso. Se fue a México a ver cómo estaba el lavado de autos. ¡Se está quedando con su hermana!"

Le entregué el teléfono. "Aquí. Hagamos un pequeño experimento. ¿Por qué no llamas a tu tía y le preguntas si tu mamá está allí? Tu tía no va a contestar el teléfono si yo llamo."

Tuti hizo la llamada, y cuando Alejandra descolgó, mi hija pidió hablar con Martina. "Estoy buscando a mi madre", dijo.

"¿Por qué me estás llamando?" preguntó Alejandra, desconcertada. "Tu madre no está aquí."

Conmocionada, Tuti me miró y dijo: "Bueno, está bien. Solo dile que me llame si tienes noticias de ella, ¿de acuerdo?"

Tuti colgó y luego llamó al celular de su madre. Observé, con los brazos cruzados, sabiendo lo que venía y odiándome por ello. Pero estaba más enojado con Martina que nunca. Aparte de todo lo que había hecho mi esposa, acababa de descubrir que se había robado el auto de mi madre.

Martina y yo le habíamos comprado un auto a mi mamá la última vez que estuvimos juntos en México. Estúpidamente, le había permitido a Martina que se encargara de las finanzas y el papeleo, como siempre lo hacía. No había pensado que Martina iba a poner el auto a su nombre. Entonces, cuando Martina apareció para quitarle el auto a mi madre, no había nada que pudiera hacer al respecto. El auto estaba a nombre de Martina, y la policía se daría cuenta si denunciaba que el auto como robado. Aun así, por mucho que quisiera desesperadamente que mi hija supiera que le estaba diciendo la verdad sobre que Martina me había engañado, me sentía terrible. La traición de Martina a nuestro matrimonio estaba destinada a romper los corazones de nuestros hijos, así como el mío.

Martina descolgó el teléfono. Estaba parado lo suficientemente cerca de Tuti en la cocina para escuchar su voz. "¡Hola, cariño! ¿Qué pasa?" preguntó Martina. "¿Todo bien en casa?"

"Sí", dijo Tuti. "Estoy bien. Solo quería saber dónde estás."

"Pero ya sabes dónde estoy, cariño", dijo Martina. "Estoy aquí con tu tía Alejandra."

Tuti se puso roja de ira. "No, tú no estás. ¡Deja de mentir! ¡Le acabo de llamar y dice que no estás! Estás engañando a papá, ¿¡no es así!?" gritó y colgó, luego huyó de la cocina, llorando.

Me quedé allí en el silencio repentino, inundado de vergüenza porque de alguna manera mi familia se estaba desmoronando y yo no había sido capaz de mantenerla unida.

■ ■ ■

Parecía cada vez más probable que enfrentase tiempo en la cárcel. Me decidí a ponerme en la mejor forma física posible antes de que eso sucediera. Tal vez de esa manera podría defenderme mejor de los ataques en la cárcel, o incluso disuadir a las personas de intentar atacarme.

Cuando le pedí consejo a un amigo sobre qué tipo de entrenamiento de defensa personal para aumentar mi velocidad y nivel de condición física lo más rápido posible, sugirió algo que nunca antes había escuchado: Krav Maga. Había un estudio cerca de nuestra casa en Monroe, así que me inscribí en clases allí. Ahora que vivía en Chicago, estaba decidido a encontrar otro estudio en la ciudad. No es exagerado decir que Krav Maga me salvó la vida.

Krav Maga no es un tipo tradicional de artes marciales, sino un sistema de defensa personal desarrollado por un nativo húngaro, Imi Lichtenfeld, un boxeador experimentado que se unió a los grupos de resistencia nazi en Europa durante la Segunda Guerra Mundial. Eventualmente emigró a Israel, con la visión de difundir en todo el mundo la técnica de Krav Mega, el combate mano-a-mano, para que la gente pueda defenderse y "caminar por las calles en paz." Hoy miles de personas toman entrenamiento anualmente en centros de Krav Mega en todo el mundo.

Mi objetivo al aprender Krav Maga era llevarme al límite de mi resistencia física. La vida me había golpeado en la cara. Ahora quería aprender a devolver el golpe.

El instructor, Hike, era de Rusia. Me entrenó duro hasta que estuve en la mejor condición física de mi vida. Al mismo tiempo, aprendí a defenderme de golpes, estrangulaciones, puñetazos y llaves de cabeza. También dominé las posturas de lucha y las habilidades de movimiento. A medida que pasaban las semanas, pude golpear y patear con eficacia tanto de pie como en el suelo.

A medida que mi cuerpo se transformaba gradualmente, mi mente también lo hacía. El entrenamiento en artes marciales, como muchos otros tipos de ejercicio, puede afectar no solo tu salud física, sino también tu bienestar mental. Me ayudó a sentirme más seguro porque sabía cómo defenderme. Siempre antes había confiado demasiado en Martina para sentirme seguro. Krav Maga me enseñó a mantener los pies en el suelo, tanto física como mentalmente.

Tomé clases grupales de Krav Maga varias veces a la semana con Hike y finalmente me inscribí en sus lecciones privadas. Hubo un momento verdaderamente horrible. Una parte del entrenamiento es tener los ojos vendados y luego tu oponente te ahoga mientras intentas defenderte. Empecé a entrar en pánico cuando estaba siendo atacado en la oscuridad, y una vez más, El Transformer explotó dentro de mí. El objetivo de este ejercicio es derribar a tu oponente, pero derribé al otro tipo, le quité la venda de los ojos y lo golpeé una y otra vez, viendo solo rojo frente a mí, hasta que Hike me detuvo. Esa, esa era la cantidad de ira que había en mi corazón.

Hike me echó de la clase. "Vuelve mañana, idiota menso."

Después, me fui a casa y lloré. No pude parar. Era como si hubiera perdido la capacidad de controlar todas mis emociones, desde la ira hasta la tristeza. No fue hasta que me paré en la ducha que me calmé, como si se hubiera abierto una válvula de presión para liberar todas las emociones que hervían dentro de mí. Lo que aprendí de ese incidente es que tenía que ser más consciente de los sentimientos dentro de mí, especialmente la ira y mi depresión, o esas emociones podrían matarme.

Había estado viendo a un terapista desde mi estadía en el hospital psiquiátrico. Cuando ese se fue, vi a otros dos antes de terminar con el Dr. Malek, un psiquiatra en Chicago. Cuando le conté lo que había pasado en Krav Maga, me sorprendió complacido por mi exabrupto.

"Estás empezando a ver exactamente por qué necesitas estar al tanto de tus emociones, Miguel", dijo, y me pidió que comenzara a registrar mis emociones y mis sueños también.

Poco a poco, entre el Dr. Malek, Krav Maga y la tutoría de Hike, comencé a sentirme más tranquilo y saludable. Participar en un régimen de entrenamiento tan extremo significaba que tenía que dejar el alcohol y comer alimentos más saludables para poder seguir con las prácticas; esto fue fácil porque estaba tan agotado por hacer ejercicio que comencé a acostarme más temprano y a dormir mejor, lo que, explicó el Dr. Malek, mantendría mi mente más saludable. Mi cuerpo siempre estaba adolorido, pero mi mente estaba tranquila, así que valió la pena.

Varios estudios han demostrado que aquellos que se involucran en el entrenamiento de artes marciales a menudo experimentan beneficios para la salud mental además de los físicos. El ejercicio físico de cualquier tipo es a menudo un estimulante del estado de ánimo: el cuerpo produce sustancias químicas para sentirse bien, como las endorfinas, cuando hace ejercicio.

Sin embargo, más allá de eso, las personas que practican artes marciales a menudo informan que se sienten más seguras de quiénes son y de su propósito en la vida. Probablemente esto se deba a que, en Krav Maga y en la mayoría de las demás clases de artes marciales, debes dominar tu mente y tus emociones, o tu oponente se aprovechará de tu debilidad.

"Desatascar" es probablemente la mejor palabra para describir lo que me pasó. Después de practicar Krav Maga regularmente, comencé a sentirme más fuerte, lo suficientemente fuerte como para liberar mi ira no solo física sino emocionalmente. Martina me había manipulado durante años. En cierto modo, había sido como un pájaro en una jaula dorada, un pájaro que seguía insistiendo en volver al mismo lugar incluso después de que la jaula se había ido porque allí es donde siempre obtenía mi comida.

Ahora, sin embargo, comencé a sentirme más en forma mental y físicamente. Despertado. Me volví cada vez más seguro de que tenía más para contribuir en esta vida. Con el entrenamiento de Krav Maga, estaba desarrollando la fuerza y la confianza para salir volando de esa jaula dorada por mi cuenta. Eventualmente me hice un tatuaje de un águila grande con las palabras "Nací libre", para recordarme que nací libre y siempre debo volar como un águila.

Aun así, cuando mi hermano Carlos me sugirió que viniera a Chicago para ofrecerme apoyo emocional y ayudarme con el caso legal, acepté con entusiasmo. Todavía me sentía solo, especialmente por la noche, sin las rutinas del trabajo y la vida familiar.

Carlos vino a vivir conmigo en el apartamento durante unos cuatro meses. Fue maravilloso tenerlo allí al principio. Era un compañero entretenido y compartimos tanta historia familiar que entendíamos las referencias y los chistes del otro como solo los hermanos pueden hacerlo. También fue Carlos quien me hizo ver la luz respecto a los abogados de Katten.

"De verdad, Miguel, ¿qué han hecho esos tipos por ti?" Carlos se enfureció después de una larga e inútil reunión con los abogados. "Te han exprimido por más de un millón de dólares y, por lo que puedo ver, no te han dado nada por ese dinero. No tienen absolutamente ninguna estrategia defensiva clara elaborada para ti. ¡Desiste de ellos, ya!"

Con Carlos apoyándome, comencé a quejarme con Katten sobre sus tarifas (un mes recibí una factura de $90,000 y otra de $120,000) y les dije abiertamente que no veía ninguna razón para que me cobraran tanto dinero cuando claramente no lo estaban haciendo ningún progreso para que el caso cerrar.

Luchando por mi vida

"Quiero decir, no es como si estuvieras defendiendo a O.J. Simpson aquí, muchachos", dije. "Entonces, ¿por qué me estás cobrando estos precios de celebridad? ¡Ya no quiero seguir contigo!"

Por fin, Katten no tuvo más remedio que escuchar. Me pasaron a otro abogado, David Weisman. Era joven, pero listo, y accedió a representarme por $80,000, una gota en el océano en comparación con lo que me estaba cobrando Katten. Estaba tan aliviado por cambiar de abogado, y tan ansioso por tener todo el caso detrás de mí, que cuando Dave sugirió que me declarara culpable y aceptara un acuerdo con la fiscalía, realmente consideré hacerlo. Solo quería que toda esta pesadilla terminara.

"Solo hay una cosa, Dave", le dije. "No hice nada malo. ¿Cómo puedo declararme culpable, cuando fue Cynthia quien le dijo a la FDA que los documentos eran legales? Su novio, Tony, fue quien falsificó esos papeles para que el Queso Cincho pasara la inspección."

David frunció el ceño. "Es que, Miguel, hay correos electrónicos comprometedores entre tú y este tal José Zurita. Te preguntó si podías ayudarlo a sustituir esas 311 cajas de Queso Cincho en caso de que los agentes de la FDA vinieran a buscarlas, y aceptaste. Sé que en realidad nunca cambió las cajas ni trató de ocultar nada a los inspectores, pero la FDA tiene esos correos electrónicos. Pueden usarlos en su contra para demostrar que hubo una conspiración y que estabas tratando de encubrirla. ¿Ves lo que quiero decir? Tienes que admitir que eres culpable antes de que podamos pedir un acuerdo de culpabilidad."

Me sentí acorralado y me estaba sofocando bajo la presión de tener este caso pesando sobre mi pecho durante los últimos tres años. "Está bien. Haz lo que tengas que hacer. Entremos en un acuerdo de culpabilidad. Acaba con esto, por favor. Necesito recuperar mi vida."

■ ■ ■

Gradualmente, a medida que la investigación continuaba y yo me fortalecía después de mi estancia en el hospital y me sentía menos conmocionado por la investigación, me quedó claro que Martina podría haber tenido razón sobre Carlos: estaba gastando mi dinero como si fuera suyo, manipulándome para darle "gastos de manutención" en cualquier oportunidad que tuviera.

Finalmente, no tuve más remedio que pedirle que se fuera. "No sé cuál era tu intención al venir aquí, Carlos, pero creo que estaría mejor sin ti."

En ese momento, Carlos mostró sus verdaderos colores, organizando una reunión con un abogado y tratando de obligarme a firmar un contrato que garantizaría que le pagaría la ridícula suma de $20,000 mensuales por el resto de su vida, todo porque ¡había venido a los Estados Unidos para ayudarme durante cuatro meses! Una vez más, me sorprendió lo codiciosos y egocéntricos que eran mis hermanos. Nunca más volvería a confiar en ellos.

■ ■ ■

A medida que se acercaba la fecha de mi juicio, yo también estaba en proceso de divorciarme de Martina. Habíamos estado separados oficialmente durante tres años, y ella pasaba la mayor parte de su tiempo en México ahora que nuestros hijos estaban fuera de la casa, ambos en la universidad en Denver, Colorado. No había hablado con Cristóbal desde nuestra última pelea. Me sentí mal por eso, pero él no respondía a mis llamadas o correos electrónicos. Como Martina se había ido del país, mi abogado me aseguró que podía proceder con la finalización del divorcio si le otorgaba un poder notarial y la enviaba a la embajada de México para que firmara los papeles, lo cual hizo mi abogado.

Poco después le dije a Martina que o teníamos que vender la casa o ella tenía que comprarme; al menos eso ayudaría a compensar los astronómicos honorarios de mi abogado. Trató de escabullirse, alegando que aún no estábamos divorciados, por lo que no tenía que pagarme nada. Sin embargo, le envié una carta certificada con una copia del acuerdo de divorcio y no tuvo más remedio que capitular.

Una vez que Martina hubo pagado su parte de la casa, conduje de regreso a Monroe, Wisconsin, por última vez. Fue un triste regreso a casa. La casa había estado cerrada durante meses porque Martina estaba en México y nuestros hijos se habían ido. Estaba polvoriento, húmedo y sin amor. Mis pasos resonaban en los pasillos mientras deambulaba de una habitación a otra, cada vez más deprimido y enojado mientras juntaba fotografías familiares, papeles, ropa y cualquier otra cosa que tuviera recuerdos de nuestro tiempo juntos, y hacía una gran pila en el patio trasero.

Había una caja fuerte en la casa, pero no podía recordar la combinación, así que llamé a algunos amigos de Monroe y les dije que la abrieran a la fuerza, lo cual hicieron, haciendo un gran agujero en la caja fuerte para que pudiera sacar los pasaportes y otros papeles familiares. Le dejé una nota a Martina, diciendo: "Ya no te necesito, pinche perra, puedo cuidarme solo."

Volví afuera a esa pila de pertenencias familiares y recuerdos y les prendí fuego. Me quedé allí viendo mi vida familiar estallar en llamas y convertirse en cenizas, llorando y temblando en el aire de la noche. Perder mi vida familiar me había dolido tanto que no tuve más remedio que destruir estos recuerdos, con la esperanza de que eso pudiera liberarme del dolor.

■ ■ ■

Unos seis meses después de mi primera reunión con Dave Weisman, me presenté ante el juez y me declaré culpable.

"¿Entiendes lo que estás diciendo?" preguntó el juez. "¿Que estás diciendo que eres culpable?"

"Sí", dije, pero estaba mintiendo. Todavía no estaba de acuerdo con Dave en que declararse culpable era el camino correcto. Mucho mucho más tarde, al reflexionar sobre esos correos electrónicos, me di cuenta de que en realidad nunca había estado de acuerdo con ningún plan de José Zurita; todas mis respuestas a él habían consistido en preguntas. ¿Cómo es que eso me hizo culpable?

En retrospectiva, ciertamente desearía haber manejado muchos pasos de este litigio de manera diferente. Si no hubiera sido tan crédulo, probablemente habría cambiado de abogado antes en el proceso, y ciertamente no habría dejado que mi amor por Martina nublara mi juicio. Una vez más, sin embargo, estaba aprendiendo valiosas lecciones aquí.

Una de mis conclusiones más valiosos fue que, ya sea que esté en alza y tu negocio esté creciendo bien, o estés decaído y luchando por recuperarte de pérdidas o errores de juicio, debes mantener tu salud física como una forma de proteger su salud mental. Practicar Krav Maga me dio una salida para mi ira y me dio la confianza suficiente para sobrevivir no solo a mi depresión, sino también a esta tediosa y aterradora batalla legal. En el proceso, también estaba encontrando mi nueva identidad como un hombre que tiene la confianza suficiente para tomar sus propias decisiones sin una pareja a su lado, algo que debería haber aprendido mucho antes de este punto de mi vida.

Capítulo 13

Cuatro días en el juzgado

Sé honesto y la gente creerá en ti

La fecha de nuestra primera estancia en el tribunal se fijó para el 12 de junio de 2014, unos siete años después de la llamada original de la FDA. En la sala del tribunal, escuché las declaraciones iniciales de Gabriel Plotkin: me estaba defendiendo, junto con David Weisman, y apenas podía respirar, estaba tan nervioso.

Imagina estar en una habitación donde tu destino está completamente en manos de otra persona, sabiendo que eres inocente, pero el juez podría declararte culpable y enviarte a la cárcel por meses o incluso años. El estrés era casi intolerable.

Yo estaba sentado al frente cerca del juez; lo único que hacía soportable mi situación era mirar por encima del hombro y ver a mi familia reunida, todos menos mi hermano Joaquín, que no pudo obtener una visa, y sin Cristóbal, y sentir su amor y apoyo.

Respira profundamente, me recordé. *No eres lo que el gobierno está tratando de decir que eres.*

"El señor Leal se ha declarado culpable de un delito", comenzó Gabriel. "Entró en un acuerdo de culpabilidad en el que admitió que en abril de 2007, durante un período de cinco días, acordó con sus coacusados mentirle a la FDA. Aceptó mentir sobre la ubicación de 311 cajas de Queso Cincho importado que ya había vendido porque pensó que tenía permiso para venderlo.

"Específicamente, el señor Leal acordó decirle a la FDA que estas 311 cajas de queso estaban en su planta en Darlington, Wisconsin, si la FDA alguna vez preguntaba. Y accedió a colocar 311 cajas de queso sustituto en su planta de Darlington si la FDA llegaba a buscarlo.

"Resulta que la FDA nunca le preguntó al señor Leal sobre el queso, y la FDA nunca fue a su planta en Darlington para buscar el Queso Cincho, pero la FDA se reunió con sus coacusados. Y su acuerdo de participar en su mentira fue y es un crimen. Se declaró culpable de esa conducta y está aquí ante el tribunal para aceptar su castigo."

Sin embargo, Gabriel continuó señalando que el gobierno se negó a aceptar que esto era todo lo que había hecho mal y estaba tratando de probar que "otro crimen más siniestro había tenido lugar. En resumen, el gobierno cree que el acuerdo de abril fue solo una pequeña parte de un esquema criminal mucho más grande. Un esquema para vender a sabiendas queso adulterado en el flujo comercial durante meses."

Agregó que la FDA había realizado pruebas en el queso para demostrar que estaba "adulterado" o contaminado con bacterias dañinas. Con base en esas pruebas, el gobierno estaba tomando "medidas excesivas" para probar que yo sabía este hecho, y que mi acuerdo de mentir sobre dónde estaba el queso perdido tenía que ser parte de una conspiración más grande para ocultar ese hecho.

"Si bien se realizaron estas pruebas de la FDA", continuó Gabriel, "el gobierno ha admitido y admitirá que no hay evidencia de que el señor Leal alguna vez haya recibido los resultados de la prueba. Y aunque la FDA persiguió al productor del queso durante el verano de 2007, emitiendo órdenes de retención y destrucción del Queso Cincho, el tribunal no tendrá evidencia, porque no hay ninguna, de que el señor Leal alguna vez haya recibido esas órdenes."

Y esa, en pocas palabras, fue mi defensa: que nunca había recibido ninguna información sobre la contaminación del queso. ¿Esto sería suficiente para mantenerme fuera de la cárcel?

Mis esperanzas aumentaron cuando escuché a Gabriel describir lo que había concluido Sandy DeNicholas, oficial de libertad condicional de los Estados Unidos familiarizada con el caso. "Produjo una serie de documentos relacionados con el caso y entrevistó al agente principal del caso para esta investigación, el agente especial Ronnie Melham", dijo Gabriel. "De todo esto, concluyó que el crimen fue limitado y se extendió por unos pocos días, que no hubo pérdida real o intencionada, no hubo víctimas, no se emplearon medios sofisticados y el señor Leal no fue organizador ni líder. Más bien lo fue José Zurita. Y concluyó que el rango de referencia apropiado en este caso es de 10 a 16 meses."

Por supuesto, no quería pasar ningún tiempo en prisión. Pero incluso 16 meses fue mucho mejor que la sentencia de cárcel de 19 años que Melham había estado proponiendo. Por un momento, permití que mis hombros se relajaran un poco. Tal vez podría sobrevivir a esto después de todo.

■■■

Nuestro próximo día en la corte no fue hasta el 27 de octubre de 2014, debido a problemas de programación con algunos de los testigos. El día fue bien para mi defensa, con David Weisman recordándole al juez que el gobierno estipularía que "no había evidencia de ningún daño físico como resultado del queso en cuestión en este caso", y que el gobierno también admitiría que no hubo evidencia de que yo, o alguien en mi compañía, haya recibido alguna vez evidencia de pruebas de la FDA.

Cuando volvimos a reunirnos el 30 de octubre, Renato Mariotti representó a la FDA. Mi corazón se hundió al verlo. Había prometido encarcelarme durante una buena parte de mi vida. ¿Tendría éxito? Una vez más, tuve que obligarme a respirar profundamente y mirar por encima del hombro de vez en cuando a mis amigos y familiares para no sentirme tan solo.

David Weisman comenzó el día recordándole al juez que me había declarado culpable del delito de acordar con Cynthia Gutiérrez y José Zurita que esconderá 311 cajas de Queso Cincho en mi planta si la FDA alguna vez me lo pedía y las sustituiría por otras cajas de queso. David también le recordó al tribunal que la FDA en realidad nunca había ido al almacén para reunirse conmigo, solo con mis coacusados.

"Su acuerdo de participar en su mentira fue y es un crimen", dijo David de mí. "Se declaró culpable de esa conducta y está aquí ante el tribunal para aceptar su castigo." La razón por la que no pudimos simplemente proceder a la sentencia agregó, fue porque "el gobierno quiere más. El gobierno se niega a aceptar que esto es todo lo que el señor Leal ha hecho mal e insiste en llamar a testigos para tratar de demostrar que se ha producido otro crimen más siniestro."

A partir de ahí siguió la jornada, con largas descripciones de mis propios abogados del Queso Cincho y de mi empresa. También detallaron cómo compré el Queso Cincho de José Zurita durante muchos meses, más recientemente en abril, mayo y junio de 2007. Del lado del gobierno, Renato luego llamó a los testigos de cargo, comenzando con su microbiólogo y oficial de seguridad del consumidor, quien testificó sobre los procedimientos generales de muestreo de seguridad del gobierno. Ella dijo que algunas muestras del Queso Cincho que habíamos importado salieron positivas de E. coli, una indicación de contaminación fecal y otras bacterias.

El día se prolongó, con varios testigos hablando sobre la elaboración de quesos tanto duros como blandos, quesos de leche cruda versus quesos elaborados con leche pasteurizada, y cómo el queso que habíamos comprado no provenía de la misma fábrica mexicana, sino de varios pequeños queseros que tenían sus propios procesos. La charla técnica se prolongó tanto que el juez decidió que necesitábamos otro día para los testigos del gobierno. Levantó la sesión del tribunal alrededor de las 4 p.m., lo que significaba que tenía otra noche de desvelo por delante, esperando que el tribunal determinara mi destino.

Cuando salí de la sala del tribunal, me detuve en el baño de hombres. Justo cuando terminaba de lavarme las manos y salía del baño, apareció Ron Melham. Mantuve la puerta abierta y bloqueé su salida por un minuto, mirándolo fijamente. Este tipo sabía la verdad. Sabía que Martina se había encargado de pagar las facturas y trabajar con Cynthia; él debe haber sabido que ella me estaba engañando al decir que no tenía nada que ver con el almacén, cuando en realidad era la supervisora directa de Cynthia.

"¿Por qué me hiciste esto, Ron?" Yo pregunté. "Sabes que no hice nada malo, pero me costó a mi familia por esto. ¿Y te llamas católico? No sé cómo vives contigo mismo."

Su rostro se puso completamente blanco, pero Ron no dijo una palabra. Negué con la cabeza y me hice a un lado para dejarlo entrar al baño. Ron me empujó sin decir una palabra.

■ ■ ■

Le tocó a Renato, todavía, llamar a testigos al día siguiente. Deliberadamente evitó mirar en mi dirección cuando llamó a su primer testigo, el subdirector de distrito de la FDA, quien informó al tribunal sobre varios procedimientos de la FDA y lo que significaban, como poner un producto en estado de espera debido al riesgo. También habló de que le pidieron que averiguara por dónde había entrado el queso y dijo que el envío completo estaba disponible para su revisión en Chicago, donde fue a nuestro almacén para ver si el queso coincidía con la descripción del Cincho puesto en espera por la FDA. Recibió documentación de Cynthia, dijo este testigo, y le dijeron que se había vendido todo el queso.

Cuando David Weisman interrogó a este testigo del gobierno, señaló (para mi alivio) que el consignatario que figuraba en el formulario no era nuestra empresa, Mexican Cheese Producers, sino Hot Peppers, Inc. (HPI), la empresa de José Zurita, que había traído el queso al otro lado de la frontera y supuestamente lo retuvo para su inspección. David nuevamente le recordó a la corte que me hacían responsable "por cosas de las que él no tiene idea, y la razón por la que no tiene idea es porque alguien más le estaba mintiendo a la FDA."

Cynthia subió al estrado a última hora de la tarde y habló sobre sus propias funciones: inventario, cuentas por cobrar y cuentas por pagar. También admitió, y me alegró escuchar, que Martina estaba supervisando sus responsabilidades.

Cynthia fue testigo del lado del gobierno. Bajo el contrainterrogatorio de Gabriel, dejó en claro que nuestra empresa no había ido a México a buscar el queso y cruzar la frontera; más bien, HPI, la empresa de José Zurita, fue responsable de pasar la aduana y obtener una autorización de la FDA. Para cuando el queso llegó a nuestro almacén, todos los papeles deberían haber sido firmados, mostrando que había sido inspeccionado por la FDA y que estaba listo para vender. Gabriel también le explicó a la corte que Cynthia había llegado a un acuerdo de culpabilidad con la FDA, y parte de ese acuerdo era que ella testificaría en mi contra. A cambio, el gobierno había permitido que Cynthia, que aún no tenía documentos de ciudadanía, permaneciera en los Estados Unidos durante los años entre la investigación y el juicio y continuara trabajando.

Es más, Gabriel consiguió que Cynthia admitiera, bajo juramento, que en realidad nunca me había dicho que el inspector de la FDA había dicho que no podíamos vender el queso en cuestión. Tampoco había recibido un correo electrónico mío diciendo: "Vamos a vender el queso de todos modos." Lo que es más importante, Cynthia le dijo al tribunal que fue idea de José Zurita crear un documento de embarque falso que pudiera enviarse a la FDA, y que nunca me copiaron en ninguno de esos correos electrónicos.

De repente pude respirar más fácilmente. ¿Seguramente el juez escucharía este testimonio y se daría cuenta de que yo era inocente?

■ ■ ■

Dos semanas después, el 21 de noviembre de 2014, volvimos al juzgado, donde mis abogados le mostraron al juez un documento que estipulaba "una serie de cosas en las que el gobierno ha dicho que no había evidencia de algo", como el hecho de que yo recibió órdenes de la FDA para retener el Queso Cincho o sabía de informes de laboratorio que mostraban que el consumo del queso sería peligroso.

Además, Gabriel dijo que el documento que estaba presentando "impugna por omisión el testimonio de la señora Gutiérrez en el estrado . . . Dijo en el estrado que le dijo al señor Leal en abril que el inspector de la FDA que vino a visitar a la DQM. No quiero que vendan el Queso Cincho. Esto refleja que ella no había dicho eso previamente en sus cinco entrevistas formales con el agente especial Malham."

Mis abogados continuaron señalando que era José Zurita, no yo, quien administraba y supervisaba a Cynthia y los demás, como su hermano Tony. Les dijo qué hacer con el queso, como qué tarimas apartar para la FDA y cómo crear un conocimiento de embarque falso. Mis abogados repitieron su afirmación de que yo no tenía conocimiento de esto, ya que nunca me copiaron en ninguno de los correos electrónicos.

"Zurita", dijo Gabriel, "es el organizador y líder detrás de lo que está pasando aquí."

La última evidencia que produjeron mis abogados fue un correo electrónico que le envié a José Zurita, enviado el 3 de julio, diciendo "Ya terminé de comprarte queso." Esto fue significativo porque los agentes del gobierno sugirieron que el queso en mal estado saldría durante julio, agosto y septiembre.

"No es cierto", dijeron mis abogados con firmeza. "Ningún queso de Cincho salió de DQM después del 26 de julio de 2007."

En conclusión, mis abogados dijeron esto: "El gobierno ha sugerido que se estaba distribuyendo queso en mal estado hasta septiembre, y que ciertas cosas que se supieron en agosto, a fines de agosto, deberían haberle dicho . . . al señor Leal que el queso estaba adulterado y no debió seguir vendiéndolo. Pero lo que esto refleja es que no supieron de ningún problema de moho de importancia hasta el 27 de junio. El 3 de julio dijo: 'No compro más', y para el 26 de julio DQM ya no distribuía más queso . . . Él dice, en la parte superior aquí, ha pasado más de un mes sin tener queso limpio, queso que pasó y sobrevivió a este proceso de lavado, que puedo vender."

Dijo, hay más, mucho más, en mi defensa, incluida la mención de una mujer llamada María Castro, de Castro Cheese en Texas, que le había comprado el Cincho a José Zurita después de que le dijera a José que no quería más de él. María Castro había vendido el Queso Cincho a pesar de que había una orden de retención de la FDA sobre el Cincho. Castro le había dicho a la FDA que Zurita había dicho que "el queso sería probado por la FDA y cumpliría con todos los requisitos legales antes de que llegara a nosotros, como estaba sucediendo con Mexican Cheese Producers en Wisconsin."

Hacia el final del día, mis abogados sacaron una carta más de la manga. Esta vez fue un informe de un experto quesero que atestiguaba el hecho de que había "mostrado un fuerte compromiso con la seguridad alimentaria." Este informe destacó el hecho de que analicé todas mis muestras de queso a través de Silliker Laboratories, "uno de los mejores laboratorios de análisis microbiológicos de los

Estados Unidos." El experto señaló que las pruebas son costosas y no son requeridas por ley, lo que demuestra "el compromiso de MCP y el señor Leal para garantizar la seguridad de los productos que produjo."

Se me cayó el estómago a los zapatos cuando el juez dijo que estaba listo para sentenciarme la próxima vez que nos encontráramos. Apenas pude escuchar cuando mis abogados concluyeron su caso, rogándole al juez en mi nombre que desechara los decididos esfuerzos del gobierno para hacerme cumplir una pena de prisión de un mínimo de 9 a 11 años, y tal vez más.

David Weisman hizo una defensa en mi nombre, concluyendo con un discurso que casi me hizo llorar porque expuso mi situación tan claramente. "Juez", comenzó, "señor Leal ha estado sentado durante siete años con este caso sobre sus hombros. Intentó quitarse la vida antes de este acuerdo de culpabilidad . . . el hecho es que el gobierno buscaba 15 años de su vida y esa es parte de la razón por la que intentó quitarse la vida."

Esto fue. El juicio había terminado. La próxima vez que nos encontráramos en la corte, el juez dictaría mi sentencia. Sería el fin de mi libertad. ¿Pero por cuánto tiempo?

■ ■ ■

No tuvimos otra cita en el juzgado hasta el 8 de mayo de 2015. Traté de dejar a un lado mis preocupaciones sobre el posible tiempo en la cárcel que tendría que pasar y me mantuve ocupado con las clases de Krav Maga, preparándome para lo que sea que pudiera esperarme en la cárcel. Comía mejor, bebía menos y, en consecuencia, dormía mejor. Tuve novia durante un tiempo, pero terminé la relación porque no estaba preparado para el nivel de compromiso que ella esperaba de mí. Seguí siendo, en la mayor parte, un solitario.

El tiempo nublado reflejaba mi estado de ánimo cuando llegué al juzgado ese último día ante el juez. Ya estaba sudando por la humedad a pesar de que la temperatura aún no había alcanzado los 80 grados. Mis manos temblaban demasiado para agarrar el vaso de agua que me sirvieron cuando me senté, así que las apoyé sobre mis muslos debajo de la mesa y esperé a que apareciera el juez.

Nos levantamos cuando entró en la sala del tribunal, como siempre hacíamos, luego nos sentamos y esperamos el veredicto que determinaría cómo viviría mi vida en los próximos meses, o doce años. El juez revisó los documentos que tenía delante: mi "alegato", como lo llamaban, y una carta de mi psiquiatra, junto con las sugerencias del gobierno para mi sentencia. Luego miró alrededor de la sala del tribunal y dijo que básicamente estaba de acuerdo con la estructura del oficial de libertad condicional.

Parte de la dificultad para sentenciarme (junto con Cynthia y José), dijo, fue esto: "Estás tratando con un producto en lugar de un grupo de personas. No hay robo de bancos, no hay violencia. Hay cosas que constituyen peligros para el público. Y los números que se adjuntan a eso en la guía están permitidos, pero creo que son incorrectos, debido a lo que estamos tratando exactamente, que es una cantidad muy grande de queso y sin daños significativos para ninguna persona."

En otras palabras, si entendí correctamente al juez —y esto no siempre fue fácil para mí, ya que todavía tenía problemas para entender inglés si las palabras me llegaban demasiado rápido o eran demasiado complicadas— era que el gobierno había argumentado su caso basándose en el hecho de que yo era parte de una conspiración para importar queso "sucio", y mis acciones "podrían" haber causado daño a un gran número de personas.

Sin embargo, el juez continuó: "Este es un caso en el que creo que la lesión sería muy difícil de probar. ¿Qué? ¿es posible que alguien se haya enfermado? Seguro, no lo suficientemente enfermo como para comunicárselo a nadie, pero enfermo."

El gobierno dedicó más tiempo a argumentar su caso, y luego mi abogado intervino cuando el juez dijo: "Algunos de los problemas de cuán equivocados están dependen de cómo se ve toda la empresa. ¿Tenemos respuestas para esto?"

En ese momento, otro de mis abogados, el señor Durkin, señaló que la ubicación de nuestro almacén en Elmhurst estaba separada de nuestra fábrica de queso, y que el almacén no estaba a cargo de mí, sino de Martina, "lo cual es un tema emocional para señor Leal, a lo que llegaremos más adelante." Hice una mueca cuando dijo eso, pero logré hacer los cálculos en mi cabeza cuando me preguntó qué porcentaje de mis ventas se componían con la venta de Queso Cincho.

"Alrededor del 0.05% en términos de ventas brutas", le dije al tribunal, recordándome, una vez más, el riesgo que había tomado con este queso, y qué vergüenza que un esfuerzo mío tan pequeño y emocionante de alguna manera había ido tan mal.

Mi abogado continuó explicándole al juez la naturaleza de este esfuerzo, diciendo que yo no estaba "en el negocio de la importación. Estaba en el negocio de la fabricación. No sé si esto es lo suficientemente claro, pero entiendo que se ganaba la vida y construyó esta empresa haciendo queso en Wisconsin . . . y que el Queso Cincho que intentó hacer en Wisconsin varias veces, pero tiene que estar hecho con leche sin pasteurizar, lo cual no se puede hacer en Wisconsin o en los Estados Unidos. Por eso terminó tratando de importarlo."

El juez pareció entender este punto. De hecho, me pareció que simpatizaba cuando dijo de mí: "Tienes a alguien que era relativamente nuevo en el producto, el producto es bastante pequeño en comparación con lo que normalmente se vende, lo que me sugiere que tal vez es una manera de ver esto, es decir, esto no es un crimen elaborado, fue un trato muy pequeño, y una solicitud de alguien para no decir la verdad, pero mientras esto sucede, él tiene otro negocio relativamente grande que atender y este no es el centro de su vida . . . cometió un crimen, pero comienzas a preguntarte cuán profundamente equivocado, si es que lo estaba, era su forma de pensar en ese momento. Esto es poca cosa para él."

Naturalmente, el agente del gobierno, Renato, trató de objetar este razonamiento varias veces, pero el juez siguió siendo claro sobre mi participación y dijo: "Está bien. Ahora hemos terminado con la última parte de la pregunta que hice, cual es el grado en que Leal notó que sucedían las cosas. Recuerde, comencé diciendo que usted dirige una gran empresa, invariablemente no lo ve todo, y es posible que no vea mucho porque hay muchas otras cosas que hacer . . . Lo único que no tengo del gobierno es cómo se habría dado cuenta."

Una vez más, Renato trató de argumentar que yo tenía pleno conocimiento y toda la culpa por vender este queso "asqueroso", pero el juez lo interrumpió, resumiendo el caso de esta manera: "Lo que hizo, mintió para defenderse de Alimentos y Drogas." Él no sería el primero en hacer eso, pero no creo que él fuera, de una manera significativa, central en el tema de este queso . . . algunas de las personas en las que confiaba pueden no ser particularmente capaces, tal vez: simplemente ineptas.

En este punto, el juez le pidió al gobierno que sugiriera qué sentencia pensaban que podría ser apropiada, ahora que habían escuchado lo que tenía que decir. Mi visión comenzó a oscurecerse mientras el pánico se apoderaba de mí. ¿Estaba realmente el juez de mi lado, como estaba empezando a pensar que estaba? ¿O el gobierno lo persuadiría de alguna manera para que buscara la sentencia más dura posible?

Parecía que no. Cuando mi abogado defensor volvió a hablar, me miró directamente y dijo: "Creo que confiarías en mí si le digo que no creo que, en 42 años, haya visto a alguien más torturado por un caso y las consecuencias de su conducta y la situación en que se encontraba que el señor Leal."

Agregó que estaba tan torturado mentalmente que había pasado un tiempo en una sala psiquiátrica cerrada. "Ahora, eso ocurrió antes de su declaración de culpabilidad, pero después de que fue acusado. Este caso se ha colgado sobre él como un albatros por años."

Me recosté en mi silla de madera dura y asentí. Esto era más cierto de lo que incluso él podía saber.

"Todavía lo tortura", continuó mi abogado en su alegato final. "Si yo atendiera sus llamadas cada cuatro horas, él llamaría cada cuatro horas, eso es lo que le ha pesado . . . cuando empezó esta investigación tenía una mujer, una familia intacta, y estaba a punto de ganar la lotería. Este es un tipo que comenzó en este negocio de quesos como un inmigrante mexicano que barría el piso y limpiaba las máquinas . . . Así que está a punto de conseguir el sueño americano y el sueño americano lo envenena . . . Creo que una buena es ciertamente apropiada, y creo que vale la pena discutirlo vis-à-vis su pregunta sobre la necesidad del encarcelamiento. Me parecería que sería más apropiada, bajo estas circunstancias, una multa, y una multa significativa . . . Creo que es algo que podría tener en cuenta al considerar lo duro que ya ha sido golpeado en la billetera por los honorarios legales. Creo que está cerca de un millón de dólares, si no más."

Una vez más, mi abogado le señaló al juez lo que ya sentía en lo más profundo de mi ser, la agonía de perder todo lo que valoraba: mi esposa, mi principal pasión extracurricular de tiro competitivo y mi negocio. Escuchar todo esto fue suficiente para hacerme querer apoyar la cabeza en el escritorio y cerrar los ojos para bloquear todo. ¿Cómo había caído tan bajo? ¿Qué deben pensar de mí el juez, mi familia y todos los extraños en esta sala, ahora que no era nada?

Al final, el juez estuvo totalmente de acuerdo con mi versión del caso. Debido a que me había declarado culpable, no tuvo más remedio que castigarme de alguna manera, pero me dio la sentencia más leve posible: una multa de $750,000 y solo cinco días bajo custodia de los Estados Unidos, incluso estipulando que no tenía que hacer los cinco días seguidos. Después de eso, estaría en libertad condicional por un año.

"La razón por la que elegí cinco días es porque el mensaje de cinco días envía, a casi todos los que ven esto, que es un momento lamentable, pero no una señal de criminalidad significativa por mala conducta", dijo el juez. "Como cinco días es el tipo de sentencia que le das a alguien que se ha pasado un poco de la raya, esa es la forma en que será recibida y leída . . . Creo que comenzó con un error que resultó no ser un error, pero un crimen. Y creo que no lo hizo porque no parecía particularmente grande o significativo, y en el mundo real probablemente no sea grande o significativo. Llegó a la posición que algunas personas hacen y es que abres la puerta equivocada y no hay forma de volver a entrar por la puerta, toma cualquier pecado que hayas cometido contigo y devuélvelo a algún lugar que no haga daño. Una vez hecho, no se puede recuperar."

No entendí del todo lo que decía el juez, excepto por lo siguiente, que probablemente significó casi tanto para mí como mi breve sentencia. "Lamento lo que pasó con los rifles", dijo el juez. "Sé que no estaría en ningún equipo olímpico, pero se necesita una enorme concentración para hacerlo, se necesita toda la atención."

No solo sentí un gran alivio cuando cayó el mazo para levantar la sesión del tribunal, sino que también me comprendió ese juez y, por lo tanto, un poco menos solo. Tenía razón al decir que este caso judicial había sido como un albatros alrededor de mi cuello. Como lo dije en mi carta de libertad condicional, mi objetivo era presentarme ante él con "la mayor honestidad posible", pidiendo su misericordia.

El juez me había concedido esa clemencia y, al hacerlo, me enseñó que, a veces, en tu hora más oscura, otras personas te ayudarán, especialmente si aceptas los errores que has cometido. Al exponerle toda la historia de mi vida, el juez creyó, como le dije, que mi error de juicio era "solo una mancha en una vida que ha estado llena de trabajo duro y honestidad y de hacer las cosas de la manera correcta."

La lección aquí es que, si eres honesto con la gente, como lo había sido con Webster y los Amish, y más tarde con Darlington Dairy Supply y el banco, y ahora con el juez, la gente creerá en ti.

Capítulo 14

Días de prisión y de encontrar la gracia

Pertenece a un grupo, pero mantén tus propias opiniones

Por lo menos, mi infancia mexicana caótica me había dado un boleto de oro: la falta de registros médicos. Cuando me hicieron una prueba de tuberculosis de rutina durante el examen físico requerido por el gobierno antes de cumplir mi condena en la cárcel y resultó ser positiva, el médico pidió ver mis registros de vacuna de mi infancia.

"No los tengo", dije.

"Bueno, ¿puedes conseguirlos?"

"Lo dudo", dije. "Mi padre está muerto y mi madre se ha mudado muchas veces."

Al final, el director de la prisión no tuvo más remedio que ponerme solo en una celda, "por razones de salud y seguridad." Al menos no tendría que preocuparme de ser acuchillado mientras duermo, pensé.

Mi primer día en prisión, entré lentamente, sintiéndome fuerte y en forma debido al entrenamiento de Krav Maga, pero igualmente cauteloso. La prisión en la vida real se parece a la prisión en las películas. Hay largas filas de celdas, y cuando cierran la puerta detrás de ti, estás atrapado en una pequeña habitación con una cama, un lavabo, un inodoro y un rollo de papel higiénico, todo detrás de una pequeña puerta con barrotes sobre la ventana. Lancé un suspiro de alivio cuando vi que estaría solo y me hundí en la cama.

Hay muchas desventajas de estar encerrado como un animal en una jaula, por supuesto; uno de los más grandes es que se tarda una eternidad en pasar un minuto cuando estás privado de la libertad. La ventaja era que las rutinas eran fáciles de seguir, con tiempos prescritos en el patio de ejercicios y en el comedor. El único problema para mí fue cuando estaba saliendo de la fila de la cafetería con mi bandeja ese primer día y decidiendo dónde sentarme. Un tipo blanco con la variedad habitual de terribles tatuajes me preguntó a qué grupo pertenecía.

"¿Qué quieres decir?" Pregunté, erizado. Al principio pensé que estaba preguntando por las pandillas.

"Sabes. Negra, Mexicana, Italiana. ¿Qué eres?"

"Oh. Soy de México."

Él asintió e hizo un gesto con la barbilla hacia una mesa de hombres. "Entonces deberías sentarte con los mexicanos."

"¿Por qué?"

". . .No los tengo":

". . .Bueno, ¿puedes conseguirlos?" . . .

". . .Lo dudo". . . , dije.

". . .Mi padre está muerto y mi madre se ha mudado muchas veces". . . .

". . .por razones de salud y seguridad". . . .

". . .¿Qué quieres decir? " . . .

". . .Sabes. Negra, Mexicana, Italiana. ¿Qué eres?" . . .

". . .Oh. Soy de México." . . .

". . .Entonces deberías sentarte con los mexicanos". . . .

". . .¿Por qué?" . . .

"Porque una persona sola no es buena en la cárcel. Tienes que pertenecer a un grupo."

"Bueno. Gracias", dije, y me acerqué a esa mesa.

Descubrí que el truco para permanecer a salvo en la prisión era pertenecer a un grupo, sí, pero también seguir tus propios consejos.

Mi profesor de Krav Maga me había dado este consejo: "No converses con nadie, Miguel. Míralos a los ojos, pero no los mires por mucho tiempo. No quieras intimidar a nadie, y ver a los ojos de alguien puede hacer que esa persona se sienta amenazada."

En la Universidad de la Vida, la cárcel es una de las maestrías más duras. Son dueños de tu libertad. Quien quiera que seas cuando estés encerrado, te cambiará de una forma u otra.

En mi caso, estar en la cárcel me enseñó a examinar cada problema desde múltiples ángulos para evitar cometer un error que pudiera resultar en que yo encabronara a los guardias o presos y terminara teniendo que quedarme más tiempo. En general, la prisión me enseñó paciencia, nunca las horas habían sido tan largas, pero también otras lecciones importantes. Aprendí a leer a las personas prestando atención a cada acción y mirada. También aprendí a estar alerta y a no depender de nadie.

Mi infancia me había enseñado que solo podía depender verdaderamente de mí mismo, y ahora, después de la traición de Martina, prometí recordar bien esa lección. Por primera vez descubrí que podía controlar todos mis temores porque estaba completamente alerta y dedicado a mantener la calma. Por fin había dominado al Transformer dentro de mí.

La única persona que vino a visitarme en ese tiempo fue mi amigo Jorge; también vino a recogerme cuando me dejaron salir. Lo celebramos almorzando en Tacos La Iguana, donde pedí seis tacos y pensé que nunca me había sentido más feliz.

El calvario había terminado. Por fin pude darle la vuelta a la página y empezar mi vida de nuevo. Todo lo que tenía que decidir era qué hacer con ella.

Es difícil sentirse positivo acerca de tu vida cuando no sabes cómo vivir en el presente. Mi mente seguía llevándome al pasado, a una época en la que era un adicto al trabajo. ¿Conoces esos comerciales de televisión del Energizer Bunny? Ese era yo, en constante movimiento. Ahora que estaba fuera de prisión, ahora que todo eso había quedado atrás, tenía que descubrir cómo vivir con un ritmo de vida diferente, uno que fuera más lento y significativo, para poder prestar más atención a mí mismo y a la gente que amaba. Tenía que concentrarme en el momento presente.

Uno de los primeros pasos positivos que tomé después de la prisión fue contactar a mis hijos e invitarlos a celebrar la Navidad conmigo en mi departamento con Jorge y sus hijos.

"Por favor," dije. "Significaría mucho para mí si pasáramos las vacaciones juntos."

Para mi inmenso alivio, aceptaron. Ayudó que mis hijos y los hijos de Jorge fueran todos amigos. Pasamos dos días juntos, comiendo y bebiendo y abriendo regalos. Cristóbal se mantuvo alejado de mí, y las cosas estaban tranquilas y tensas entre nosotros, pero traté simplemente de disfrutar de las vacaciones y de mis hijos. De alguna manera logramos mantener la paz.

Un día tendríamos que hablar de su madre y de mí, y de lo que realmente sucedió, pero no era el momento.

■ ■ ■

Cuando finalmente pude viajar, naturalmente, el primer lugar al que fui fue México para ver a mi familia. Yo había estado preocupado por mi madre. Los informes de mi familia y amigos en Irapuato describieron cómo ella sufría de demencia y la habían puesto en un asilo de ancianos. No había podido pasar tiempo con ella durante años. Primero, porque estaba demasiado ocupado con el trabajo, y porque Martina parecía organizar nuestros viajes para que pasáramos la mayor parte de nuestras vacaciones en México con su familia, y luego, porque tenía que esperar a que terminara el juicio y mi sentencia de prisión.

Se sentía extraño poder viajar libremente, pero era maravilloso. Tenía muchas ganas de divertirme en México y reconectarme con todos. Sin embargo, cuando llegué a Irapuato, donde esperaba una gran reunión familiar, descubrí que todo se había ido al carajo. Mientras esperaba el juicio, mi madre se cayó y se golpeó la cabeza; esto parecía haber causado que sus síntomas de demencia se aceleraran. No tenía idea de quién era yo y apenas podía hablar.

Me había sentido cerca de mi familia y agradecido con ellos por apoyarme durante el juicio, pero ahora que estaba en México, me di cuenta de que los estipendios de $3,000 que les había estado pagando a cada uno de ellos para respaldar su seguro médico se habían ido a otras cosas. Ninguno de mis hermanos había comprado un seguro de salud con el dinero. Esto me hizo enojar, al igual que el hecho de que ninguno de ellos parecía estar asumiendo la responsabilidad del cuidado de mi madre. En cambio, la pusieron en un asilo de ancianos que yo estaba pagando, y ni siquiera la visitaron, según los asistentes.

Inmediatamente volví a mudar a mi madre a su propio departamento y contraté ayudantes las 24 horas del día, los siete días de la semana para que estuvieran con ella, bajo la supervisión de mi hermana. Aun así, estaba decidido a estar más cerca de mis hermanos, a compartir algunas de mis experiencias con ellos y averiguar qué había pasado realmente en sus vidas durante los años que había estado varado en los Estados Unidos esperando el juicio, así que les sugerí unas vacaciones en familia.

"¿Qué tal si los invito a todos a un viaje?" sugerí. "Solo nosotros los hermanos. Hagamos una reunión familiar en Puerto Vallarta."

"¿Y pagarás por todo?" preguntó Pedro con ansiedad.

"Sí, claro."

Acordaron acompañarme en unas vacaciones con todos los gastos pagados a Puerto Vallarta, sin saber, por supuesto, que estaba orquestando una especie de terapia intensiva familiar. Pensé que teníamos la mejor oportunidad de hablar honestamente entre nosotros entorno de unión forzada, así que se me ocurrió la idea de alquilar un barco con un chef para un día de nuestras vacaciones. Si alguien se cansara de hablar de temas pesados, bueno, tendría que saltar por la borda.

Casi lo hicieron. Mis hermanos no tenían absolutamente ninguna inclinación a hablar de nada desagradable. Ciertamente no iban a revelar ninguno de sus sentimientos sobre nuestro padre y nuestra infancia a menudo violenta o sobre la demencia de nuestra madre o incluso sobre Martina y lo que había hecho para tratar de destruirnos a mí y a nuestra familia. Todo lo que mis hermanos querían hacer en nuestras vacaciones era lo que siempre quisieron hacer: beber, drogarse y pasar un buen rato.

Al final de las vacaciones, había llegado a la conclusión, una vez más, de que yo era el paria de la familia. No había lugar para mí entre los hermanos Leal. Nadie nos amaba como los padres deben amar y guiar a sus hijos, por lo que cada uno de nosotros tuvo que criarse a sí mismo. O había sido diferente desde el principio, o mis experiencias de vivir en los Estados Unidos y crear una empresa exitosa me habían transformado en alguien que mis hermanos veían no como un pariente consanguíneo, sino como una alcancía.

■ ■ ■

Mi hermano Pedro y yo iniciamos negocios juntos después de eso. Le di el dinero para construir algunas casas y venderlas, y me quedé con 14 acres de tierra para poder construir mi propia casa y comenzar una pequeña granja. Ahora me queda claro —mucho muy claro— que había estado viendo mi vida a través de los ojos de Martina, no a través de los míos. Había estado viviendo la vida para hacerla feliz y para mantener a mis hijos. Ahora era el momento de imaginar un tipo de vida diferente, una en la que las visiones y los objetivos sean puramente míos.

Después de mudarme a mi finca en México, comencé una rutina diaria simple para limpiar mi mente y mantenerme fuerte: correr o ir al gimnasio, luego visitar a mi mamá y desayunar con ella. Luego, visitar el sitio de construcción de mi nueva casa, reunirme con contratistas y pintores.

Después de entrevistar a varios lugareños, elegí un socio comercial para mi finca, un joven llamado Ricardo, que estaba interesado en aprender más sobre la agricultura orgánica. Las técnicas de agricultura orgánica todavía están en su etapa inicial en México, y decidí que esa sería mi próxima aventura: usar la tierra que había comprado alrededor de mi casa para enseñarle a Ricardo y a otros en mi pueblo cómo cultivar vegetales de la manera más saludable y sustentable posible.

Si eso sale bien, y creo que saldrá, ya que acabamos de ganar el premio agrícola más importante de la zona por nuestras fresas, entonces mi próximo paso será construir un granero y comenzar un restaurante de la granja a la mesa, que empleará a personas locales, atraerá turistas y enseñará a la comunidad sobre prácticas de agricultura orgánica. También tengo planes de cultivar más aguacates; actualmente estoy plantando árboles para ver cómo les va en nuestro suelo, y estoy explorando la idea de la producción de mezcal. También estoy desarrollando una nueva y emocionante receta de Queso Fresco que promete ser incluso mejor que la que creé en el apogeo de mi carrera.

Además, tengo la intención de abrir un camino para las mujeres de mi comunidad que han ayudado a mi madre mediante el pago de becas para recompensarlas por cuidarla tan bien. Una está estudiando para convertirse en chef, otra va a la escuela para estilizar el pelo y una tercera obtendrá su título universitario. Mi objetivo es ayudarlos a estudiar y tener carreras para que puedan mantenerse y tener mejores oportunidades. También he pagado por el cuidado sanidad y las becas de los niños del pueblo que padecen una enfermedad genética. ¿Quién quiere ser el hombre más rico enterrado en el cementerio? Yo no.

La felicidad es un negocio complicado. Lo que me ha impedido ser feliz, poco a poco me he dado cuenta, no fue lo que pasó con Martina o la demanda. Fui yo. No importa dónde estoy o lo que estoy haciendo. He aprendido que la felicidad debe ser algo que cultivo dentro de mí.

Lo más importante que puedo hacer es cuidar en quién confío con mi corazón y proteger mi verdadero yo de ser demasiado maleable. Espero que cualquiera que conozca ahora vea que soy fiel a mis propias visiones y valores. Escucho a otras personas más de lo que hablo, y vivo con gratitud los pequeños momentos cotidianos. Seguiré adelante con mis ideas creativas, porque para mí la creatividad es un camino hacia la felicidad.

El dinero no ha cambiado el hecho de que soy un hombre sencillo. Me visto como siempre y no necesito un auto nuevo cada 10 minutos. Me alegro de tener suficiente dinero para vivir cómodamente, pero sé que no puedo llevarlo conmigo. Espero dejar un legado, el tipo de proyecto como mi granja orgánica, que puede alimentar a muchas personas y hacer de mi ciudad natal de Irapuato y de México un lugar mejor para todos.

EPÍLOGO: *LECCIONES CLAVE PARA EMPRENDEDORES*

La receta para atraer atención a la oportunidad

Hay ciertas cosas que nadie puede enseñarte sobre la vida. Por ejemplo, solo tú puedes decidir con quién quieres casarte o elegir como compañero de vida, y solo tú puedes decidir si quieres tener hijos. También eres el único que puede decidir qué carrera quieres seguir porque sabes mejor dónde se encuentran tus talentos y pasiones.

Sin embargo, si eres un inmigrante o has crecido en los Estados Unidos, o has construido un negocio por primera vez o eres un empresario experimentado, ciertas lecciones clave te ayudarán a realizar tu sueño.

Comenzar un negocio es un poco como correr un maratón: debes esperar un entrenamiento intenso y estar en plena forma, tanto física como mentalmente, para que puedas aguantar una jornada larga. Prepárate para sudar y tropezar en tu camino hacia la meta. Crear una empresa es un trabajo duro. Los empresarios deben ser tan resilientes y realisticos porque son entiusiastas y optimisticos.

No digo esto para desanimarte. Mi objetivo es ayudarte a iniciar tu propio negocio con los ojos bien abiertos, para que puedas alcanzar el mismo éxito que yo tengo. Si emprendes un negocio en los Estados Unidos, es probable que te vuelvas más rico que de otra manera, pero incluso si fracasas, las lecciones que aprendas serán invaluables. Llevarás ese conocimiento a tu vida.

Estas son algunas de las lecciones más valiosas que he aprendido en mi camino como un trabajador de fábrica por hora, a un producidor de queso con un negocio propio multimillonario.

1. Los tiempos difíciles pueden ser tus mejores maestros

Todos los empresarios tienen jornadas únicas. Yo también, y tú también. Me llevó años trabajar en fábricas mal pagadas por horas para darme cuenta de que convertirme en quesero podría ser una carrera viable. Enfrenté tiempos difíciles en el camino, como no tener dinero ni conocimientos de inglés cuando aterricé por primera vez en los Estados Unidos y aprendí los pros y contras de lo que significa hacer crecer una empresa desde cero.

¿Las cosas habrían ido más fácilmente si hubiera tenido mejores recursos, como un título universitario y padres que me apoyaran? Seguro. Por otro lado, debido a que no tenía otro medio de apoyo más que mi propio ingenio, me volví experto en observar a otras personas y aprender a través de la observación y la experiencia.

Tener hambre y ser pobre también significaba no darme el lujo de gastar mi dinero en lujos como salir a comer o beber después del trabajo como muchos de mis compañeros de trabajo. Desesperado por mejorar, apliqué un enfoque similar a la de un láser a cada tarea que tenía por delante, aprendiendo lo que necesitaba saber. Todo eso fue una gran preparación para los largos días y noches que tendría que dedicar cuando llegara el momento de lanzar mi propio negocio.

2. Sé tu mejor cliente propio y haz algo que la gente quiera

Si quieres tener éxito en la producción de algo que el mercado quiere, sea su mejor cliente. Piensa en lo que quieres que aún no esté disponible. En mi caso, yo añoraba el idioma, los olores, la comida y la gente de México, y me di cuenta de que muchos de los inmigrantes mexicanos que llegaban a los Estados Unidos probablemente sentían lo mismo. Produciendo el queso Cotija al que estaban acostumbrados y añoraban, crié un producto que fue un éxito instantáneo.

A partir de entonces al igual que en otras areas de mi vida apliqué la misma estrategia para hacer crecer mi negocio, como el tiro competitivo: me concentré más en competir contra mí mismo y obtener mejores resultados. Cuando se trataba de producir queso, no me preocupaba por lo que hacían mis competidores. En cambio, escuché atentamente lo que mis clientes querían agregar a sus propias tiendas, refrigeradores o estantes de despensa. Centrarse en el mercado y probar lo que quieren sus clientes es una estrategia de crecimiento mucho más segura que tratar de ser más astuto que sus competidores.

3. Toma satisfacción en lograr pequeños pasos hacia tu meta

La mayoría de los empresarios tienen algún tipo de objetivo final. Por ejemplo, podría haber soñado con algún día vender mi negocio por millones de dólares, pero no sabía lo suficiente como para hacerlo. En mi experiencia, eso fue lo mejor. Pensar demasiado en el futuro puede hacer que tropieces y te rindas porque haces que tus metas parezcan imposibles de alcanzar.

En su lugar, establecer metas pequeñas e incrementales que sean realisticas de lograr. De esa manera harás un progreso constante. Yo comparo esto con producir un queso perfecto. Podría probar con una receta que es casi la correcta, y eso es motivo de celebración. Pero antes de llevar ese queso al mercado, modificaba la receta muchas veces para asegurarme de que tenía exactamente el sabor y la textura correcta. En el proceso, me alegraba de los pequeños logros, como encontrar exactamente el equipo adecuado para facilitar la producción o establecer una nueva ruta de ventas para la distribución. Todos estos pequeños pasos fueron peldaños cruciales para mi éxito eventual.

4. Controla tus emociones antes de tomar decisiones importantes

En el campo de los negocios, al igual que en cualquier otra parte de tu vida, ciertos eventos despertarán emociones fuertes. Tú sabes lo que se siente. Tal vez un empleado desfalca dinero o un socio de confianza te apuñala por la espalda y te encuentras obsesionado con lo que sucedió. Tu visión se tuneliza y apenas puedes respirar porque la tensión es como un lazo alrededor de tus costillas. Es fácil odiar a aquellas personas que te hicieron mal o te traicionaron de alguna manera. Es posible que incluso quieras vengarte publicando sobre ello en las redes sociales, despidiendo a todos los asociados con esa persona, o algo peor.

Pero no se pueden tomar buenas decisiones de negocios en ese tipo de estado emocional. Haz una pausa y respira. Cuando estés tranquilo, considera tus opciones, acciones y posibles consecuencias. Entonces actúa.

5. Todo en la vida sucede por una razón, incluso los obstáculos

Siempre que lanzas un negocio nuevo, o incluso una nueva línea de productos, encontrarás obstáculos. Algunos de estos pueden ser personales, como que tal vez no sientes suficiente pasión por tu esfuerzo para seguir adelante. Otros obstáculos serán prácticos, como que no puede obtener la financiación que necesita para un prototipo, o no puedes alcanzar tu objetivo de cien clientes para demostrar a los inversionistas que tiene una idea sólida. En mi propio camino para crear una empresa multimillonaria, mis obstáculos comenzaron por no saber el idioma, no ser ciudadano y no tener idea de cómo operaban las empresas en los Estados Unidos. Cualquiera de estos obstáculos podría haber causado que me rindiera y dijera: "No puedo hacerlo."

En lugar de rendirme, perseveré, abordando un obstáculo a la vez y viendo cada obstáculo como una nueva oportunidad de aprendizaje. Si no había una manera de hacer algo, encontré otra. Por ejemplo, la primera vez que Webster y yo hicimos queso y lo llevamos a los clientes fuera de Chicago, nos dimos cuenta de que no podíamos seguir el ritmo. Di un paso atrás, volví a evaluar y aproveché la siguiente oportunidad que se me presentó, que era exportar y vender equipos lácteos usados de los Estados Unidos a México. Hacer eso me dio el dinero que necesitaba para convertirme en socio de la primera fábrica de queso en la que trabajé cuando era adolescente, lo que me llevó a mi próxima oportunidad más grande de hacer queso con una empresa en los Estados Unidos.

Practicar en decir sí a las nuevas oportunidades cada vez que enfrentes un obstáculo. A veces, si es difícil brincar un obstáculo, la gente comete el error de no moverse por miedo a caerse. Pero si quieres tener éxito en los negocios, debes seguir encontrando nuevas formas de superar los obstáculos, sortearlos o sortearlos paso a paso hasta llegar al destino deseado.

6. Deja que el fracaso te inspire

Mi padre era un hombre inteligente y creativo que a menudo soñaba con hacer cosas, pero sus sueños siempre morían en la etapa en que los dibujaba en servilletas porque realmente ponerlos en práctica parecía demasiado difícil.

La cosa es que tus ideas de negocios no valen nada si nunca las llevas a cabo. Si no arriesgas nada, fracasarás por seguro porque nunca lograrás que tu negocio despegue. La única forma de aprender es haciendo. No inventes excusas, esperando que alguien más venga y haga el trabajo duro por ti. Disfruta aprendiendo de tus errores y deja que el fracaso te inspire. De lo contrario, es probable que la vida te siga golpeando en el mismo lugar. Cada problema que resuelves es una experiencia de aprendizaje.

7. Los ritmos de la vida cambiarán a medida que tengas éxito, pero mantente alerta

Imagina tu negocio como una pequeña bola de nieve que estás empujando hacia la cima de una montaña. Cuanto más alto subes a la montaña, acumulas más nieve (y tal vez también algunas rocas). A medida que la bola de nieve se hace más y más grande, requerirá más esfuerzo seguir empujándola arriba de la montaña. Finalmente llegas a la cumbre, y de repente tu viaje es cuesta abajo.

Sin embargo, a pesar de que tu esfuerzo cambiará, ya no estarás empujando esa bola de nieve para mantener el impulso, no puedes apartar la vista de la bola de nieve. Tendrás que dirigirla alrededor de rocas y curvas en el camino, o saldrá volando por un acantilado o se estrellará contra algo. El ritmo de tu vida como propietario de un negocio cambiará, pero aún requerirá que te mantengas alerta ante los próximos obstáculos.

8. Felicidad y éxito nunca son permanentes y no están ligados a la ambición o la riqueza

Felicidad y éxito son cosas intangibles. Solo tú puedes definir lo que significan para ti, y es probable que esas definiciones cambien con el tiempo. Al principio de mi vida, definí la felicidad como casarme con mi primer amor y tener una familia con ella. El éxito, para mí, significaba ser capaz de mantener a mi familia de una manera que mi propio padre no había hecho por la nuestra cuando yo era un niño. Nunca imaginé que viviría el sueño americano, sería dueño de un negocio y tendría suficiente dinero para comprar lo que quisiera.

Gradualmente me di cuenta de que mi definición de felicidad se había basado en algo falso. Después de la traición de mi esposa y nuestro divorcio, me vi obligado a re-evaluar mis propios valores y comenzar mi vida de nuevo. Al final, una carrera satisfactoria nunca se trata del dinero, sino de realizar tus verdaderas pasiones. Lo mismo sucede con las relaciones.

Si constantemente tratas de hacer feliz a otra persona y vives tu vida para esa persona, te perderás a ti mismo. Su propia felicidad y éxito nunca pueden estar vinculados a la visión de otra persona para tu vida o a la ambición o la riqueza. Deben basarse en la satisfacción creativa y las buenas relaciones y solo pueden brotar de tu interior.

9. Para tener éxito en los negocios, deberás persuadir a otros para que tomen un riesgo contigo

Que te hace aparecer digno de confianza ante tus socios comerciales? Desarrolla una marca personal fuerte y consistente que evoque confianza en todos los que te rodean, especialmente en tus socios financieros. Esto significa demostrar confianza consistente en tu ética y consistencia y en cómo la presentas.

Nunca tomes atajos para entregar el mejor producto posible. Es más probable que otros se arriesguen a tomar chansas contigo si confían en que el producto final será de la mejor calidad y se entregará a tiempo.

Epílogo: lecciones clave para emprendedores

10. Desarrolla una estrategia de salida

Eventualmente, vas a necesitar jubilarte de la empresa que has creado y desarrollado. Tu estrategia de jubilacion debe basarse en examinar tu propia salud física y mental, si estás en condiciones de construir una empresa para heredar a las generaciones futuras y evaluar si tienes suficiente dinero para vivir de acuerdo con tus propias necesidades y valores, no una cantidad arbitraria.

La mejor receta para prestar atención a la oportunidad

He ilustrado muchos de estos ingredientes con ilustraciones de mi propia historia de vida en este libro, pero esta es mi receta para prestar atención a las oportunidades:

DESEAR MEJOR: piensa en querer mejorar tu situación.

RESPETO A TI MISMO: mantente alejado de las actividades que alteren o adormezcan la mente, como el alcohol y las drogas, que pueden distraer y adormecer tu mentalidad.

EVITA AMIGOS FRÍVOLOS: las personas que no están enfocadas en mejorar sus propias situaciones serán una distracción.

AHORRA DINERO: siempre ahorra dinero porque preocuparse por no tener suficiente puede afectar tu capacidad para prestar atención.

SÉ IMPLACABLE CON TU TIEMPO Y ENERGÍA: elimina todas las distracciones que puedan afectar tu capacidad para concentrarte para salir adelante.

CREA OPORTUNIDADES: no esperes a que las oportunidades te encuentren. Créalas por ti mismo.

SÉ TERCO: mantén la mentalidad de "hacer que suceda" sin importarte los obstáculos que se interpongan en tu camino.

Epílogo: lecciones clave para emprendedores

Presiona por un 1% más: trata de lograr más cada día, incluso si es solo un 1% más.

Busque nuevos datos: siempre trata de encontrar formas para mejorar a través de nuevas habilidades y educación.

Una meta a la vez: Enfocándote en una meta a la vez es la mejor manera de canalizar tu energía antes de pasar a una meta nueva.

Miguel Leal es ampliamente conocido como "el padrino del queso mexicano" en los Estados Unidos. Un empresario con una historia de experiencia en gestión empresarial.

El señor Leal emigró de México a los Estados Unidos cuando joven para un aprendizaje en una fábrica de queso en Wisconsin, lanzando su carrera en la fabricación de queso lo que culminó en construir su propia fábrica de queso, en donde introdujo varios quesos mexicanos (la mayoría de sus propias recetas) a través del país. Él no solo cultivo recetas para quesos mexicanos, sino también inventó y patentó maquinaria para la producción de queso.

El crecimiento de emigración de México a los Estados Unidos al principio de 1990 despertó su interés en estos esfuerzos. El señor Leal vio esta tendencia como el preludio a un mercado nuevo para quesos mexicanos y subsecuentemente se asoció con un quesero maestro haciendo ruedas de queso Cotija. En respuesta a su demanda en crecimiento el señor Leal abrió Mexican Cheese Producers en 1994.

Hoy, Miguel sirve como un desarrollador inmobiliario. Sus propiedades incluyen La Giralda Residencial, una subdivisión en Irapuato, México, compuesta por 150 viviendas unifamiliares. Adicionalmente, él divide su tiempo entre emprendimientos inmobiliarios y su pasión de apoyar el movimiento de alimentos orgánicos en México. Por este lado el supervisa el suyo propio para asistir a esfuerzos caritativos y provee comunidades en México con demostraciones de prácticas sostenibles para la agricultura ecológica.

La fábrica del señor Leal continúa usando sus recetas y gana elogios por su queso. En 2020, su queso Cotija ganó "el mejor de la clase" en el Campeonato Mundial del Concurso del Queso.

Índice